集美大学财经学院国际商务专业学位硕士点建设（MIB）项目阶段性成果

福建省本科高校教育教学改革研究项目
"双循环新格局下国际经济与贸易应用型创新人才培养模式研究与实践"（FBJG20210072）阶段性成果

福建省哲学社会科学规划基地重大项目
"福建省营商环境建设绩效评价研究"（FJ2020JDZ038）阶段性成果

厦门市社会科学院重点项目（基地）
"厦门市电子信息产业创新集群构建及'一带一路'数字枢纽发展研究"（XSKY2020B24）阶段性成果

扩大开放
与中国制造业集聚演化发展
—— 与FDI融合的视角

李　娜◎著

Expanding Openness and the Evolving Development of
China's Manufacturing Industry
—— A Perspective on Integration with FDI

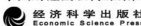

中国财经出版传媒集团
经济科学出版社
Economic Science Press

图书在版编目（CIP）数据

扩大开放与中国制造业集聚演化发展：与 FDI 融合的
视角/李娜著 . --北京：经济科学出版社，2023.4
ISBN 978 - 7 - 5218 - 4707 - 9

Ⅰ. ①扩⋯　Ⅱ. ①李⋯　Ⅲ. ①制造工业-产业集群-
产业发展-研究-中国　Ⅳ. ①F426.4

中国国家版本馆 CIP 数据核字（2023）第 069745 号

责任编辑：杜　鹏　胡真子
责任校对：隗立娜
责任印制：邱　天

扩大开放与中国制造业集聚演化发展
——与 FDI 融合的视角
李　娜◎著

经济科学出版社出版、发行　新华书店经销
社址：北京市海淀区阜成路甲 28 号　邮编：100142
总编部电话：010-88191441　发行部电话：010-88191522
网址：www. esp. com. cn
电子邮箱：esp_bj@ 163. com
天猫网店：经济科学出版社旗舰店
网址：http：//jjkxcbs. tmall. com
固安华明印业有限公司印装
710×1000　16 开　15.25 印张　280000 字
2023 年 7 月第 1 版　2023 年 7 月第 1 次印刷
ISBN 978 - 7 - 5218 - 4707 - 9　定价：79.00 元

前　言

　　全球化是人类社会发展历史长河中不断闪现的波光。15 世纪末到 16 世纪的地理大发现为近代国际分工的诞生提供了地理条件，自此之后，产业革命、工业革命、科技革命促进了人类社会生产力的巨大飞跃，国际分工在更深、更细、更广的领域中铺陈，形成溢出国界、区域纵横交织的产业链和价值链。世界各个国家和地区或积极拥抱，或被潮流裹挟，纷纷加入国际分工链条，全球或区域经济贸易合作组织蓬勃发展，信息技术革命进一步便捷了各个国家和地区的联络，全方位加深全球经济组织的联系。虽然 2008 年全球金融危机极大影响了部分国家的全球化思路，部分地区出现逆全球化的思潮，然而随后兴起的系列伙伴合作协议，以及新冠疫情冲击后世界贸易较为迅速的复苏，再次揭示了全球化进程虽有曲折但大势不可逆转的历史必然。

　　中国自 20 世纪 70 年代末实施改革开放以来，创造性地将计划经济与市场经济结合起来，开启了渐进的贸易自由化进程，以积极开放的姿态融入全球化进程中，形成以点带线、以线带面逐层推进的开放格局，大大拉动了国内经济实力的增长，在世界上造就了东方增长奇迹。开放过程中的边界壁垒和行政藩篱的逐步破除、中国特有的人口禀赋和政策红利吸引大量外商直接投资（foreign direct investment，FDI）进入，FDI 通过与世界市场的联系在中国建立了大量加工企业，推动中国融入世界市场。政府和学界的大多数观点认为，中国的开放吸引 FDI 的产业转移，FDI 的产业转移推动中国开放进一步扩大，中国的开放进程与 FDI 紧密相连，FDI 又影响了中国的生产布局，促进中国完备制造业体系的建立。

　　进入 21 世纪之后，中国扩大开放的进程因加入世贸组织而开辟了新的局面，为了履行入世承诺中国大力推进贸易自由化，一跃而成世界第一贸易大国，更深地融入国际产业链。2008 年全球金融危机使世界经济发展陷入萎缩，经济低谷在一定程度上限制了世界贸易的发展，但以新能源运用及信息技术变革为特征的科技发展为全球化的进行带来新的推动力与生长点。此间，中国一边扩出口、稳外资，一边进行结构性改革，逐步形成以高质量发展的高水平全方位开放政策。除了缔结友好合作贸易协议、进一步扩大货物和服务贸易自由化之外，中国对外资实行准入前国民待遇和负面清单制度，促进投资自由化。

新开放格局伴随中国经济的深层次改革，创新驱动成为继传统生产要素之外的重要经济增长驱动力。创新驱动对内体现为产业的高质量发展，对外体现为提升国际产业链的地位，必然影响制造业集聚演化发展，此间不乏与 FDI 交叉融合的身影。历史和现实向我们揭示了 FDI 在中国扩大开放中的重要地位，也演绎了和制造业发展剥离不开的影响。许多研究已从贸易自由化的角度讨论了扩大开放与中国制造业发展的关联，对 FDI 的实际效应和机制分析则较少，基于此，本书从 FDI 与制造业集聚融合的视角切入探究扩大开放背景下中国制造业集聚的演化发展。

现有观点对 FDI 的评价褒贬不一，尤其是对中国制造业经由 FDI 被动嵌入国际产业链，目前在国际产业链中地位不高这样的事实存在疑虑。在国际经济发展局势前景不明、全球化发展支点转向、新冠疫情等的冲击下，有必要认识长期开放中 FDI 在制造业集聚的演化发展中是否具有作用，有必要认识 FDI 在集聚中对黏性知识传播是否存在贡献，有必要认识 FDI 对集聚的转型升级是否具有推动力。这些问题的解释对双循环新格局下如何把握新开放举措的具体施行具有一定的参考意义。本书从 FDI 与制造业集聚产业融合的视角出发，探讨扩大开放背景下制造业集聚的发展演化，书中选用数据截至 2015 年，力图尽量规避近年来突发事件带来的冲击，更稳健地揭示 FDI 发展的长期效应，可望为新格局下制造业集聚更好利用国内国外资源实现高质量发展提供参考佐证，并丰富国际贸易和经济地理的相关研究成果。

本书以中国地级及以上城市的 FDI 与制造业为研究对象，以推动制造业集聚演化发展为目标，以产业融合为新视角，率先尝试对技术融合、产品业务融合和市场融合三个递进阶段进行量化研究，以此揭示 FDI 与制造业集聚关联效应的内在机理；在此基础上，分析阶段性融合后集聚的空间效应，进一步辨析制造业集聚升级演化的趋势与方向；最后进行融合发展规律总结，并提出了相应的对策建议。在研究方法上，本书拓展了传统空间集聚指数，融合计量分析法与空间统计法，构建衡量各阶段融合效应的指标，建立多个面板和空间计量模型，试图为FDI与制造业集聚关联与演化的量化和可视化研究提供新的分析方法。

研究结果显示：（1）我国制造业集聚与FDI有着密切的关联和空间相关关系，受FDI影响的典型集聚区主要位于山东、江苏、上海、浙江、福建与广东等省份的72个地级及以上城市中，呈现出"分散—集中—弱化"的态势，克服集聚分散力是亟待解决的问题。（2）产业融合的三阶段计量结果表明，FDI与制造业集聚的关联已形成技术融合、产品与业务融合，并具有市场融合的潜力，三阶段融合发展是FDI与制造业集聚演化发展的重要方向。其中，港澳台企业FDI对制造业集聚技术提升的效应直接；外国企业FDI对制造业集聚发展的长期效应显著，且外国企业FDI多以水平型FDI为主，而水平型FDI对产业融合的促进效果更强。（3）三阶段融合下的空间效应分析表明，FDI与制造业集聚空间演化呈现"分散—集中—弱化—再集中"的态势，"再集中"是继集聚"弱化"后的升级演化方向，融合程度越高的地区越易成为再集中的核心区。技术融合效益下，制造业集聚逐渐形成了以技术融合高值区为核心的集聚态势，长三角和珠三角地区的技术融合效应凸显，融合效应不明显的地区则弱化成为追随者；产品业务融合效应下，江苏、上海和广东成为核心高值集聚区，优势行业覆盖轻重工业，具有形成产业链式发展的条件，能在区域间形成相互关联的产业集群发展态势；市场融合效应下，异质性行业一度在上海和广州的制造业集聚核心区及其周边地区凸显明显的圈层结构，然而空间分布关联特征并不显著，市场融合仍处于发展阶段。

据此分析获得的主要结论为：（1）FDI与制造业集聚融合程度越高的地区集聚升级发展的速度越快，集聚核心竞争力越强，对周边区域的辐射带动水平越高；融合程度低的地区集聚升级较慢，且集聚呈现弱化趋势，与高值集聚区形成"领先—追随"模式的演化发展态势。（2）与水平型FDI的融合是受FDI影响的制造业集聚克服集聚分散力，推动集聚空间演化由"弱化"到"再集中"，促进制造业集聚转型升级的重要推动力。技术融合、产品业务融合和市场融合是推动关联效应深化、促进演化发展的必经阶段。（3）FDI与制造业集聚融合发展的一般规律为：技术融合是在技术关联的基础上形成创新网络平台，推动先进要素的融合；产品业务融合是在技术融合基础上，以前后向关联为依托，形成行业关联平台，实现产品的跨界融合；市场融合则是在技术融合和产品业务融合的基础上，促进新产品产出和行业的成长，促成新行业的形成，实现行业的跨界融合。（4）推动FDI与制造业集聚正向演化的对策建议包括：技术融合阶段以推动水平型 FDI 内部化和加强创新平台建设为主；产品业务融合阶段以促进产业链改造升级、推动区际优势要素配置以及区际产业转移为主；市场融合阶段以调整规范限制、以产业链为基础加强与新兴产业的合作以及加快构建持续创新的平台为主。

限于作者的学识和能力，本书尚有诸多不足之处，望广大读者和学界同仁批评指正。

李娜

2023 年 2 月

目 录

导 论

1.1 问题提出与研究目标

1.1.1 研究背景

改革开放以来,我国充分利用全球资源与市场,积极引进外商直接投资(foreign direct investment,FDI),建立了较为完备的制造业体系。特定优势产业在关联效应作用下形成了产业集聚,通过集聚效应的发挥又进一步促进了制造业整体竞争实力的提升。然而,在我国进入转增长的新常态以及全球产业链重构的背景下,制造业集聚同样面临新的发展要求,如何在现有基础上结合信息技术革命的成果进行创新升级,如何有效利用外部资源加快升级的速度,进而重组升级要素资源,形成新的比较优势,是跨越中等收入陷阱、实现制造强国目标的关键。在当前国内外环境多变、经济全球化与反全球化冲突加剧以及 FDI 的流向与布局发生新变化的背景下,研究 FDI 与制造业集聚的关联与演化问题符合我国经济社会发展的客观要求,有助于推动制造业集聚的转型升级,具有积极的实践意义。

(1)FDI 与制造业集聚的发展具有密切的联系

20 世纪下半叶全球化的迅猛发展推动了生产要素在全球范围内空前自由和迅速流动。全球范围内的外商直接投资出现了井喷式的增长,经济空间中的集聚现象越发突出。集聚经济在发达国家与发展中国家都不少见,比如英国伦敦的高保真器材业集聚,德国的工具制造业、机床业、光学仪器业、珠宝业的集聚,法国布雷勒河谷香水业集聚,瑞士巴塞尔市场的制药业集聚,丹麦赫宁的风车业集聚,日本京都的金属制品业、涩谷的餐具制品业、滨松的摩托车和乐器制品业的集聚,芬兰南部和西部的家具制造业集聚,秘鲁和加纳的服装制造业集聚,巴西的鞋类制造业集聚,印度的棕榈糖业制造集聚,等等,可谓数不胜数。有些产业集聚在封闭经济条件下得以成长，而有些产业集聚却因开放发生了变化。梁琦（2003）指出，墨西哥1985年实行开放经济后十年左右的时间，制造业中心由中部的墨西哥城一带转移至与美国接壤的北部地区；而随着欧洲经济一体化的进程的扩大，纺织业集聚从欧洲中部迁移到西部和南部，皮革业在其他地区收缩而在南部扩张，食品行业从南部和中部迁移到北部和西部，而规模效应显著的金属、机械、化学、运输等行业在原集聚地的集聚水平下降，也出现外迁的倾向。

中国的情况则更为突出，改革开放后最早开放的东部沿海省份，是我国利用FDI最为集中的地区，也是我国产业集聚最强最有特色的地区，江浙沪闽粤各有数十个大小不等的制造业产业集群。不难发现这些产业集群与FDI有着千丝万缕的联系，特别是一些以出口导向型为主的产业集群是通过FDI的示范作用发展起来的，有的甚至是FDI直接引领的产业集群。那么FDI是通过怎样的机制作用于这些产业集群？FDI对产业集聚能否产生积极的推动作用？新形势下我国受FDI影响的制造业集聚是否将产生演化？研究这些问题对我国制造业集聚和区域经济的发展有着现实的意义。

（2）FDI流向与布局产生新变化

全球化背景下，FDI一度发展迅猛，1980年全球范围内的FDI流量仅为552.7亿美元，1990年这个数值就上升到2016亿美元。而全球FDI流量在2007年达到最高值，为2.1万亿美元。然而，受2008年金融风暴的影响，全球FDI流量在2009年迅速回落至1.1万亿美元。2010年进入缓慢复苏期之后，此后数年间全球FDI经历了升降交替的过程，2015年终于出现了强劲的上扬，流量达到1.76万亿美元，但2016年增长乏力，反而下降了2%（见图1－1）。基于各国经济政策的不确定性，以及日益严峻的贸易摩擦、地缘政治风险，未来全球FDI流量能否继续增长仍存在诸多不确定因素。从全球FDI的流向和结构特点来看，虽然发达国家一直在引资方面占据着优势，但FDI逐步呈现出一些对发展中国家较为有利的特点，比如全球FDI对发展中国家投资比例日益扩大（见图1－1）、包含石油和采矿业在内的第一产业FDI占比下降、包括生物医药等高技术行业的制造业比重大幅上升、服务业FDI的占比超过60%等。[①]

再看我国引入FDI的情况，1978年改革开放以来，中国实行了点线面逐级放开的对外开放政策，1994年成为仅次于美国的第二大引资国。2001年加入世界贸易组织（WTO）之后，更为灵活的贸易投资政策使我国一度成为全球最具

---

① 资料来源：联合国贸易和发展会议（UNCTAD）出版的《世界投资报告》（2016年）。

引力的外资流入地之一，1985 年流入中国的 FDI 仅为 47.06 亿美元，至最近一次金融危机爆发的 2008 年，中国利用的 FDI 流量已达 952.53 亿美元，除 2009 年受金融危机波及略有下降以外，2010 年流入的 FDI 突破了千亿美元，达 1 176.98 亿美元，占世界 FDI 流量近 10%。在全球 FDI 波动的情况下，2010 年以后中国 FDI 流入保持着稳定增长，2016 年达到 1 260 亿美元，换算成人民币为 8 132 亿元，同比增长 4%（见图 1 - 2）。流入中国 FDI 的布局也发生了相应的变化：从流入的产业结构上看，制造业吸引的 FDI 下滑，服务业的比重上升，截至 2015 年流入服务业的 FDI 已经超过了流入制造业的 FDI（见图 1 - 3），其中，流入消费性服务业的 FDI 比重下降，流入生产性服务业的 FDI 比重上升，并于 2015 年起超过了消费性服务业（见图 1 - 4）；从流入的区域来看，以东部地区为主，但中西部地区的增速快于东部地区；从投资目的导向来看，不少 FDI 投资关注的最终消费市场已由海外市场过渡到我国的国内市场（毕吉耀和李大伟，2015）；从投资的来源国来看，"一带一路"沿线国家对我国的投资比重上升。[①]

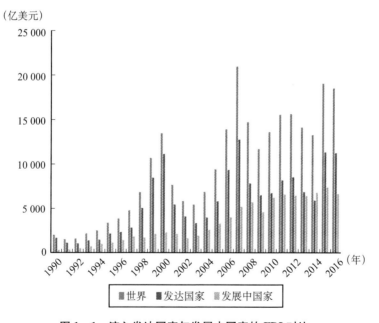

图 1 - 1　流入发达国家与发展中国家的 FDI 对比

资料来源：UNCTAD. World Investment Report 2017［EB/OL］. https://unctad.org/publication/world-investment-report-2017.

---

　① 资料来源：根据 1999～2017 年历年的《中国统计年鉴》以及《2016 年国民经济和社会发展统计公报》整理而得。

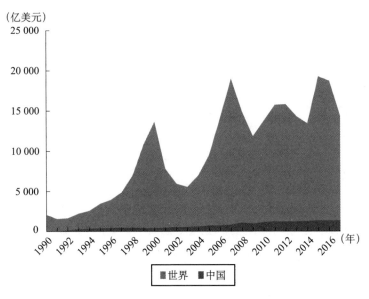

图 1 - 2 流入中国 FDI 的规模与趋势

资料来源：UNCTAD. World Investment Report 2017 ［EB/OL］. https：//unctad. org/publication/world-investment-report-2017.

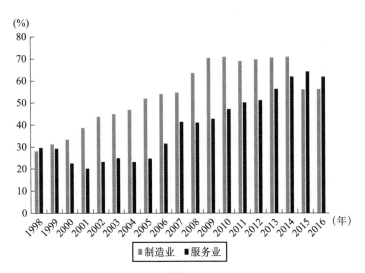

图 1 - 3 流入中国制造业和服务业的 FDI 对比

资料来源：根据 1999 ~ 2017 年历年的《中国统计年鉴》计算而得。

　　世界 FDI 的发展特点与中国引入 FDI 的发展情况，反映出国际资本与优势行业结合的趋势。我国利用外资的流量增速大于世界 FDI 流量的增速，且在结构特点的变化上与全球 FDI 有许多相似之处，意味着我国在吸引 FDI 流入中占有较大的优势。2017 年 1 月国务院颁布利用外资新"二十条"① 以及同年 6 月以自由贸易试验区（free trade zone，FTZ）负面清单形式出现的外商投资准入特别管理措施，均进一步从制度上对 FDI 的准入管制进行了松绑，扩大了 FDI 流入的自由度，这对于进一步吸引 FDI 将产生积极的推动作用。

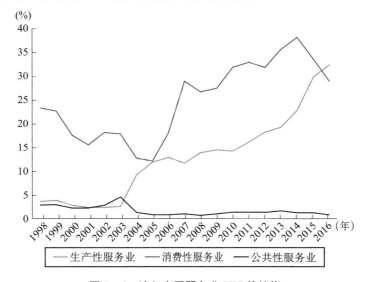

图 1 – 4　流入中国服务业 FDI 的结构

注：根据国家统计局对现代服务业进行层次划分，结合 1999 ~ 2017 年历年的《中国统计年鉴》，将交通运输、信息通信、金融业、租赁服务业以及科学研究服务业划入生产性服务业；将批发和零售业、住宿和餐饮业、房地产业以及居民服务和其他服务业划入消费性服务业；将教育、卫生、社会保障和社会福利业、文化、体育和娱乐业以及公共管理和社会组织划入公共性服务业。

资料来源：根据 1999 ~ 2017 年历年的《中国统计年鉴》计算而得。

（3）国内外环境的变化对制造业集聚提出新挑战

当前，在我国结构性改革、"一带一路"倡议的引导下，在世界市场萎缩、世界经济仍处于恢复期的情况下，在主要发达国家经济政策多变、全球化与反全球化矛盾日益尖锐、中美贸易摩擦加剧、地缘政治风险升高的国际环境下，我国的制造业集聚也面临着新的挑战，表现在制造业集聚面临着要素成本提高、新企业进入困难、拥堵日益严重、环境消耗代价大、国际市场不确定性加大等困境，以及新技术与传统制造企业加速融合发展的挑战。制造业集聚面临的困境加大了制造业集聚的分散力，一旦集聚的分散力大于集聚引力，将使制造业集聚产生弱化甚至消退，制造业集聚的转型升级迫在眉睫。

---

① 这是指 2017 年 1 月国务院颁发的《国务院关于扩大对外开放积极利用外资若干措施的通知》。

因此，我国原有的以制造业为主的产业集聚是否会发生变化？FDI 流向和布局的变化在此间又将产生怎样的影响？能否在高技术和服务业 FDI 占比日益扩大的情况下促进先进 FDI 与我国现有制造业集聚的融合，形成更为高级的产业集聚形态？这些问题是值得深入探讨的，在现实层面上这些问题的解决有助于研究 FDI 与制造业集聚关联效应的新变化，分析制造业集聚升级机理问题，从而推动制造业集聚的转型升级。

1.1.2　选择产业融合为研究视角的依据

国内外关于 FDI 与产业集聚的研究众多，本书第 2 章对相关文献的梳理表明，目前对 FDI 与产业集聚的研究主要集中在两者关联效应以及集聚演化方面。大多数研究认可 FDI 与产业集聚存在相互促进的作用，但在 FDI 对产业集聚是否持续存在积极作用上尚存分歧，对关联效应内在机理的综合分析较少，阶段动态发展的讨论也较少，因此，本书尝试从新的视角研究 FDI 与制造业集聚的关联效应和阶段演化，试图更为深入地探讨 FDI 与制造业集聚的关联效应及其作用机理，丰富产业集聚研究的成果。通过对相关文献的研究，结合 FDI 与制造业集聚的新情况与新特点，本书选择了产业融合作为研究的新视角，选择该视角的原因包含如下两个方面。

第一，FDI 与制造业集聚之间的关联效应研究以分析两者相互作用为主，FDI 通过直接投资、技术示范、外溢效应和前后向关联带动等方式促进当地企业的发展。目前流入中国并带动不同行业先进要素进入的 FDI 日益增多。进入集聚地的 FDI 极有可能通过外溢效应促进集聚地企业的技术进步，与当地企业产生跨企业、行业乃至产业边界的融合，推动企业的发展，甚至可能促进新行业的产生。而产业融合研究始于信息技术革命的兴起，认为新技术的发展将促进不同企业、行业与产业之间产生跨界的融合，促进新行业的形成，产业融合的研究是对跨界融合现象的研究。因此，尝试借鉴产业融合的相关研究，分析目前产生新变化的 FDI 进入集聚地后与集聚地企业之间发生的相互渗透、交叉发展的关联关系，能从新视角对 FDI 与制造业集聚关联效应的内在机理进行探讨。

第二，产业融合相关研究认为，技术进步引起跨界融合以及促进新行业的形成是产业演化升级的必然趋势，其发展是动态性的。产业融合研究力图揭示技术进步下产业演化发展的规律，研究产业阶段性演化发展的问题。因此，将产业融合研究中对发展阶段的动态分析运用到 FDI 与制造业集聚的阶段演化研究中，有助于揭示 FDI 与制造业集聚演化发展的阶段进程，有利于辨析演化发展的趋势方向，能丰富 FDI 与制造业集聚关联发展动态研究的成果。

1.1.3　研究目标

本书研究 FDI 与制造业集聚的融合演化发展，拟实现的研究目标为：第一，以产业融合为新视角，研究 FDI 与制造业集聚关联效应的内在机理；第二，划分产业融合的不同发展阶段，对 FDI 与制造业集聚关联效应进行阶段演化的研究；第三，在阶段演化研究的基础上辨析 FDI 与制造业集聚演化发展的方向，进行总体规律分析，并就此提出推动 FDI 与制造业集聚正向演化的对策建议。

1.2　概念界定与研究内容

1.2.1　FDI 与制造业集聚融合的界定

（1）产业融合界定的相关研究

对产业融合的研究首先从内涵研究开始。产业融合的内涵界定始于罗森伯格（Rosenberg，1963）从技术视角定义的技术融合；法依和滕泽尔曼（Fai and Tunzelmann，2001）、岭言（2001）、卢东斌（2001）、张磊（2001）、雷（Lei，2000）、林德（Lind，2004）进一步解释了"技术融合"，既是不同产业间分享共同知识和技术基础的过程，也是某些技术在不同产业间的应用与扩散并引起创新的过程，这种过程显著地影响另一产业生产、创造、竞争的本质。

约菲（Yoffie，1997）、塔伦（Tarun，1997）、张磊（2001）、斯蒂格利茨（Stieglitz，2003）等则从产品的角度出发，认为产业融合是"采用数字技术后原来各自独立产品的整合"，这种融合包括替代性融合和互补性融合。

随着融合现象的进一步增多，国内外学者对产业融合的界定扩展到了产业的层面，如植草益（2001）、周振华（2003）、周旭霞（2007）、高煜和刘志彪（2008）等从产业边界视角出发，认为产业融合以数字融合为基础，通过技术创新和放宽限制使产业边界收缩或者消失，形成竞争合作的关系。厉无畏（2002）等从产业属性的角度出发，提出产业融合是源于同一产业内部或者不同产业之间渗透、交叉，逐步融合形成新产业并出现新的增长点的动态发展过程。

欧洲委员会的"绿皮书"（1997）拓展了产业融合的内涵，提出了相关产业融合管制的问题。还有一些学者试图从创新、模块、产业分离与融合以及自组织理论等视角来界定产业融合的内涵。

　　由此可见，产业融合涵盖了技术、产品、产业等的范围，对产业内和产业间的渗透、交叉、重组、横向、纵向、混合、高新技术产品渗透等类型的融合均有涉及，是对产业创新升级特别是新技术发展下产业向高级形态演化的生动刻画。

　　（2）FDI与制造业集聚融合的界定

　　本书在FDI与制造业集聚产生新变化的情况下对两者进行研究，目的在于深入研究FDI与制造业集聚关联效应产生的内在机理，辨析动态发展方向，推动FDI与制造业集聚的正向演化。基于上述主要研究目标，结合国内外学者对产业融合所做的相关定义，可以将FDI与制造业集聚融合界定为：集聚地中外企业跨越企业边界的相互渗透、相互交叉、融合发展，促进技术的创新和新产品新业务的研发，打破原有产业的壁垒，推动新的产业形态形成，进而促进原制造业集聚转型升级的过程。

　　此界定包含几层含义：第一，FDI与制造业集聚的融合，是跨越FDI与集聚地企业边界的融合，该跨界首先由要素跨界引起，即技术外溢效应引致技术进步，促进技术创新的产生；第二，FDI与制造业集聚之间在技术创新上产生共同的技术进步，推动发明创造，促进新产品的产生和新业务的发展；第三，FDI与制造业集聚内的产业形成前后向关联，在同行业以及异质行业之间产生相互交叉、渗透和融合；第四，FDI与制造业集聚融合的最终结果是改变原有的竞合关系，打破原有产业的壁垒，形成新的行业。

　　因此，首先，在对FDI与制造业集聚的融合界限的认定上，将FDI与集聚地企业的融合视为跨越了不同投资来源企业边界的融合，此融合并非指企业的并购合并，而是在保有企业独立性的基础上，通过FDI与制造业集聚对本地企业优质要素进行重配，达到两者跨界融合的目的。其次，在要素边界打破之后，在先进要素的作用下，FDI与制造业集聚地企业之间将继续打破原有产业的边界限制，促使新产业的产生，从而推动整个制造业集聚的发展演化。

1.2.2　FDI与制造业集聚融合的阶段划分

　　由上述产业融合的内涵界定可知，国内外学者对产业融合的定义始于技术融合，随着实践的发展，对其内涵的界定延伸至产品的视角，而后进一步扩大到不同行业的融合中，可见产业融合研究是紧跟产业发展的轨迹进行的研究，反映了融合动态发展的进程。

　　在产业融合的形成和发展上，国内外学者首先从技术融合入手，雷（Lei，2000）、于刃刚和李玉红（2004）等认为技术创新为主要动因；植草益（2001）、周振华（2002）认为，技术创新后管制的放松进一步消除了行业间的壁垒，促进了产业的融合。厉无畏（2002）指出，产业之间的关联形成了产业融合的内在动力，而技术创新仅是起到催化剂的作用。胡永佳（2007）、肖建勇（2012）从资产通用度和产业关联性等角度对融合动因进行了解释。赵钰和张士引（2015）指出，驱动产业融合的动因在于技术的创新、商业模式的创新、需求结构的升级及产业规制的放松等。

由此可见，融合促进了产业的技术进步与创新，而技术创新使企业的性质外延得到了拓展，促使管制和制度的创新，从而进一步促成了新的产业和市场的形成，产业融合体现为动态发展的进程。在对其动态发展阶段的研究中，弗里曼和索特（Freeman and Soete, 1997）认为，产业创新融合的过程包括技术和技能的创新、产品和流程的创新、管理和市场的创新等不同的阶段。在此基础上，甘巴德拉和托里西（Gambardella and Torrisi, 1998）指出，产业融合通常经历了技术融合、业务与管理融合以及市场融合三个阶段，这些阶段可以是前后联结的，也可以是相互促进的。斯蒂格利茨（Stieglitz, 2003）则更具体地指出，产业融合是一个包含三个具体阶段的动态演进过程。第一阶段，不相关的产业受到技术创新、政府管制放松等融合外部因素的激发；第二阶段，公司行为和市场结构开始发生变化而产生融合；第三阶段，两个产业已从不相关过渡到具有相关性，且市场发展日趋稳定。我国学者陆国庆（2003）、胡汉辉和邢华（2003）、刘志彪（2003）、周振华（2003）、马健（2006）等的研究亦认同此观点，认为产业融合经历技术、产品与业务、市场融合三个阶段。于刃刚和李玉红（2004）指出，技术创新在边界分明的产业间扩散产生技术融合，逐步消除产业间的技术进入壁垒，形成共同的技术基础，推动原先分立的产业产出相同或相似的产品，跨越产业的边界，形成产业融合的趋势。在此基础上，郑明高（2010）进一步认为，产业融合的动力是技术融合、基础是产品与业务融合，在这两个融合发展的基础上产生"半成品"的市场融合，整个过程整合成的"产成品"促进了产业融合。

本书的 FDI 与制造业集聚的阶段性研究试图以上述国内外学者的研究为基础，将产业融合的发展划分为技术融合、产品业务融合和市场融合三个阶段。有别于上述研究中以不同性质的企业为主要研究对象，本书以 FDI 企业和中国制造业集聚区的内资企业为主要研究对象。因此，本书的技术融合指 FDI 带来的先进要素作用于制造业集聚后产生的共同技术进步；产品业务融合指技术融合在受FDI 影响的集聚区中扩展至生产环节促进新产品的产出；市场融合指新产品产出的增长推动受 FDI 影响的集聚区产生新行业，形成新的市场。这三个阶段是递进发展的过程，以市场融合为产业融合形成的最终标志。后面的研究将以此阶段划分为基础，研究 FDI 与制造业集聚关联是否经历了这三个融合阶段。如果经历了这三个阶段的发展，各阶段的内在机理如何？该三阶段发展能否推动 FDI 与制造业集聚的正向演化？对于这些问题的分析有助于实现本书的研究目标。

1.2.3 FDI 的界定

FDI（foreign direct investment），即外商直接投资，是本书研究的主要对象之一。国际货币基金组织（IMF）将 FDI 定义为一国投资者把资本投入其他国家用于生产或经营，并在此间掌握一定经营控制权的一种投资行为。本书的分析采用与《中国统计年鉴》一致的口径进行研究。

1.2.4 制造业集聚行业界定

自马歇尔（1890）首提产业集聚以来，相关研究文献通常将产业集聚定义为相同产业在某一特定的地理区域内高度集中，且各种生产要素在其间不断进入汇聚，推动产业与区域发展的过程。本书依据国家统计局发布的国民经济行业分类（GB/T 4754 - 2011）将制造业集聚的行业集中于划定的 31 个制造行业中。然而，由于目前的统计年鉴多以工业生产为口径进行统计，工业包括采矿业、制造业、电力、热力、燃气及水生产和供应业以及建筑业，但受 FDI 影响的典型集聚区工业主要还是以制造业为主（详见第 4 章），因此，出于数据可得性的考虑，本书采用的大部分数据均按制造业行业进行收集，但在衡量增加值上会采用工业统计口径进行统计。此外，本书的研究还涉及投入产出关联分析，为和投入产出表一致，本书还选取了投入产出表中的 21 个制造业门类进行分析，具体行业见表 1 - 1。

表 1 - 1　　　　　　　　　研究涵盖的制造业行业

C	制造业	投入产出表行业	C	制造业	投入产出表行业
13	农副食品加工业	农副食品加工业	18	纺织服装、服饰业	纺织服装、服饰业
14	食品制造业	食品制造业	19	皮革、毛皮、羽毛及其制品和制鞋业	
15	酒、饮料和精制茶制造业	酒、饮料和精制茶制造业	20	木材加工和木、竹、藤、棕、草制品业	
16	烟草制品业	烟草制品业	21	家具制造业	
17	纺织业	纺织业	22	造纸和纸制品业	造纸和纸制品业

C	制造业	投入产出表行业	C	制造业	投入产出表行业
23	印刷和记录媒介复制业		34	通用设备制造业	通用设备制造业
24	文教、工美、体育和娱乐用品制造业		35	专用设备制造业	专用设备制造业
25	石油加工、炼焦和核燃料加工业	石油加工、炼焦和核燃料加工业	36	汽车制造业	
26	化学原料和化学制品制造业	化学原料和化学制品制造业	37	铁路、船舶、航空航天和其他运输设备制造业	铁路、船舶、航空航天和其他运输设备制造业
27	医药制造业	医药制造业	38	电气机械和器材制造业	电气机械和器材制造业
28	化学纤维制造业	化学纤维制造业	39	计算机、通信和其他电子设备制造业	计算机、通信和其他电子设备制造业
29	橡胶和塑料制品业		40	仪器仪表制造业	仪器仪表制造业
30	非金属矿物制品业	非金属矿物制品业	41	其他制造业	
31	黑色金属冶炼和压延加工业	黑色金属冶炼和压延加工业	42	废弃资源综合利用业	
32	有色金属冶炼和压延加工业	有色金属冶炼和压延加工业	43	金属制品、机械和设备修理业	
33	金属制品业	金属制品业			

资料来源：根据统计局 2011 年版《国民经济行业分类》以及 2002 年、2007 年和 2012 年的《投入产出表》整理而得。

1.2.5 研究内容

本书围绕研究目标，在宏观和中观层面上以我国除港澳台地区和西藏以外的 30 个省级行政区内的地级及以上城市为研究单元，筛选了 264 个地级及以上城市（见表 1-2），以制造业集聚和 FDI 分布地为主要研究客体，以典型集聚地外资与中资企业为研究对象，收集 1999～2015 年连续的面板统计数据，对 FDI 与中国制造业集聚的融合演化进行研究。主要研究内容包含以下 5 个部分。

表 1-2   研究区覆盖的地级及以上城市

省份	地级市	省份	地级市
北京市		安徽省	合肥市、芜湖市、蚌埠市、淮南市、马鞍山市、淮北市、铜陵市、安庆市、黄山市、滁州市、阜阳市、宿州市、六安市、亳州市、池州市、宣城市

省份	地级市	省份	地级市
天津市		江西省	南昌市、景德镇市、萍乡市、九江市、新余市、鹰潭市、赣州市、吉安市、宜春市、抚州市、上饶市
河北省	石家庄市、唐山市、秦皇岛市、邯郸市、邢台市、保定市、张家口市、承德市、沧州市、廊坊市、衡水市	河南省	郑州市、开封市、洛阳市、平顶山市、安阳市、鹤壁市、新乡市、焦作市、濮阳市、许昌市、漯河市、三门峡市、南阳市、商丘市、信阳市、周口市、驻马店市
上海市		湖北省	武汉市、黄石市、十堰市、宜昌市、襄阳市、鄂州市、荆门市、孝感市、荆州市、黄冈市、咸宁市、随州市
江苏省	南京市、无锡市、徐州市、常州市、苏州市、南通市、连云港市、淮安市、盐城市、扬州市、镇江市、泰州市、宿迁市	湖南省	长沙市、株洲市、湘潭市、衡阳市、邵阳市、岳阳市、常德市、张家界市、益阳市、郴州市、永州市、怀化市、娄底市
浙江省	杭州市、宁波市、温州市、嘉兴市、湖州市、绍兴市、金华市、衢州市、舟山市、台州市、丽水市	内蒙古自治区	呼和浩特市、包头市、乌海市、赤峰市、通辽市、鄂尔多斯市、呼伦贝尔市
福建省	福州市、厦门市、莆田市、三明市、泉州市、漳州市、南平市、龙岩市、宁德市	广西壮族自治区	南宁市、柳州市、桂林市、梧州市、北海市、防城港市、钦州市、贵港市、玉林市
山东省	济南市、青岛市、淄博市、枣庄市、东营市、烟台市、潍坊市、济宁市、泰安市、威海市、日照市、莱芜市、临沂市、德州市、聊城市、滨州市、菏泽市	重庆市	
广东省	广州市、韶关市、深圳市、珠海市、汕头市、佛山市、江门市、湛江市、茂名市、肇庆市、惠州市、梅州市、汕尾市、河源市、阳江市、清远市、东莞市、中山市、潮州市、揭阳市、云浮市	四川省	成都市、自贡市、攀枝花市、泸州市、德阳市、绵阳市、广元市、遂宁市、内江市、乐山市、南充市、眉山市、宜宾市、广安市、达州市、雅安市、巴中市、资阳市
海南省	海口市、三亚市	贵州省	贵阳市、六盘水市、遵义市、安顺市
辽宁省	沈阳市、大连市、鞍山市、抚顺市、本溪市、丹东市、锦州市、营口市、阜新市、辽阳市、盘锦市、铁岭市、朝阳市、葫芦岛市	云南省	昆明市、曲靖市、玉溪市、保山市、昭通市

省份	地级市	省份	地级市
吉林省	长春市、吉林市、四平市、辽源市、通化市、白山市、松原市、白城市	陕西省	西安市、铜川市、宝鸡市、咸阳市、渭南市、延安市、汉中市、榆林市、安康市、商洛市
黑龙江省	哈尔滨市、齐齐哈尔市、鸡西市、鹤岗市、双鸭山市、大庆市、伊春市、佳木斯市、七台河市、牡丹江市、黑河市、绥化市	甘肃省	兰州市、白银市、天水市、武威市
山西省	太原市、大同市、阳泉市、长治市、晋城市、朔州市、晋中市、运城市、忻州市、临汾市	青海省	西宁市、银川市、石嘴山市、吴忠市
		新疆维吾尔自治区	乌鲁木齐市、克拉玛依市

注：地级及以上城市以《中国城市统计年鉴》的口径划分为准，包含了地级以上的副省级和省级城市，剔除了无制造业以及形态单一引致集聚统计指标失真的地级市（详见第 4 章），共计 264 个研究单元。

资料来源：根据 2016 年的《中国城市统计年鉴》整理。

（1）FDI 与制造业集聚阶段融合的机理推导

本书在文献分析的基础上，从产业融合发展的三个阶段（技术融合、产品业务融合和市场融合）入手进行机理演绎推导，构建分析的理论框架，为后续三阶段计量模型的设立和空间效应的分析提供依据。技术融合阶段以 FDI 带动先进生产要素跨越中外企业界限的融合为主，以促进中外企业技术共同进步为目的；产品业务融合阶段以技术融合为基础，以技术进步促进 FDI 与制造业集聚业务环节融合为主，以新产品新业务产出为特征；市场融合阶段在产品业务融合的基础上，以促进新行业形成为特征。

（2）FDI 与制造业集聚的时空格局和关联分析

首先，通过 ESDA 法（探索性数据分析法）拓展衡量集聚的区位熵指数，测度我国各地级及以上城市制造业集聚水平，划定与 FDI 密切相关的典型集聚区，进行与全国范围的对比研究。其次，以空间计量法分析 FDI 与我国制造业集聚区是否存在空间上的关联效应，进一步确认受 FDI 影响的典型区，为后面内在关联机理的计量分析打下基础。

（3）FDI 与制造业集聚融合阶段演化的计量分析

本书依据机理分析推导的理论框架，结合 FDI 与制造业集聚的技术融合、产品业务融合以及市场融合动态发展阶段的特点，构建面板计量模型与空间计量模型，进行分阶段融合的量化测度和系统评价。首先，通过对技术进步、FDI 技术外溢以及创新网络效应三个问题的实证分析，逐层递进，探讨技术融合的发展；其次，测量 FDI 与制造业集聚的前后向关联度，建立前后向关联模型和异质性行业空间关联模型，实证分析 FDI 与制造业集聚上下游、产业链以及产业集群的关联，进而探讨产品业务融合的发展情况；最后，通过构造新产品产出模型、行业成长模型以及新行业形成模型，探讨市场融合的发展。

（4）FDI 与制造业集聚阶段融合下的空间效应研究

与 FDI 的融合将对制造业集聚内部的企业性质产生影响，构成集聚企业性质的变化将对原有集聚的区位分布产生影响。本书以典型制造业集聚所处的单元为研究对象，以融合阶段演化计量分析为基础，结合 ESDA 法，对时空格局演化进行分析，主要研究以下几个问题：第一，区域内集聚的类型是否发生改变，是否存在技术主导型、新产品主导型或是新行业主导型的集聚；第二，区域内集聚是否仍然存在，或是分散，或是在他地形成新的集聚；第三，集聚与周边区域的空间关联是否发生变化。本书就各区域各融合阶段中呈现出的集聚时空格局演变进行分别总结，尝试揭示制造业集聚的区位变迁以及空间演化的方向。

（5）FDI 与制造业集聚阶段融合的总体规律与对策建议

首先，依据上述 FDI 与制造业集聚各阶段量化研究的结果，分析技术融合、产品业务融合以及市场融合的规律特征，尝试揭示三个演化阶段 FDI 与制造业集聚跨界融合的实质。其次，以空间效应的分析结果，分析技术融合、产品业务融合以及市场融合的时空格局演化规律，尝试凝练三阶段空间演化的分布模式，并据此辨析 FDI 与制造业集聚融合演化的方向。在此基础上对推动 FDI 与制造业集聚的正向融合演化发展提出相应的对策建议。

1.3　研究方法与技术路线

1.3.1　研究方法

围绕研究内容，本书采用的主要研究方法如下。

（1）文献分析法

本书尽可能广泛地收集与整理产业集聚、FDI 与产业集聚以及产业融合研究的相关文献，进行分析与归纳总结。在文献分析阶段，本书收集相关的研究领域中较高级别期刊的文献，并通过主题词在 SCI、SSCI 等外文文献库和中国知网等中文文献库中搜索相关研究成果，进行相应的脉络梳理，选取具有代表性的研究文献；从归纳和分析文献中探寻相关研究领域的研究热点与趋势，尽可能找出研究中存在的空隙，确定研究的科学问题。此外，理论演绎推理及研究框架的构建也需要借助文献分析法展开。

（2）计量分析法

本书研究涉及的 FDI 与我国制造业集聚的关联、动态演化以及两者间产业融合的程度需要构建科学的衡量指标。本书以 FDI 与制造业集聚的时空格局和关联现状作为现象认知的入口，以产业融合为切入点，构建计量分析模型，经由三个阶段量化研究两者的内在升级机理，尝试揭示 FDI 与制造业集聚关联效应动态发展的内在机理。这些研究目标的实现需要采用大量的计量分析方法。

（3）地理空间统计法

本书关于 FDI 与制造业集聚的研究涉及 FDI 与制造业集聚空间效应的研究。地理空间统计法能有效地对空间联系、空间集聚、空间网络、区位变迁和空间演化等问题进行分析，是本书研究大量采用的主要研究方法之一。本书试图通过该融合空间统计法与计量分析方法，尝试为 FDI 与制造业集聚关联机理研究的量化与可视化提供新的分析方法。

（4）定性分析法

本书大量采用计量分析法和地理空间统计法力图客观分析 FDI 与制造业集聚融合作用下的关联和空间演化问题，在此基础上仍需通过定性分析法使量化分析与实际情况相印证，同时也需运用定性分析法对 FDI 作用下制造业集聚的演化发展路径进行研究。

1.3.2　研究技术路线

在研究思路上本书综合应用产业集聚、国际资本流动以及产业融合等相关理论，采用多种研究方法，以产业融合为切入点，研究 FDI 与制造业集聚的关联效应和阶段演化，为制造业集聚的转型升级提供对策建议。在研究思路上按照"问题识别—机理分析—数据收集—实证分析—规范分析—结论讨论"的技术路线展开，在研究逻辑上以"演绎—推导—证明—归纳"展开分析，尝试揭示 FDI 与制造业集聚关联效应的动态演化机理。本书研究的技术路线如图 1-5 所示。

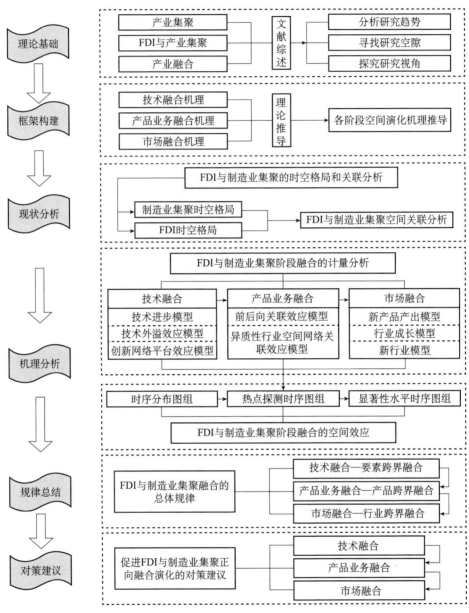

图1-5　技术路线

第 2 章

FDI 与制造业集聚相关理论及文献综述

2.1 产业集聚的理论及文献综述

自马歇尔（Marshall）首提产业集聚及其三个原因以后，许多学者从不同视角对产业集聚进行了相关研究，研究的维度主要集中在产业、空间和时间上（Rosenthal and Strange，2004）。若是按研究共性来归纳，本书认为产业集聚的研究主要集中在传统选址均衡、空间集聚内生机制以及集聚内生增长与演化等方面。

2.1.1 传统选址均衡研究

传统选址均衡阶段，韦伯（Weber，1909）在"杜能环"和"龙哈德三角"的基础上，以"成本—利润"为出发点，提出完全竞争背景下运费、劳动力和集聚三指向的区位择优理论，奠定了传统工业区位论的基础。随后发展起来的新古典区位论，其代表人物克里斯塔勒（Christaller，1933）从一般均衡分析出发，以价格为主要考虑基点，在市场、行政和运输三原则基础上构建了中心地系统模型；俄林（Ohlin，1933）则结合了贸易理论与区位理论，提出工业区位的决定因素是利息率和工资水平在区域上的差异，该研究得到帕兰德（Palander，1935）、廖什（Losch，1939）等的补充发展。尽管传统的区位论在空间均质、严格的假设前提以及与现实存在较大差距等方面受到不少质疑，但传统区位论从影响区位选择的单要素分析走向影响区位决策的多要素分析，从成本最小化分析走向收益最大化以及最优收益分析，从局部均衡分析走向一般均衡分析，对抽象空间问题进行层层深入的逐步探讨，具有严谨的逻辑，揭示了经济活动的空间规律，奠定了传统产业集聚研究的基础，进一步推动了对区域发展不平衡的讨论。

许多学者继续对区域不均衡发展进行探讨。佩鲁（Perroux，1950）首提增长极理论，他认为，主导性工业部门的组织和迅速推进可通过乘数效应促进其他部门的增长，产生的极化效应促进一地增长点或增长极的出现，又通过不同渠道向外扩散。艾萨德（Isard，1960）在对日美英等国经济发展进行研究的基础上，指出随着分工的深化，地区间经济发展失衡加剧，区域经济中体现出均质性和集聚性的特点。以赫希曼（Hirschman，1958）的"涓滴效应"以及缪尔达尔（Myrdal，1974）"二元经济结构论"为代表的不平衡发展理论认为，经济发展过程具有不平衡性，应集中力量优先发展主导部门或者重点地区。陆大道（1995，2001，2002）亦提出"点—轴系统"理论，认为生产要素通常首先在地理区位的"点"上集聚，而铁路、公路、河流等交通干线成为联结"点"的"轴"，生产要素通过"轴"向"点"流动，形成"点—轴"系统。不平衡发展理论不仅揭示了区域发展不平衡的特质，对产业的空间布局有积极的指导，也开始逐步涉及对不平衡发展的效应和驱动因素的研究，是传统产业集聚理论的重大发展。

2.1.2　空间集聚内生机制研究

在传统区位论的基础上，经济地理学者不断尝试发展更接近空间现实的理论。随着柔性生产方式逐渐兴起，弗农（Vernon，1966）等提出产品生命周期理论，同时提出在产品技术发展的不同阶段厂商的区位亦会发生改变，因此，更灵活的有利于控制风险的小企业之间的合作更适宜于柔性的生产方式。小企业的合作引起的集聚又引发了关于存在外部经济的新产业区的探讨。巴格纳斯科（Bagenasco，1977）指出，新产业区是具有共同社会背景的劳动力和企业在一定地域上形成的社会生产综合体，以分工的外部性为特点，企业间通过共同的社会文化进行互动。随后皮埃尔和赛伯（Pierre and Sable，1984）主张把新产业区定位为中小企业经由弹性专业化而形成产业集聚。斯托珀（Storper，1989）进一步指出，灵活的生产系统是产业集聚形成的关键。新产业区位论将研究延伸到引导企业区位活动的制度因素、外部经济网络创新结构引起的文化结构、产业区中企业关系等，其中，关于产品技术发展的不同阶段、外部性技术、创新网络等的研究都已将研究视角转移到内生增长方面，这是与传统区位论极大不同的地方。然而这些研究认为世界经济都是由参与贸易的专业化产业区组成，忽略了区域内长期发展的学习因素，具有一定的局限性。

我国关于新产业区的研究始于 20 世纪 70 年代，在新产业区位方面，陆大道（1979）率先从生产流程、工艺、原料与产出关系以及厂外工程效用最大化方面阐释工业区组织的类型及各自的特点。李小建（1996，1997）主张从时间、规模、产业结构、联系强度以及企业的根植性等方面来判别新产业区，尤其要考虑世界经济的联系。田明和樊杰（2003）从归纳产业区发展的一般过程出发，探讨了新产业区的形成机理，认为新产业区理论是传统空间组织的补充和发展。安虎森（1998，2003）则探究了新产业区理论和区域经济发展之间的关系。王缉慈等（2001）认为，新产业区是特定地域中具有弹性生产能力的系统，也是一个学习型和创新型的区域。对于世界经济联系、创新型网络和学习型系统的关注，表明我国学者已将关于新产业区理论的研究进一步延伸拓展，而且还将研究的视角进一步扩展到中观和宏观的层面，为新产业区理论的丰富和发展作出了非常重要的贡献。

在数理研究方面，迪克西特和斯蒂格利茨（Avinash Dixit and Joseph Stiglitz，1977）将不完全竞争和收益递增引入，建立了精巧的 D-S 垄断竞争模型。克鲁格曼（Krugman，1991）在评述经济地理学五大传统——传统区位论、社会物理学、累积循环论、外部经济以及地租和土地利用论的基础上，结合 D－S 模型建立了新经济地理模型（NEG 模型）。在 D-S 模型、冰山成本、动态演化和计算机四个途径的建模策略下，克鲁格曼等建立了区域模型（C-P 模型）、城市体系模型以及国际贸易模型。不同于完全竞争理论下关于外生因素的分析，C-P 模型以不完全竞争理论为基础进行内生因素的研究，解释地理空间上的经济集聚产生原因，即在"本地市场效应""价格指数效应""市场拥挤效应"三机制共同作用以及集聚力和分散力的作用下一地企业数量发生的变化，进而解释产生集聚和分散的原因。城市体系模型以及国际贸易模型是在区域模型的基础上发展起来的，其关注均质空间中城市的圈层布局和国际贸易引起的特定产业的集聚与分散。但由于 C-P 模型的假设前提过于严格，一些假设与实际存在差距，且对统计数值的要求较高，因而许多学者不断地放宽 C-P 模型假设前提，在模型中引进新的生产要素，并不断试图改进模型的可操作性，他们从不同的视角解释了集聚的内生发展过程，如马丁和罗杰斯（Martin and Rogers，1995）、福塞特（Forslid，1999）、福塞特和奥塔维亚诺（Forslid and Ottaviano，2003）等从要素流动角度研究；鲍德温（Baldwin，1999）、马丁和奥塔维亚诺（Martin and Ottaviano，1999）、鲍德温和马丁（Baldwin and Martin，2001）等从资本创造角度研究；克鲁格曼和维纳布尔斯（Krugman and Venables，1995）、藤田等（Fujita et al.，1999）从中间投入品等角度设立模型。同时，为了克服 DIC（指迪克希特—斯蒂格利茨垄断竞争、不变替代弹性效用函数和冰山贸易成本）框架下非线性函数引致相关变量无法导出解析解的缺陷，奥塔维亚诺等（Ottaviano et al.，2002）设立了关于厂商预竞争的线性模型。该阶段的研究从多个角度多个要素来探讨空间集聚和扩散的问题，尤为关键的是对集聚和扩散形成的内生机理进行了探讨。

随后围绕着克鲁格曼的 NEG 模型展开的产业集聚相关研究体现出两种发展趋势：一是放宽假设前提，引入新的因素，建立新的模型，以期克服现有模型缺陷；二是进行实证研究，对理论进行证实或者作出修改，并探讨政策含义。在探讨模型发展方面，森和西基米（Mori and Nishikimi，2002）建立了一般均衡模型，揭示了交通密集成为工业选址的首要因素。哈里根和维纳布尔斯（Harrigan and Venables，2006）将中间产品和最终产品的运输时间作为重要的考察因素，指出若最终产品的生产分布在两个不同的地区，那么其获得规模报酬递增的零部件生产者将形成集聚。图勒蒙德（Toulemonde，2006）则从高技能劳动力出发，发展了 NEG 模型，指出高技能工人获得的工资较高，消费能力较强，促使企业倾向于往高技能工人多的地方集聚。徐和王（Hsu and Wang，2012）通过建立一个公司可自由选址的贸易和集聚的模型，该模型涵盖了中间产品和最终产品，认为劳动力亦有高技能和低技能之分，最后导出结论为使用大量低技能劳动力且具有规模报酬收益的中间产品生产企业更易产生集聚。科姆戴特等（Commendatore et al.，2014）则进一步拓展分析区域，在 NEG 模型的基础上建立了三区域自由企业家模型，两个为同一地区的对称区域，第三个区域为前两者的贸易伙伴区域，指出区域一体化、贸易和全球化将加强地区的集聚效应，并加剧地区发展的不平衡。在实证研究的进展上，吴和段（Ng and Tuan，2006）在研究中国广东55 348 家当地和外资公司的集聚情况后得出结论，较之于制度的吸引力，空间集聚和企业间的协同作用更能吸引外资流入并促进当地经济的增长。阿法罗和陈（Alfaro and Chen，2014）通过对 100 多个国家跨国公司的检验，证明推动跨国公司向当地集聚的不仅仅是当地企业的集中，还有技术扩散和金融外部性的作用。有学者在研究日本企业对中国投资时发现企业的前后向关联对外资企业具有集聚引力，然而这种关联对企业的引力并不持久（Yamashita et al.，2014）。有趣的是雷恩（Wren，2012）在对 1985～2005 年投资于英国的外资集聚的研究中发现，集群中外溢效应的时间大约为 5 年，由此间接提出了集聚根植和演化的命题。

由于我国制造业的迅速发展和经济的快速崛起，产业集聚的现象在我国更为突出，我国学者围绕 NEG 模型展开的研究也更为丰富。在引起集聚的初始条件方面，李国平、孙铁山和卢明华（2003）在 Porter 钻石体系模型的基础上，分析了北京高科技产业集聚的影响因素，指出独特的历史背景和初始状态——政策驱动和外资驱动对北京高科技产业集聚的形成起到了重要作用。但集聚最终形成的动因是多数学者关注的焦点，孟庆民和杨开忠（2001）指出，聚集经济是规模经济、范围经济和外部经济共同作用的结果。梁琦（2003a，2003b，2004）首次采用工业区位基尼系数测算中国制造业集聚程度，随后对产业集聚情况进行了系统的实证分析，从基本因素、市场因素和知识溢出三个层面分析了产业集聚的影响因素，并指出世界经济联系对产业集聚的积极影响，外国直接投资（FDI）有利于提高集聚的水平，而外商区位选择的最主要驱动力不是优惠政策，是地区的开放度和产业集聚所产生的关联效应。贺灿飞、潘峰华和孙蕾（2007）通过计量模型研究省市县不同尺度上制造业分布情况，指出经济全球化、比较优势和规模经济等是促进我国制造业日益空间集中的原因，但区域分权促使制造业分散布局，因而空间尺度和经济转轨引致的制度变化的因素亦不容忽视。路江涌和陶志刚（2007）在证实溢出效应、运输成本和自然禀赋是影响行业集聚的重要因素的基础上，进一步提出地方保护主义在很大程度上限制了中国制造业的区域集聚。刘军和段会娟（2015）通过 1999～2012 年省级面板数据的分析发现，市场规模、人力资本水平、工资成本和运输成本对产业集聚产生更为直接的影响。那么在遇到重大经济环境变化后集聚的动因是否会发生变化？在这个问题上吴家伟、袁丰和吕卫国等（2014）以泛珠三角为例进行实证研究，发现金融危机前后 FDI 区位选择策略的转变仍遵循路径依赖的动态演化模式，在总量、行业和区位选择上呈现出多样性。

在探究动因后，有学者进一步就产业集聚引致的空间布局变化提出相关主张。范剑勇和谢强强（2010）发展了本地市场效应模型，认为在实现产业集聚的同时，地区间收入差距不会扩大，区域经济的协调发展是可兼容的。毛琦梁、王菲和李俊（2014）分析了中国制造业空间格局变化的特征，指出一国产业空间格局变化的主要原因在于集聚外部性的作用而非地区间比较优势的变化。胡翠和谢世清（2014）采用 1999～2007 年规模以上制造企业的数据建模进行分析，发现上下游企业的集聚能产生垂直溢出效应，指出可以通过提高产业的配套能力，促进垂直关联企业的集聚，以提高制造企业的竞争力。范晓莉和王振坡（2015）在异质性企业贸易理论的基础上构建了两区域、三部门和一种要素的空间模型，得出异质性的企业通过交通和信息基础设施作用于城市的产业结构，表现出集聚和扩散的连锁效应，影响城市的空间结构演变。许树辉（2017）对广东省制造业进行的分析表明，在外商直接投资、国内投资的影响下，广东产业集聚空间分布差异增大，专业化分工的趋势增强。

随着服务经济的兴起以及生产性服务业在制造业中融合的加强，产业集聚研究的视角由原来单一的制造业扩展到生产性服务业领域，江曼琦和席强敏

（2014）研究生产性服务业和制造业之间的空间聚合关系时指出，技术性密集型制造业为了降低制造业服务化过程中产生的生产性服务业的成本，与生产性服务业的空间协同集聚度呈现出高度相关的关系。陈晓峰和陈昭锋（2014）基于中国东部沿海地区的面板数据构建了生产性服务业与制造业的协同集聚指数，揭示了生产性服务业和制造业集聚各自具有路径依赖的特征，且相互作用具有一定的滞后性，而两者间的协同集聚有利于促进区域经济增长、专业化水平提高及产业优化升级。而李佳洺、张铁山和张文忠（2014）通过区位基尼系数和空间自相关性分析，发现我国生产性服务业在地理空间上呈现点状集中的模式，其中，信息和商务服务业是首位城市集聚模式，科研技术服务业和房地产业呈现位序规模分布，而金融业则是均衡分布。胡锡琴和张红伟（2017）对成渝城市群的空间分析表明，服务业集聚空间分布存在差异性，对整体区域经济的提升作用不显，但对中心城市的经济发展具有显著的拉动作用。

2.1.3 集聚内生增长与演化研究

产业集聚内生增长和演化研究与20世纪七八十年代兴起的演化经济地理学和内生增长理论密不可分。演化经济地理学以熊彼特的创新理论和普雷德等的行为主义理论为基础，以历史作为发展研究的起点，将历史的遗传——惯性累积、路径依赖等以及优胜劣汰的适应性竞争——选择竞争、学习、模仿及创新等作为研究的核心。以罗默（Romor）、卢卡斯（Lucas）和杨小凯（Young）等为代表的内生增长学派在垄断竞争假设下研究经济增长的问题，强调知识、模仿和创新在企业生产率增长上的重要性。其中，最为关键的知识源于人力资本和技术的变化，而知识的积累则表现为人力资本的增加、产品质量的提高以及新产品的生产，积累的过程会产生知识的外部性和外溢效应。这些理论大大突破了以传统实物要素投入为主研究的局限，使技术、创新的因素得到关注，对集聚内生增长和演化的研究有着重要的影响，因而得到众多学者的青睐。藤田昌久和蒂斯（Fujita and Thisse，2003）建立了两区域内生增长模型，试图将经济关联和知识关联融合起来，加入了知识和创新因素的模型显示出集聚可能带来的帕累托改进，核心和边缘地区的人口都可能因此受益，只是受益的程度不同。贝里安塔等（Berlianta et al.，2006）建立了一般均衡的理论探索性模型用以讨论知识交流的方式及其对集聚活动的影响，结果显示，由于经济活动集中的地方通信成本较低，信息流的传递方式更多，知识外溢的效果就较好。张和奥克斯利（Chang and Oxley，2009）对中国台湾集聚产业的全要素生产率（tofal factor pro-ductivity，TFP）

进行测算，发现研发投入和创新的溢出效应对 TPF 产生了积极的影响。埃尔（Ehrl，2013）在研究德国集聚企业的全要素生产率时亦发现知识溢出的积极效应。哈扎齐布（Hejazib et al.，2006）在研究集聚经济的不确定性时发现，技术创新和城市规模紧密相连。而扩展到服务业领域的研究，德斯梅特和汉斯伯格（Desmet and Hansberg，2014）运用模型研究美国近半个世纪以来的经济进展，发现制造业中的创新总是早于服务业，较高的运输成本会使服务业选址更接近于制造业，创新的时间也会大大缩短。

国内学者就此也作了不少研究。陈建军和胡晨光（2008）以长三角次区域 1978～2005 年数据为样本，就产业集聚对集聚地区带来的经济发展、技术进步和索洛剩余效应进行了分析，论证了构成集聚区产业差异化优势和竞争力的源泉为产业集聚竞争产生的技术进步的假说。范剑勇（2006）从研究产业集聚与地区劳动生产率差异出发，指出非农产业地方化的规模报酬递增是产业集聚的源泉，有助于提高该地区的劳动生产率。胡枚、刘春生和陈飞（2015）测算广东省产业集聚指标和全要素生产率时指出，集聚对 TFP 有比较明显的促进作用。方齐云和吴光豪（2015）研究高技术产业集聚对创新技术效率的影响时发现，东部地区产业集聚度的提高对技术创新效率存在阻碍作用，而西部地区则存在促进作用。程中华和刘军（2015）则指出，新生企业和年轻企业的创新多受益于 Jocobs 外部性，成熟企业的创新更多受益于 MAR 外部性。此发现可以部分解释前述方齐云等（2015）的研究结果。范剑勇、冯猛和李方文（2014）对通信设备、计算机与其他电子设备企业县级层面产业集聚的研究也指出，技术效率改善和前沿技术进步是 TFP 增长的主要因素，但前者的贡献高于后者，专业化经济而非多样化经济对 TFP 增长的效应显著。周立新和毛明明（2016）通过对重庆制造业全要素生产率进行测算，指出重庆制造业集聚对全要素生产率增长有着显著的促进作用，而研发投入是促进增长的主要因素。张晓红、王皓和朱明侠（2018）在研究我国 156 个高新区城市产业集聚与技术溢出对经济增长的影响时指出，集聚和外溢效应对技术中等城市经济增长的促进作用最为显著。

扩展到服务业集聚的研究上，周玉龙和孙久文（2015）从拥挤效应的角度出发提出，人口集聚整体上对非农劳动生产率起促进作用，但对第三产业的促进作用比第二产业的要强，而人口规模若超过一定水平则会抑制劳动生产率。基于我国经济转型的实际和对于经济增长评价的转变，程中华和于斌斌（2014）采用地级以上城市的统计数据实证研究了产业集聚对绿色全要素生产率的空间溢出效率，制造业集聚不利于绿色全要素生产率的增长，而生产性服务业集聚和市场潜能则有利于促进绿色全要素生产率的发展。胡锡琴和张红伟（2017）分析成渝城市群 FDI 与服务业集聚的效应时指出，推动服务业的集聚对区域经济整体将有推动作用。

此外，除了上述三个研究方向以外，有不少学者认为在产业集聚演化中不可忽视的还有制度性因素。维亚和利夫纳（Weia and Liefner，2012）、贝兰迪和伦巴第（Bellandi and Lombard，2012）等指出，中国开放政策对工业的重构和集聚有着极为重要的作用。巴比里等（Barbieri et al.，2012）研究了中国广东政府政策对当地产业集聚的影响，认为当地政府的工业发展政策促进了公司集聚和空间集中，集聚又进一步促进分工、产出、创新和经济的增长。当然也有不少学者提出了不同的看法，梁琦（2003）指出，优惠政策对集群吸引 FDI 的作用减弱。郑江淮、高彦彦和胡小文（2008）指出，企业进驻开发区的主要目的在于获取政策租而不是一般意义的产业集聚，开发区企业集聚的稳定发展还在于发挥非政策的集聚。黄和魏（Huang and Wei，2015）在研究外国直接投资在中国分布不均衡时指出，集聚效应已取代制度因素成为外资流向的主要影响因素，而特殊经济区、沿海开放城市、省级金融城市以及开发区已渐渐失去了吸引外资的优势。而后陈建军、陈怀锦和刘月（2015）通过文献分析指出，政策可以通过影响个体预期而产生内生于个体的经济行为以及集聚过程，认为政府可以通过政策引导集聚。因此，产业集聚的正式制度和非正式制度创新以及互补配套的制度结构对于产业集聚的发展是必要的（邱成利，2001）。

2.1.4 小结

由上述分析可知，国内外产业集聚的研究主要集中在传统选址均衡、空间集聚内生机制以及集聚内生增长与演化等方面。传统选址均衡研究回答为什么在一地集聚的问题，可以很好地分析产业空间布局的问题，但是忽略了集聚形成的内在机制，假设的前提过于严格且脱离了实际。空间集聚内生机制研究侧重回答集聚形成的机制问题，针对该问题的研究弥补了传统集聚理论的不足，且以不完全竞争和规模收益递增为假设前提更符合经济发展的实际，其指出本地市场效应、价格指数效应和市场拥挤效应对集聚的形成尤为重要，影响集聚的因素包含产业组织关系、运输成本、市场需求、规模经济、外部性、贸易成本、开放性及原有的集聚基础等。而关于集聚内生增长与演化研究回答的是集聚的发展问题，主要从技术、创新、外溢效应的角度研究已形成的集聚中的企业相互关联及未来的发展。除此之外相关研究还有关于制度性影响的研究。随着产业结构的发展，服务经济的兴起，近期的研究也已开始关注服务业尤其是生产性服务业的集聚。

综观上述研究亦可发现，集聚的内生增长和演化仍是未来集聚研究的主题，有几个问题值得进行进一步的探讨：第一，目前产业集聚演化研究主要从技术、创新、外溢效应等角度进行，但动态分析关联效应内在机理的研究较少；第二，产业集群的演化研究主要从集聚中的关联效应和内生增长入手，但对集聚向高级形态演化的动态路径仍不明晰。

2.2　FDI 与产业集聚理论及文献综述

2.2.1　国际直接投资相关理论下 FDI 与产业集聚相关研究综述

麦克杜格尔（MacDougall，1960）从推导国际资本流动模型出发，认为开放经济系统相对于封闭经济系统而言，资本可以得到最佳的配置，资本国和东道国都可从中受益。随着全球化的发展以及国际资本流动规模的急剧扩大，对于 FDI 的研究日益深入，垄断优势论、折衷理论、产品周期理论以及内部市场化理论等国家直接投资理论提供了更为符合实际的分析框架。垄断优势论的先行者海默（Hymer，1960）、金德尔伯格（Kindlebeger，1973）等认为，跨国公司可以通过产业组织转移将自身在技术知识、专利研究、管理技能和富余资金上具有的且不易模仿的优势转移到东道国，以抵消来自东道国社会法律环境、交通运输、通信成本等方面的劣势，跨国公司尤其是大寡头企业可以利用这种优势发挥其规模经济效应。邓宁（Dunning，1973）则解释了企业对外直接投资形成的动因、影响投资决策的因素以及投资区位的选择，提出对外直接投资应具有所有权优势、内部化优势和区位优势的"国际生产折衷理论"。弗农（1966）根据不同技术水平国家创新和模仿的技术差距和时间差距，将产品的生命周期分为创新、成熟、标准化和衰退四个阶段，从而影响了对外直接投资的区位流向。巴克莱（Peter J. Buckley）、卡森（Mark Casson）以及拉格曼（Rugman）等提出内部化理论，指出企业为了规避外部市场的不稳定性，获取最大限度的利润，将中间产品尤其是知识产品通过企业组织在内部转移，采用内部市场替代外部市场，超越国界的内部化市场形成了跨国公司直接投资的动因。由此可见，已形成的较为成熟的国际直接投资理论着重于探究对外直接投资的动因，以获取生产要素成本优势为基础，注重市场、环境、交通通信便利，以获取最大限度利润为主要目的，以技术、生产和管理上拥有的领先优势作为对外直接投资的必要条件。

因此，在现有国际直接投资理论的影响下，国内外学者结合产业集聚特有的外部性特点，主要从区位选择、前后向关联和集聚的成因以及政策影响等方面对FDI与产业集聚的关系进行研究。

在区位选择方面，邓宁（Dunning，1995）指出，跨国公司的区位选择不仅要考虑传统实物要素及成本，还要考虑集聚经济、交易成本和动态外部性。黑德等（Head et al.，1995）研究了1980年以来日本在美投资的751家制造企业的选址，发现产业水平上的集聚利益在其区位决策中有着重要的作用。格（Ge，2009）在研究全球化与中国产业集聚的问题时指出，中国依赖外贸和外国直接投资的工业倾向于在相同的区域选址，出口导向和外国直接投资的产业有着更高的集聚度。陈（Chen，2009）探讨了外国在中国的直接投资的集聚情况，认为外国投资企业的集聚、产业多样性、市场规模、工资、教育、道路密集度、政府政策和贸易成本将影响FDI的选址。毛新雅和王桂新（2005）以长江三角洲为例，证实了产业集聚成为影响FDI在一地决策最重要的因素。朱建豪（2006）采用博弈分析方法提出若是集聚产生外部规模经济，投资者即可忍受制度缺陷而选择投资。刘荣茂和张羽翼（2007）通过对江苏的研究发现，FDI的区位选择除受产业集聚的影响之外，还受到外商示范效应、地理位置和基础设施等方面的影响。张廷海（2009）认为，东道国产业集聚开放度是FDI区位选择的重要因素。黄和魏（Huang and Wei，2016）认为，集聚效应是FDI区位选择不平衡的主要原因，FDI更倾向于流向集聚地。聂飞和刘海云（2017）对我国283个地级及以上城市进行的实证研究表明，在城镇化发展的较低阶段，适度的工业化集聚有利于规模经济和技术溢出效应的产生，从而对FDI产生较强的引力；然而较高的城镇率则容易引致产业集聚的拥挤效应，对FDI产生抑制的作用。关于FDI区位选择方面的研究证实动态外部性的产业集聚以市场便利、交通运输便捷、贸易成本降低以及政府政策支撑等优势，对FDI产生了巨大的引力效应，产业集聚对FDI形成了一定程度的路径依赖作用。

因此，在研究区位影响因素的同时，FDI与集聚内部关联问题也日益引起重视。在企业前后向关联方面，史密斯和佛罗里达（Smith and Florida，1994）对日本汽车制造业在美国投资进行研究后提出具有前后向联系的制造业公司具有较为明显的集聚优势。日本汽车制造企业除了较倾向定位于同其他日本企业有较密切联系的区域，还注重人口规模大、制造业密度高以及工资高的区位。吴和段（2006）从关联的角度指出，空间集聚和企业间的协同作用更能吸引外资流入。山下等（Yamashita et al.，2014）也认为，前后向关联对外资企业具有集聚引力，只不过其认为这种引力的持续效应并不久。程昶志和王怡文（2007）通过对东中西部 FDI 和产业集聚的实证分析，认为继优惠政策之后，外商更看重产业集聚水平及产业间的关联程度。宋勇超和散长剑（2013）构建 FDI、后向关联和产业集聚互动模型进行实证检验，发现后向关联度对 FDI 与产业集聚效应具有显著的影响。但易会文、钱学锋和刘建明（2012）建立联立方程组对中国省级工业进行的研究表明，工业集聚并没有吸引 FDI，相对于工业集聚对促进国民经济增长的作用，FDI 没有起到相应的作用，据此判断 FDI 与中国的本土企业没有建立起紧密的前后向联系。王鹏和张淑贤（2017）将 FDI 嵌入深圳市电子信息产业集群中，从微观的层面分析了中外企业的网络结构特征，也认为外资企业对本地企业的影响力有限，并未充分发挥对产业集聚的促进作用。刘鹏和张运峰（2017）在新经济地理学框架下运用 264 个地级及以上城市的面板数据进行的研究指出，我国东部地区多样化的产业集聚对提高 FDI 溢出作用的效应显著，中西部地区专业化集聚提高 FDI 溢出作用的效应显著。曾鹏和孔令乾（2017）对 FDI 与我国高技术产业的互动关系进行省级数据的实证分析，认为两者之间存在互动关系，但东中西部之间存在差异。许树辉（2017）在研究国际、国内产业转移对广东省制造业集聚空间变化的态势时指出，产业转移促进了广东珠三角地区、东西两翼以及粤北山区专业化分工的趋势。FDI 与企业前后向关联的研究虽然仍然存在着一定的分歧，但进一步解构了 FDI 与产业集聚的内部联系问题，与区位选择问题互为补充，对于解析 FDI 与产业集聚的作用问题提供了丰富的思路和经验证据。

政策作为引导 FDI 向产业集聚进入的重要因素受到学者们的广泛关注，然而分歧也较大。程和关（Chen and Kwan，2000）、陈（Chen，2009）等的研究认为，政策在集聚中对 FDI 的引领作用很强。克罗泽特等（Crozet et al.，2004）的研究则认为，政策性的因素并未起什么作用。叶休（Yehoue，2009）的研究则体现了政策的动态作用，他通过博弈模型的推导提出集聚的建立和政策的改革都有利于吸引外国直接投资，而集聚一旦产生外部效应，投资者所获取的收益可大大高于可能存在的政策失灵带来的损失。也就是说，政策影响具有一定的时序性，在集聚之初的作用显然比较突出，而集聚形成之后，良性的集聚发展则有赖于集聚效应的发挥。对政策的研究无疑将产业集聚对 FDI 的引力问题的探讨思路进一步地拓宽。

上述研究多出于集聚效应对 FDI 的引力方面，那么，FDI 对集聚的产生有没有影响呢？程和关（2000）以中国的数据研究外商的区位选择，认为中国的外商直接投资有很强的集聚效应，巨大的市场、良好的基础设施以及特区政策对外商有很强的吸引力。吉马拉（Guimaraes，2000）对葡萄牙的外国直接投资集聚进行了研究，指出集聚经济是影响外国直接投资的决定性因素。克罗泽特等（Crozet et al.，2004）追踪法国的外国直接投资企业，发现这些公司产生了十分明显的集聚溢出效应。阿法罗和陈（Alfaro and Chen，2014）也证明了推动跨国公司向当地集聚的成因除了企业的集中以外，还有技术扩散和金融外部性。方勇和张二震（2006）认为，在发展中国家和地区，跨国公司在产业集聚形成中的作用十分显著。跨国公司对产业集聚的影响不仅来自 FDI，也来自投资和贸易外溢效应的综合效果。冼国明和文东伟（2006）通过分析中国产业布局的变化，指出 FDI 和对外贸易对中国产业集聚有着显著的推动作用。张宇和蒋殿春（2008）通过构造产业集聚指数发现，FDI 有力地促进了产业地理集聚，并推动了我国相关行业的技术进步，且这一效应在高技术行业中体现得相当明显。易会文、钱学锋和刘建明（2012）的研究也表明，FDI 可以促进工业集聚。谢里和曹清峰（2012）采用门限回归法检验 FDI 渗透和产业集聚的关系，发现当 FDI 自身渗透超过门限值时，对中低、中高和高技术行业的集聚有十分显著的促进作用；FDI 的渗透率对集聚的影响也受行业规模和劳动力成本的制约。纪玉俊和张鹏（2014）同样通过门槛效应分析指出，制造业集聚影响存在门槛效应，在市场化水平高的区域内，FDI 对制造业集聚具有显著的推动作用，反之则具有负向作用。接玉芹（2016）对江苏省沿海经济带的 FDI 与产业集聚的实证研究表明，FDI 是产业集聚的格兰杰原因，FDI 促进了当地的产业集聚。汪建成（2017）通过对汽车行业的实证研究也指出，FDI 在网络结构上分散而非集中于主导产业上的布局，将有利于促进产业集聚内部本土企业的升级。由此可见，FDI 对产业集聚的形成有着重要的推动作用，甚至有些产业集聚是由 FDI 引领形成的。在某种程度上，FDI 作为具有领先技术、生产和管理等优势的承载体，为投资地产业发展进而形成集聚提供了天然的优势，同时，集聚外部效应的产生又进一步吸引 FDI 的进入，两者之间形成了良性的循环。

综上所述，将国际直接投资理论和产业集聚理论结合后对 FDI 与产业集聚相关问题的研究表明，产业集聚外部性产生的引力是 FDI 区位选择的重要影响因素，进入产业集聚的 FDI 通过前后向的关联效应与产业集聚产生了相互促进、相互吸引的作用。产业集聚的形成研究也表明，对于参与国际分工的产业集聚而言，FDI 甚至能起到促进产业集聚形成的作用。有经验证据支撑的正向效应研究使进一步解构 FDI 与产业集聚的内部联系作用问题成为可能，有助于进一步研究两者的动态促进作用甚至是产业集聚的演化发展问题。然而，随着研究尺度的日益缩小、研究视角的日益多样，特别是将研究视角延伸至 FDI 与制造业集聚的前后向关联度后，上述有关研究表明了不同的看法，在 FDI 与产业集聚是否形成了前后向关联、FDI 能否对产业集聚产生持续正向作用等问题上存在分歧，表明 FDI 与制造业集聚关联效应的内在机理仍需进行深入研究，寻找新的证据弥合分歧。

2.2.2　新经济增长理论下 FDI 与产业集聚相关研究综述

基于国际直接投资理论的 FDI 与产业集聚的研究主要从外部性因素对引力、关联、效应、成因等问题进行探讨，而随着新经济增长理论的兴起，也有许多学者将关注的焦点投向 FDI 与产业集聚的内生增长因素方面。

罗默（Rome，1990）、卢卡斯（Lucas，1988）、格罗斯曼和赫尔普曼（Grossman and Helpman，1991）等为代表新经济增长学派提出技术和制度进步引起的内生增长作用，认为知识的进步和专业化人力资本的累积可以带来规模报酬的递增。而产业集聚呈现出来的积极效应的特征也体现为规模报酬的递增，那么，FDI 与产业集聚的相互作用机制是否也涉及技术和人力资本的内部累积产生的效用呢？沈瑞和丁小义（2009）对浙江 27 个细分制造业行业进行实证检验，表明该地区内外资在劳动密集型行业中相对较好地融合与渗透，促使 FDI 的集聚效应和技术外溢效应效果显著，但在资本和技术密集型行业中 FDI 的作用不显著。张公嵬、陈翔和李赞（2013）测算了我国制造业 28 个行业的 TFP，指出 FDI 存在着技术外溢效应，而产业集聚也发挥了正的外部性，两者的相互作用对 TFP 的增长具有显著的影响。然而，毕红毅和张海洋（2012）通过对山东的研究指出，FDI 存在技术溢出效应，但相关行业的产业集聚却抑制了这种溢出。但随后林冰（2013）等深入具体行业，实证分析了产业集聚、FDI 技术溢出对东道国技术进步的影响，主张高集聚度的行业逐步放宽对 FDI 的限制，可发挥规模效应，中集聚度的行业应推行自主创新，低集聚度的行业则应利用 FDI 的先进技术对行业进行改造和升级。苏楠和宋来胜（2013a，2013b）通过对我国工业 39 个行业面板数据的实证分析发现，FDI 对产业集聚水平有正向的影响，且对高研发投入的工业集聚水平有更大的积极影响，也指出 FDI 和产业专业化对高技术行业的创业创新绩效的影响突出，而产业多样化对低技术行业的影响更为突出。宁等（Ning et al.，2016）采用中国城市的面板数据，对产业集聚和 FDI 产生的区域外部性与中国城市创新的问题进行了研究，表明区域间产业集聚的密集性在某种程度上促进 FDI 技术的外溢和扩散，对发展中国家本土的创新有着积极的影响。杨仁发和李娜娜（2018）结合面板门限回归模型的实证分析指出，当 FDI 处于门限值以上时，产业集聚将促进制造业在全球价值链中地位的提升。

由此可见，基于新经济增长理论探讨 FDI 与产业集聚相互关系的研究，主要集中于 FDI 是否能产生溢出效应，推动技术进步在产业集聚内部累积循环从而促进产业集聚整体效应的提升。FDI 在产业集聚中的正向作用得到了较为一致的肯定。然而，随着研究的进一步深入，涉及 FDI 的不同技术类型对集聚技术溢出的不同影响、集聚规模及类型与 FDI 在技术上的不同关联的研究产生了不同的结论，研究表明，FDI 在产业集聚中产生的内生增长问题值得进一步关注，这对于深入发掘 FDI 对产业集聚的作用、研究具体作用机制以及促进产业集聚的发展有着重要的意义。

2.2.3　小结

从以上分析可以看出，国内外对于 FDI 与产业集聚的研究十分丰富，基于国际直接投资理论上的研究主要将研究的重点置于要素作用研究上，体现在研究产业集聚对 FDI 的引力问题，对于参与国际分工的产业集聚而言，FDI 作为一个重要的资本与技术承载体，对产业集聚有着重要的促进作用。而基于新经济增长理论下的 FDI 与产业集聚的探讨则更多地从内生循环增长的角度进行研究，部分研究肯定了 FDI 在产业集聚中的技术溢出作用，同时还对不同技术类型与不同集聚类型的 FDI 与产业集聚的关系进行了更深入的探讨。

然而，随着外部效应和内部机制研究的深入，对 FDI 与制造业集聚的关联作用也有了不同的看法，表现在：第一，产业集聚并非都对 FDI 具有引力作用，不同空间尺度、不同产业前后关联程度以及不同的 FDI 渗透率都可能对 FDI 产生不同的影响；第二，FDI 并非都对产业集聚具有促进作用，产业集聚中企业的类型、FDI 的累积水平都可能使 FDI 在产业集聚中产生不同方向的效应；第三，FDI 并非都能产生技术溢出作用，不同类型的 FDI、不同性质以及不同的产业集聚都可能影响 FDI 的技术溢出效应。在这三个问题上的不同结论反映了随着研究的深入，对 FDI 与产业集聚的研究正逐步转向更小空间尺度、更为中观与微观的视角，转为更多地探讨 FDI 与集聚内部企业累积循环的关联效应，因而进一步通过新视角的实证检验得出新的经验证据，对弥合分歧具有积极的意义，对引导 FDI 促进产业集聚的演进发展也具有一定的实践意义。

本书进一步在前人研究的基础上进行分析思考，认为目前的研究对 FDI 与集聚的关系探讨主要围绕产业关联效应展开，事实上，FDI 一旦与当地企业产生了关联，并能够产生技术外溢的效应，就极有可能与当地企业产生跨企业、行业以及产业边界的融合，因而本书认为可以引入产业融合的理论，进一步分析两者关联的情况。

2.3　产业融合理论及文献综述

产业融合的研究始于 20 世纪 70 年代，源于发达国家高新技术的发展和扩散，一部分信息产业边界逐渐模糊，产生了新的产业形态。其最早发生于信息服务业中，随后逐步扩散到其他服务业，且不断向第一产业和第二产业发展，受到广泛的关注。目前国内外产业融合研究主要集中在内涵的界定、模式、动因和进程等方面。

2.3.1　产业融合的内涵研究

在产业融合的界定方面，相关研究从不同的视角对其进行定义。第一，从技术融合的视角出发。罗森伯格（Rosenberg，1963）研究美国机器工具演化时发现技术向不同产业扩散的现象，将之称为"技术融合"。此后，萨哈尔（Sahal，1985）、阿特雷耶和基布尔（Athreye and Keeble，2000）、法依和滕泽尔曼（Fai and Tunzelmann，2001）、岭言（2001）、卢东斌（2001）、张磊（2001）、雷（Lei，2000）以及林德（Lind，2004）等进一步解释了"技术融合"，即不同产业间分享共同知识和技术基础的过程，也是某些技术在不同产业间广泛应用与扩散并引起创新的过程，这种过程显著地影响另一产业生产、创造以及竞争的本质。随着第三次产业革命的兴起，数字融合的关注度逐渐上升，约菲（Yoffie，1997）、谢恩和塔伦（Shane and Tarun，1997）、张磊（2001）、斯蒂格利茨（Stieglitz，2002）从产品的角度出发，认为产业融合是"采用数字技术后原来各自独立产品的整合"，这种融合包括替代性融合和互补性融合。产业融合研究虽兴起于信息技术较为集中的产业，但还有研究关注其他产业出现的技术融合，例如，巴利（Bally，2005）指出，除了信息通信业，机械设备、数码产品以及化妆保健品等领域都有技术融合的情况。马健（2002）、胡汉辉和邢华（2003）等总结了产业融合的规律和特征，认为技术融合发生在产业边界和交叉处，使原有产业产品的特征和市场需求产生了改变，产业间的竞合关系随之改变，从而引致产业界限的模糊化甚至重划产业界限。因此，可以认为"技术融合"是产业间使用通用技术共同成长，促进以往相互独立的产业产生融合，并形成一个新的竞争环境。第二，从产业边界视角出发，许多研究分析产业边界变化的情况，对传统产业理论中提出的每个产业都有自己的边界、不同产业之间不具备竞合关系等假设提出挑战，以此对产业融合进行定义。格林斯坦和汉娜（Greenstein and Khanna，1997）认为，产业融合是产业边界的收缩甚至消失，该变化是为了适应产业的发展而产生的。周振华（2002）研究电信、广播电视和出版三大产业融合的情况，指出这三大产业融合呈现的共同点是为了适应产业的增长而使产业边界日益模糊。植草益（2001）认为，产业融合通过技术的革新与限制的放宽，降低了行业之间的壁垒，加强了各行业之间的竞争与合作关系。马尔霍特拉（Malhotra，2001）、马健（2002）等也持类似观点。厉无畏（2002）从产业互动、共同发展的视角出发，指出产业融合是产生于不同产业，或同一产业中不同的行业，这些产业或行业经由相互渗透和交叉，最终融合成为一体形成新产业的动态演化过程。

此外，另有研究从其他视角定义了产业融合，如朱瑞博（2003）从模块载体的角度，胡金星（2007）从系统论的角度、胡永佳（2007）从产业内分工内部化的角度，纷纷对产业融合进行了定义。陈家海（2009）从产业边界的模糊化出发，指出狭义上的产业融合主要以技术融合为主，而广义上的产业融合则可以看成相互关联的因素引发的传统产业边界的模糊。而陶长琪（2010）进一步提出产业融合不仅揭示了产业系统发展的新趋势，也是自组织的过程，其诱因是系统内各要素之间相互的作用与融合。上述研究进一步对产业融合的外延进行了拓展。

2.3.2 产业融合的动因研究

在产业融合的动因方面，国内外学者的研究随着定义和类型的拓展而不断深入。首先，他们从技术融合入手，认为技术创新为主要动因。雷（Lei，2000）认为，特定产业的技术创新使产业间形成了共同的技术平台，从而影响其他产业产品竞争和价值创造过程，催生了产业融合。于刃刚和李玉红（2004）等也认为，技术创新且在不同产业中的扩散在一定程度上减少了技术进入的壁垒，使产业间有了共同的技术基础，促进了产业融合的发生。其次，他们认为管制的放松是因素之一。植草益（2001）提出产业融合经由技术革新和放宽限制以消除行业间的壁垒，进而加强企业间的竞合关系。此后，周振华（2002）等认为，政府管制放松恰是产业融合的动力。不同产业之间所存在的进入壁垒，是由各国政府不同的经济性管制形成的，因而，管制放松有利于其他相关产业的业务加入到本产业的竞争中，促进产业融合。最后，产业间关联性也成为推动产业融合的重要因素。厉无畏（2002）特别指出，产业之间的关联与对效益最大化的追求形成了产业融合的内在动力，而技术创新仅是起到催化剂的作用。

吴颖、刘志迎和丰志培（2004）、李美云（2007）等综合了上述视角提出综合因素论。李晓丹（2003）等从经济全球化角度进行研究，聂子龙和李浩（2003）、郑明亮（2007）等从需求变化和范围经济角度进行分析张磊（2001）、朱瑞博（2003）、于刃刚和李玉红（2003）等从观念创新角度进行探索，胡永佳（2007）、肖建勇（2012）从资产通用度和产业关联性等角度对动因进行了解释。赵钰和张士引（2015）亦指出，驱动产业融合的动因在于技术的创新、商业模式的创新、需求结构的升级及产业规制的放松，且产业融合是这些因素共同作用的结果。

由此可见，融合促进了产业的技术进步与创新，而技术创新使企业的性质外延得到了拓展，促进了管制和制度的创新，进而进一步促成了新的产业和市场的形成。因而产业融合体现为动态发展的进程。弗里曼（Freeman，1997）提出，产业创新融合的过程包括技术和技能的创新、产品和流程的创新、管理和市场的创新等不同的阶段。在此基础上，阿方索和萨尔瓦托（Alfonso and Salvatore，1998）指出，产业融合通常经历了技术融合、业务与管理融合以及市场融合三个阶段，这些阶段可以是前后联结的，也可以是相互促进的。斯蒂格利茨（Stieg-litz，2003）则更具体地指出，产业融合是一个包含三个具体阶段的动态演进过程。第一阶段，不相关的产业受到技术创新、政府管制放松等融合外部因素的激发；第二阶段，公司行为和市场结构开始发生变化而产生融合；第三阶段，两个产业已从不相关过渡到具有相关性，且市场发展日趋稳定。陆国庆（2003）、马健（2006）等的研究亦认同此观点。何立胜和李世新（2005）也指出，产业融合是在技术和制度创新基础上，不同产业内的不同行业相互交叉、渗透，逐步融为一体，最终形成新的产业形态的一个动态发展过程。张来武（2018）还提出了一二三产业融合基础上的六次产业划分的理论和实践。

2.3.3　产业融合的效应及其对产业集聚的影响研究

从以上综述可见，产业融合的趋势不可逆转，那么产业融合的效应如何？目前国内外相关研究主要集中在技术创新效应、产业结构升级以及制造业服务化扩展融合等方面。

许多研究对于产业融合对技术创新的推动作用有着比较一致的看法。班克等（Banker et al.，1998）对通信信息产业的资料进行检验后指出，信息技术融合对于减少企业成本有着积极的作用，因此，技术和产业的融合促进了信息产业效率的提高。潘云鹤（2009）、徐盈之（2009）等从工业化同信息化融合、信息业与制造业入手进行的分析指出，融合有利于促进技术创新和经济效益的提升。而汪芳和潘毛毛（2015）对制造业进行了细分，其实证研究表明相对于劳动密集型和资本密集型行业，信息业与制造业的融合对技术密集型行业效率的提升作用更为明显。

产业融合带来的技术创新与效益提升必然引致产业的升级发展。甘巴德拉和托里西（Gambardella and Torrisi，1998）以电子产业的经验证据说明技术融合对产业发展的促进作用。植草益（2001）、顾乃华等（2006）指出，制造业和其他产业融合有利于促进制造业的发展。陶长琪（2009）分析，信息业与产业结构协同发展有利于推动信息业成长。在此推动力的作用下，产业融合促进更多经济合作效应的产生，极大地提高了企业的效率，推动了企业的成长（周振华，2003）。斯蒂格利茨（Stieglitz，2007）也指出，产业融合有利于产业体系的创新，促进了产业的发展演化。张伯和旭李辉（2018）通过揭示"互联网＋"与制造业的融合机制，指出信息技术对我国制造企业生产、组织和绩效的积极影响。王鑫静、程钰和王建事（2018）在以投入产出法研究制造业与信息产业融合的绩效时指出，产业融合对制造业绩效具有积极的贡献。

而产业的升级演化带来的直接后果是产业结构的升级。马健（2002）认为，高技术产业融入其他产业，促使产业之间的边界日趋模糊，容易促成传统产业的创新，进而产生连锁反应，推动一国产业结构的升级。李晓丹（2003）指出，产业融合对产业结构的升级有积极的作用。蔡艺和张春霞（2010）在研究福建产业结构调整的问题时，提出产业融合的思路；吴义杰（2010）从信息产业融合的视角出发，分析其对产业结构升级的影响；喻学东和苗建军（2010）以技术经济理论与模仿经济学的视角，讨论了技术融合对产业结构升级的机理作用，认为存在促进产业结构升级的效用。单媛媛和罗威（2013）测算了中国电子信息业和制造业的技术融合度，发现技术融合对产业结构的优化升级有着不容忽视的影响。

不仅如此，还有研究从产业结构演化的现象中发现跨产业的融合，典型地表现为制造业与服务业的融合形态。斯托顿和冯（Stoughton and Feng，1999）指出，以制造业为基础的服务业，其实质是对制造业产业外延的拓展。马索和马丁内斯（Marceau and Martinez，2002）的观察表明1998年金融危机后服务业的相关部门也出现了实务的运用，因而提出"产品—服务包"的概念，表明了制造业和服务业更为紧密的联系。奥利瓦和卡伦伯格（Oliva and Kallenberg，2003）

从制造业向服务业渗透角度研究。尼利（Neely，2008）从金融业与制造业的融合视角力证制造业与服务业融合的积极作用。德华、江静和夏杰长（2010）基于北京与长三角的比较研究，通过计量研究指出服务业的发展有利于促进制造业劳动生产率的提高，进而证实生产性服务业与制造业的融合有助于推动制造业的升级。肖挺和刘华（2013）通过度量制造业对服务业的渗透程度后进行的计量分析表明，服务业的制造化程度越高，则服务业的产业绩效则越高。唐一帆（2018）在对我国生产性服务业进行研究的过程中指出，生产性服务业与制造业在产业转型升级中的融合程度对我国未来的竞争力有着莫大的影响。

在一系列变化中，产业的承载体也发生了变化，产业融合对产业集聚的空间变化亦产生了不容忽视的影响。吴福象等（2009，2011）以上海六个支柱产业作为实证研究的对象，证实了产业融合对产业结构高级发展的有利影响；蔡艺和张春霞（2010）在研究福建产业结构布局调整的问题时提出产业融合的思路。潘斌和彭震伟（2015）在研究上海工业集聚区空间转型的过程中发现，生产性服务业与制造业的融合对集聚区在技术创新、功能提升等方面有积极的作用。同样地，产业集聚的程度也会反作用于产业融合，赵玉林和汪美辰（2016）对湖北省的产业融合与产业集聚进行实证研究，指出制造业集聚的程度越高，产业融合对提升产业竞争优势的能力越强。王小波（2016）从行业差异比较视角研究生产性服务业和制造业融合发展的问题时指出，区域集聚是拓展融合发展的重要载体。周明生和陈文翔（2018）通过建立生产性服务业与制造业垂直关联模型和门限回归模型进行实证研究，发现当城市规模达到门限水平时，生产性服务业和制造业的协同集聚能大大提高经济的增长水平。费洪平（2018）指出，在促进我国产业结构的升级和提高核心竞争力的过程中，信息化、集群化、融合化和生态化等举措是关键。由此可见，产业融合的发生使产业集聚的效应和功能有了极大的提升，促进了产业集聚的演化；同时，产业集聚程度的提高、产业集聚效应的发生也进一步促进了产业融合的发展。

2.3.4　小结

通过对上述文献的梳理可知，产业融合的研究方兴未艾，始于信息技术产业的研究却又不局限于某个特定产业的研究。其打破了传统产业边界不相关的假设，指出随着社会生产力的发展和市场结构的变化，产业边界有可能模糊进而重构，企业之间、行业之间、产业之间存在着由相互独立向紧密联系的竞合方向发展的演化趋势。其融合的动力主要源于技术创新、管制的放松以及产业关联的加深，是基于产业关联又比产业关联更为深入的融合关系，同时也是一个经历技术融合、业务与管理融合以及市场融合的动态发展过程。其对产业本身、产业结构等都会产生积极的效用。因此，本书认为，以产业融合为切入点，能进一步探讨FDI与产业集聚之间的关系，在集聚产生的本地市场效应、关联效应、技术创新效应的激发下，FDI与集聚地企业是否能产生要素、技术、业务与管理以及市场上的融合，并推动产业集聚向更高级形态演进，是关系到现有产业集聚能否继续发挥原有产业集聚区的引擎效应，进而推动整个区域竞争实力提高的问题。

2.4　本章小结

本章对论题涉及的相关理论与文献进行了述评。对产业集聚相关研究的梳理可知，目前国内外关于产业集聚的研究主要集中于传统选址均衡、空间集聚内生机制以及集聚内生增长与演化等方面。传统选址均衡研究以传统区位论为基础，研究产业的区位布局；空间集聚内生机制研究关注集聚的形成及影响因素问题；集聚内生增长与演化从技术、创新、外溢效应的角度研究集聚的发展问题。集聚的内生增长和演化发展是产业集聚未来研究的主要方向。而关于集聚形成后关联效应的内在机理的系统研究、集聚升级演化发展的动态路径等方面的研究成果仍然较少，值得进行更为深入的探讨。

产业集聚的不少研究指出FDI在产业集聚形成中的重要作用，因此，关于FDI与产业集聚的研究也相当丰富。从FDI与产业集聚研究的文献梳理可见：基于国际直接投资理论的研究将FDI视为先进要素的承载体，认同FDI在促成产业集聚形成上的积极作用；基于新经济增长理论下的部分研究从内生循环增长的角度，肯定了FDI对产业集聚的技术溢出效应。然而，随着研究视角的日益多样、研究尺度的日益缩小，对FDI与产业集聚关联的正向效应持不同看法的结论日益增多，表现为：在产业集聚对FDI是否具有引力上尚不确定；在FDI对产业集聚的正向作用上尚存分歧；在FDI是否存在技术外溢效应上尚有争议。弥合分歧的方法是从新视角提供新的经验证据，深入分析FDI与产业集聚关联效应的内在机理。事实上，FDI一旦与当地企业产生了关联，并能够产生技术外溢的效应，就极有可能与当地企业产生跨企业、行业以及产业边界的融合，甚至相互渗透，形成新的行业，因而本书认为，可以以产业融合为新的视角，探讨FDI与产业集聚的关联效应问题。

因此，继续对产业融合相关研究进行梳理可知，产业融合研究注重分析企业和行业之间的跨界现象，能很好地揭示企业之间、行业之间、产业之间由相互独立向紧密联系的竞合方向发展演化的规律。不少研究还从动态发展上探讨产业融合的发展阶段，有助于辨析产业发展的方向，探讨产业发展的路径。FDI 与产业集聚之间的关联效应，也涉及不同要素、不同来源的企业甚至不同性质的企业之间的跨界融合，因而本书认为，可以将产业融合作为一个新的视角，对 FDI 与产业集聚的关联效应进行深入的分析，探究其动态发展的内在机理。

　　综上所述，由本章的相关理论和文献综述可知，本书选择产业融合为新的视角，尝试揭示 FDI 与制造业集聚关联效应的内在机理和阶段演化的规律，与目前产业集聚的研究热点一致，有助于为弥合当前 FDI 与产业关联效应作用上的分歧提供新的视角和证据。此外，该研究能在前人研究的基础上尝试系统动态地揭示 FDI 与制造业集聚关联效应的内在机理，也有助于丰富产业集聚的研究成果，因此该论题值得进行深入的探讨。

第3章

FDI 与中国制造业集聚的融合和空间演化机理推导

本书以产业融合为新的视角，将产业融合的发展划分为不同的阶段，研究不同发展阶段中 FDI 与制造业集聚的内在关联机理。本书的第 1 章对 FDI 与制造业集聚的产业融合概念进行了界定，并依据国内外学者的研究，将产业融合的发展划分为相互关联、动态演进的三个阶段。本章在此基础上对此三个阶段发展进行机理演绎推导，为后续的 FDI 与制造业集聚融合的量化研究和空间效应研究构建分析的理论框架，为后面计量模型的设立提供依据。

3.1　FDI 与制造业集聚的技术融合和空间演化机理推导

由于产业融合研究兴起于新技术革命，国内外学者纷纷认为技术创新引致的技术融合是引起产业融合的基础（见第 2 章），对于产业融合的阶段性研究始于技术融合研究。FDI 对我国制造业集聚有着特殊意义，有许多研究从补充资本要素不足方面探讨 FDI 对我国制造业集聚的作用，FDI 带来资金，我国以充裕的劳动力资源和具有优势的土地资源，有效地承接了产业转移，形成出口导向型的专业化分工，促进了产业集聚的形成。而新兴的内生增长学派则侧重探讨 FDI 在技术方面产生的影响，即可以通过 FDI 的技术外溢效应提高集聚地的技术水平。在技术扩散和技术外溢效应下，东道国制造业集聚企业技术得到了提升。这个技术的提高不一定是可逆的，在实现融合之前，FDI 具备强烈目的性，比如资源导向型的 FDI 以寻求低价资源为主要目的、出口导向型的 FDI 投资于生产成本较低的地区以节约成本为目的等，这使其易于将成熟的技术运用到东道国的投资产业中，通过外溢和示范效应促进集聚地企业技术效率的提升，通过集聚地企业的技术扩散而大幅获得技术提升的可能较低，因而技术的创新和扩散最有可能先从含有 FDI 的企业开始。而对于制造业集聚地，特别是受 FDI 影响较大的制造业集聚地，当地企业在技术扩散和外溢效应的影响下，劳动生产率得到了大幅提升，与

FDI 形成良性的互动，促进共同技术基础的形成。在共同技术进步的推动下，相互关联的 FDI 与制造业集聚易形成创新网络结构，推动技术的进一步发展，实现技术融合。这一过程中 FDI 与制造业集聚的融合更多地体现为技术要素的融合，因此，融合的第一阶段技术融合以"要素融合"为主要特征。

3.1.1　知识溢出与共享

随着信息技术的迅猛发展，知识的传播速度迅速提高，全球均可共享知识的成果。但梁琦（2004）指出，可编码知识和信息等，随着计算机和通信网络的发展，可以进行广泛的传播，而不易编码整理的另一类知识则不易于传播。而技术、创新等恰恰是后一类知识，此类知识随着间隔距离的增加，传播速度与范围不断衰减，被称为"黏性知识"。企业集聚地由于企业分布紧密，容易成为黏性知识的载体和获益者。就我国的产业集聚而言，以生产加工、出口导向为主的集聚，其黏性知识体现为技术的获取与市场信息的获取，这个黏性知识的获得与 FDI 是密切相关的；另一类高科技园区，如中关村的集聚，是以高新技术信息为共享的基础，是真正意义上的黏性知识的生产与共享平台。

我国与 FDI 密切关联的制造业集聚大多以出口导向型为主，从动态发展的角度来看，FDI 与制造业集聚密切关联的是我国最早承接产业转移的地区，其在形成之初具有承接技术转移的特点，意味着集聚中存在技术信息的传播与共享。随着制造业集聚的发展和制造企业的迅速成长，更多 FDI 和企业在示范效应的作用下进入集聚地，此时市场信息的传播与共享要大大高于技术信息。在集聚经济发展起来以后，集聚地相较于其他地区有着更为活跃繁荣的商业环境，汇聚的市场信息更为丰富。迈克尔·波特在国家竞争理论中指出，越具有熟练买方的地区，越容易产生对产品创新的要求。市场信息丰富的制造业集聚，特别是以外向型经济为主的集聚，更容易了解国际买家的需求；另外，流入集聚地的 FDI 也会带来最新的市场需求信息以及新的技术信息，从而倒逼集聚地产品与服务的改革创新。因此，与 FDI 密切联系的集聚地中产生的"黏性信息"不仅仅是市场信息，也包含着产品服务创新的信息。

需要注意的是，2008 年金融危机之后，国内外市场环境剧变，引发了我国主要出口市场的动荡与萎缩，在改革深化以及供给侧结构性改革提出后，以国内市场为主的生产制造业企业越来越多。事实上，在全球化发展到一定程度之后，国际交往增多，国际贸易关税水平不断降低，国内买者与国外买者的需求相似性越来越高，可替代性产品也越来越多，以出口导向型为主的企业转向国内市场的难度越来越低，这使制造业集聚转型发展的基础更为雄厚。同时，前述 FDI 新变化的分析也提及，FDI 进入的性质发生了一定的变化，以市场导向型为主的 FDI 日益增多，同时，服务业 FDI 进入的比例逐步提高。这使与 FDI 密切联系的制造业集聚更有可能先获得新的技术知识，更有可能先获得与异质性行业协作的机会，跨界融合的可能性大大增强。

因此，在长期的产业发展中，FDI 与制造业集聚通过原有的知识溢出渠道，可以共享长期总结的技术经验，可以更直接地享有买方市场带来的新需求信息，能通过按依赖路径而入的 FDI 与制造企业带来新的技术信息，有能力通过长期积累的雄厚优势进行创新，先在集聚内部形成"黏性信息"的传播与共享。

3.1.2　技术进步与创新网络平台的形成

FDI 与集聚地企业"黏性信息"的共享是集聚特有的外部性效应。技术是这种"黏性知识"的体现，因为技术是具有先发性的企业核心技术。按照国际直接投资理论，具有技术优势的跨国公司对发展中国家的投资有利于产生技术外溢效应。虽然这种技术外溢是非自愿的技术转移，跨国公司往往通过内部化优势将技术转移至东道国子公司，或者通过技术转让实现外溢，但对东道国还是起到了促进技术进步的作用。这种技术促进作用在制造业集聚中则更有优势，宁等（Ning et al.，2016）采用中国城市的面板数据，对产业集聚和 FDI 产生的区域外部性与中国城市创新的问题进行了研究，表明区域间产业集聚的密集度在某种程度上促进 FDI 技术的外溢和扩散，对发展中国家本土的创新有着积极的影响。一般而言，促使 FDI 产生技术外溢的方式包括：第一，通过 FDI 企业与集聚地供应商的联系，使供应商获取生产工艺、环节工序以及新产品等，获得新的技术信息；第二，经由跨国公司对集聚地的直接投资，对当地企业起到生产示范、产品展示以及管理技能，促进集聚地企业的创新与"干中学"的展开；第三，跨国公司的人力资源培训将通过溢出效应促进当地技术和管理人才的成长，为创新活动提供人力资源；第四，最有效的技术溢出方式，莫过于跨国公司在集聚地兴建研发中心，从事相关项目的研发，特别是基础与创新性研究开发，使集聚地能最大限度、最为直接地获取跨国公司产生的技术外溢效应。

从我国制造业集聚长期的发展来看，与 FDI 密切联系的制造业集聚已经具备了一定的经济实力和技术水平，这个基础使其更容易与跨国公司合作，学习、吸收和转化外溢的技术效应。同时，由于集聚经济发达的地区生产技术水平较高、经济基础较好，我国也在这些地方设立了大量经济开发区、工业园区与高新技术试验区，这都有利于该地高新技术的集聚，容易促进新技术的产生。新技术依托集聚地企业众多且关联密切的优势较为顺利地对传统技术进行改造，促进企业的技术提升。

在 FDI 的技术溢出作用下，在我国企业努力进行技术提升的影响下，FDI 与我国制造业集聚能产生共同的技术基础，形成技术提升的良性循环效应，在集聚紧密空间联系特征的作用下逐步形成创新网络平台，实现跨越边界的技术融合。

3.1.3　技术融合下的空间演化

由于技术上的融合更多体现为以技术等为主导的新要素的优化配置，因此这个阶段的融合更多以要素融合为基础。实现了技术融合的企业可能发展成为具有领先优势的企业，有可能引起集聚地原有企业生态结构的变化。对制造业空间集聚可能产生的影响为：实现要素融合的制造企业因为生产效率的提升，竞争实力大大增强，成为集聚中的核心企业，这些核心企业成为集聚的中心高地；劳动生产率提升较为缓慢的企业，一方面以核心企业为榜样，另一方面不断地对其进行追赶，形成次核心企业；没有实现技术融合的企业成为非核心企业，但是通过集聚效应的发挥，非核心企业仍然能从技术外溢中获取新技术的信息，也刺激非核心企业的成长。那么在集聚经济发达的地区，就容易形成以技术融合发展迅速的地区为中心的核心区域、次核心区与非核心区环绕核心区的圈层结构。

技术融合机理推导如图 3 – 1 所示。

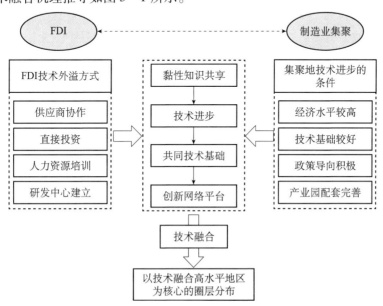

图 3 – 1　技术融合机理推导

3.2　FDI 与制造业集聚的产品业务融合和空间演化机理推导

　　技术融合不仅能使企业提高生产效率，还能使其提高资源配置效率，强化企业对传统产品改造的动力。利用新技术对传统产品的改造有助于资源的更合理配置以及企业自身竞争力的提升。另外，对规模经济与低成本结构的追求也会激发企业进行技术融合和产品创新。因而继技术融合之后，必然出现产品业务融合的情况，表现为差异化产品层出不穷。FDI 企业与产业集聚地企业之间若存在前后向关联，则将通过产品业务的融合推动产业链的重构，更易于在企业与企业、产业与产业之间形成彼此联结的网状创新平台。产品业务融合涉及产业前后向关联及投入产出关联，关联效应下产生的网络联系有助于创新的成长和新产品与新业务的开发，因而这一阶段的演化以"产品跨界融合"为主。

3.2.1　新产品新业务开发

　　技术的扩散和溢出，促使集聚内企业的模仿与吸收，促使创新活动的开展。这是 FDI 与制造业集聚融合的第一步。在技术融合的基础上，FDI 与集聚地企业的界限进一步模糊。在外部环境日益复杂的情况下，仅凭企业一己之力进行市场竞争的难度越来越高，企业的协同显得非常重要。在此背景下，无论是 FDI 还是集聚地企业均将寻求新的合作，与新技术关联企业形成共生体，催生新的合作与开发。这在具有关联的特别是存在上下游关联的企业群落中更容易实现。因此，专业分工越细、模块化生产联系越强的制造业集聚越容易实现协作。我国受 FDI 影响的集聚地在承接产业转移的过程中形成与 FDI 的产业协作以及模块化的生产协同，使集聚地中存在着广泛的协同关系，技术融合能够在协同关系下得到很好的吸收与消化，在生产工序环节上实现融合，并通过改造传统产品，在供给方实现新产品的开发。由于集聚地企业众多、买者丰富、差异化产品层出不穷是制造业集聚地最后产出的显著特点，通过新技术的改造可能产生的结果为：新技术提高了生产环节的效率，使业务合作的效率提高，降低了产品的生产成本，节约了工序，增加了产品产出的效率；新技术直接与传统产品结合，激发了产品的创新，形成新的产品，由于原产品差异化的存在，新产品群也必然存在可替代性的产品层出不穷的特点。

3.2.2　产业链重构

上述分析指出，技术融合、产品业务融合与制造业集聚的关联性、竞争性和差异化生产密切相关。而集聚的显著特点是专业化的分工，我国东南沿海浙闽粤等地突出的专业化生产无不表明分工在专业化生产和集聚中的重要作用。分工的细化以及随之而来的专业化加深，促进形成产品产出差异化的特征，并为开放性集聚引致的多地买者提供了选择的便利，促进了相关产品制造的进一步集聚，集聚又可以带来进一步的分工细化，促进了技术的更进一步，陈建军和胡晨光（2008）对长三角次区域的实证研究就论证了这种构成集聚区产业差异化优势和竞争力的源泉。

而细化的分工同时又能带来产业发展纵向一体化的优势，如东莞的 IT 业集聚，从电子浆料等基础电子材料的生产，到显像管、线路板以及磁头等多种零部件的加工，直至计算机的整机制造，蕴含着上下游企业形成的纵向关联一体化。在东莞 IT 产业链中无法生产的硬盘，也通过位于深圳的生产厂解决。由此可见，细化分工、差异化生产、前后向关联，使制造业集聚本身可实现产业关联的链式生产，形成了较为完整的产业链。在制造业集聚较发达、制造业集聚较多的地区，相邻区域也易于形成相互关联的链式生产。产业链的形成也进一步稳固了制造业在当地的集聚。

在 FDI 与制造业集聚产生技术融合和产品业务融合之后，原有的关联产业链将可能出现新的变化：旧生产技术环节可能被取代，新的技术生产环节可能产生，不同生产环节可能被整合。上下游前后向产业可能发生变化，由此引发产业链的重构。

3.2.3　产品业务融合下的空间演化

FDI 与制造业集聚产品业务的融合在技术融合的良好吸收与转化的基础上方能实现。在这期间，技术溢出路径、上下游企业关联路径将自发进行调整，并逐步形成新的循环累积效应。技术融合与产品业务融合成为升级路径的先导，激发此循环不断地创新，形成新的良性循环系统和新的产品业务关联平台。此平台将继续吸引相关 FDI 与制造业企业的进入，不同的是进入企业的技术层级将不断提高，促进平台活力的进一步激发。这种变化将对原有制造业集聚空间关联分布产生影响：处于新产品业务平台中的企业会努力缩短企业间隔距离，形成以平台为核心的集聚；而对不适应技术进步要求的企业，将产生挤出效应，使这类企业从集聚中迁出；处于发展阶段但尚不足以进入新平台的企业，将在外围形成承接集聚技术扩散的圈层。

此外，位于邻近区域，处于不同产业集聚，但处于前后关联产业链上的集聚，可能形成关系密切的相关产业集群，而周边地区将由于扩散效应而成为集群发展的良好腹地。此类产业集群对地区经济的发展无疑非常重要，其不仅能通过自身的发展带动集群的快速增长，还能够通过扩散和溢出效用，带动周边地区的经济增长，同时也为区域间产业合作转移和人才培养创造了良好的条件。

产品业务融合机理推导如图 3-2 所示。

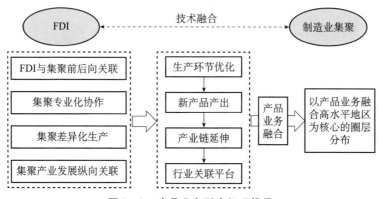

图 3-2　产品业务融合机理推导

3.3　FDI 与制造业集聚的市场融合和空间演化机理推导

经过技术融合与产品业务融合后，产业边界日趋模糊，进而促使现有行业重组，产品呈现差异化的新趋势，以满足日益多样化的大众市场需要。融合后的产品将出现既在同一市场又不在同一市场的情况，即市场边界发生了改变。FDI 与集聚地企业的市场融合，首先反映在 FDI 企业与集聚地企业最终产品流向市场的融合，这是不发生市场边界改变的融合。其次是 FDI 企业与集聚地企业由于产业链重构而衍生出新的产品市场，这种改变市场边界的融合才能反映产业集聚演进的方向。因此，FDI 与产业集聚地市场的融合更多反映在跨界关联交易的频繁以及新进入集聚地企业的异质性日益加深。进入市场融合新阶段后，产业的边界将进一步模糊，不同行业的企业、不同产业的企业之间产生融合，形成新的行业，诞生新的业态，产业集聚最终向高级形态升级，因而这一阶段的演化以"行业跨界融合"为主。

3.3.1　新产品市场需求扩大

对产品的需求是激发产品开发的直接动力。对制造业集聚而言，市场需求是制造业空间集聚的重要因素。对产品的大量需要促使专业分工的细化，进而促进制造企业的集中，促进集聚的形成。经历了技术和产品业务融合后，集聚是否能够继续稳固或者形成新的集聚，很大程度上取决于市场对新产品是否具有强需求。对新产品的强需求也可侧面反映市场融合的程度。对于与 FDI 密切关联的制造业集聚而言，对新产品的需求主要体现在三个方面。首先是国际市场的需求，国际市场对新产品的需求越大，则原集聚就越为稳固，且能进行顺利的升级，但是随着国内外形势的剧变，传统出口市场萎缩，贸易摩擦加剧，新的出口市场尚在开发，仅依靠国际市场需求实现转型略显不足。其次是国内市场的需求，随着我国经济发展水平提高，国内外市场趋同度提高，国内需求开发程度深化，国内市场也成为主要的市场之一，许多原有的制造企业以及 FDI 已逐渐转向以国内市场为导向，国内市场对新产品的需求更能激发现有产品的生产与分工细化，更能促进新业态新市场的产生。最后是新的中间产品市场，对于集聚内和集聚间存在前后向关联产业链的企业而言，新产品的中间产品市场也代表了新市场的需要，中间产品市场需求的扩大也有益于市场融合的实现，有助于集聚的转型升级或者新集聚的形成。

3.3.2　异质行业进入增多

市场融合主要表现为新产品的出现，原有非竞争性的企业可能成为相互竞争的企业，有别于以往市场而形成新的市场。FDI 和制造业集聚在市场融合过程中，异质性资源将不断增多，表现为：第一，新产品市场日益扩大，对新产品的需求增多，对供给的制造企业要求提供差异化新产品的要求也增多，因此制造企业需要更多采用新技术、新材料、新工艺等进行生产；第二，对于中间产品而言，需要更多采用新技术、新规格的中间产品方能满足新产品的产出；第三，日益扩大的新市场衍生出各种新的产业，除了最终产品的上下游产业以外，还有为新市场服务的各种生产生活型服务业。这些都是易于随着市场融合实现而进入集聚地的异质性资源。而恰是这些异质性资源，进一步促进了制造业集聚的多样化，在集聚效应的发挥下，也为新的融合准备了条件。因此，可以认为，当融合发展至市场融合的阶段，集聚内形成了新的产业形态，集聚内生态也发生了变化，集聚完成转型升级。

3.3.3　市场融合下的空间演化

集聚内的企业经历了与 FDI 的技术融合、产品业务融合之后，新的行业诞生，集聚内企业生态发生变化。首先，以技术为核心的圈层结构将过渡到以创新网络平台为核心的圈层结构，到了市场融合阶段，将进一步过渡到以新业态企业为核心的圈层结构。虽然仍是以新业态为核心，通过集聚的外溢效应，依次在外形成次核心与非核心的结构，但由于异质性行业尤其是生产性服务业的进入将会引致环绕核心区的并不是以往实力较弱的企业，有可能更多的是与制造业紧密相连的生产性服务业。其次，原有集聚中的众多企业不可能全部转化升级，那么在新市场形成及需求扩大的情况下，这些企业的市场萎缩，原有的赖以发挥优势的集聚成本也逐步消退，很可能促使该类企业作出迁移的决策。一旦迁移的企业较多，很可能造成集聚的分散。但是只要集聚的循环累积基础以及路径依赖依然存在，则以新业态为主的集聚将在原集聚的基础上形成新的集聚，或者在相关的前后向企业中形成新的集聚。

市场融合机理推导如图 3-3 所示。

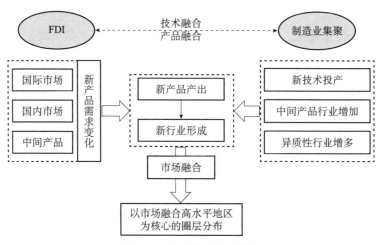

图 3-3　市场融合机理推导

3.4　本章小结

通过对 FDI 与制造业集聚的融合以及空间演化进行的演绎分析，可初步推导出如下结论：①国内外形势剧变，FDI 流入与制造业集聚分布变迁，沿海制造业集聚出现拥挤效应，在这种情况下，与 FDI 密切关联的制造业集聚可以通过和 FDI 跨越边界的融合，实现制造业集聚的转型升级；②FDI 与制造业集聚的融合历经技术融合、产品业务融合与市场融合，形成新的产业形态，对制造业集聚的空间结构与分布变迁将产生新的影响；③FDI 与制造业集聚形成的累积循环基础以及路径依赖关系，使制造业集聚得以在分散之前完成转型；④FDI 与制造业集聚融合过程中日益增加的异质性资源和行业促进集聚形成新的累积循环系统，避免原有集聚日益增长的拥挤效应的影响，形成新的集聚竞争力；⑤FDI 与制造业集聚的前后向关联关系，使集聚内与集聚邻近地区形成了纵向一体的产业链发展模式，围绕融合后的产业链模式将形成链式的集聚，在邻近区域形成产业群落；⑥FDI 与制造业集聚的融合演化不仅能促进集聚经济的良性发展，也能通过扩散外溢效应促进集聚周围腹地的发展，同时为区际产业转移提供了良好的产业、技术与人才储备，实现区域整体实力的提升。

基于机理推导得到的初步结论，为 FDI 与产业集聚关联效应的深入研究奠定了基础。机理的推导仍需通过实证进行验证。因此，后面将以此理论推导为基础，逐步检验 FDI 与制造业集聚的融合进程及其带来的效应，并在此基础上对引致的区位变迁问题进行新角度的解释。

第 4 章

FDI 与中国制造业集聚的时空格局和关联分析

4.1　中国制造业集聚水平测度及时空格局

　　通过相关研究文献的梳理，可以认为制造业集聚是同一、同类或者相互关联的产业在特定的地理区域中，不断吸引生产要素，并在空间范围内不断产生引力效应，推动产业与区域经济发展的过程。为了更好地衡量制造业集聚的水平，不少研究对其进行了量化的测度。量化后的制造业集聚可以更直观地反映产业与区域发展的水平，对后续研究有着积极的作用。

4.1.1　制造业集聚测度指数拓展思路

　　关于制造业集聚水平的测度，常用的方法有区位熵指数、行业集中度指数、赫芬达尔指数、空间基尼系数以及 Ellison-Glaeser 指数（E-G 指数）等。区位熵主要用以衡量要素的空间分布情况、一地产业的专业化程度以及一地在更高层级区域中的地位等。行业集中度与赫芬达尔指数则主要用以反映一地某一产业中规模最大的前 N 家企业占有的市场份额情况，但无法反映企业地理分布的特征，因此无法很好反映集聚分布的情况。克鲁格曼在验证中心—外围模型时使用空间基尼系数进行产业集聚的测度，可以较好地反映产业空间集聚和地理集聚的情况。然而空间基尼系数较难甄别内部规模经济形成的产业在一地优势与外部规模经济形成的产业地理集聚的问题。E-G 指数在空间基尼系数的基础上加入产业就业人数占据区域全部就业人数的份额，试图对产业集聚的地理分布进行更好的区分，但是也无法从根本上解决空间基尼系数遗留下的问题。因此，胡健和董春诗（2013）指出，衡量产业集聚指标的选择需要考虑各指数的特定适用性。这是本书在选择测度指数时需要首先考虑的问题。

　　考虑这个问题需先明晰研究的对象。中国经济发展中，产业结构的升级以第二二产业的迅速发展为特征，制造业的发展成为国民经济发展的重要支柱。在各具特色的"块状"经济发展过程中，制造业的抱团发展成为该"块状"形成的依托。因此，研究中国的产业集聚特点应首要研究制造业的集聚。制造业集聚涉及的研究尺度多样：以区域为研究对象的，如贺灿飞、潘峰华和孙蕾（2007）研究省市县三级不同尺度上的制造业集聚，刘军和段会娟（2015）研究省级制造业的集聚；以产业为研究对象的，如李国平、孙铁山和卢明华（2003）研究北京高科技产业的集聚，梁琦（2003a，2003b，2004）、毛琦梁、王菲和李俊（2014）等研究制造行业的集聚，胡枚、刘春生和陈飞（2015）、许树辉（2017）以广东省的制造业集聚为研究标的进行研究；以企业为研究对象的，如阿尔法罗和陈（Alfaro and Chen，2014）以及温（Wren，2012）以跨国公司为研究对象进行研究，范剑勇、冯猛和李方文（2014）研究通信设备、计算机与其他电子设备企业的集聚情况。不同尺度的研究需借助不同的测算方法，且尺度越小，对于制造业集聚的研究则更为接近实际。

本书试图研究中国制造业集聚与 FDI 融合作用下的发展演化问题，涉及的区域较大，行政建制变化的区域较多，为了尽可能反映产业集聚的时空分布特点，尽可能使收集数据的口径一致，选择了地级及以上城市制造业作为主要的研究对象。因而在测度指数的选择上需要考虑适用于区域分析的指数，区位熵就是比较适宜的指数。首先，区位熵可以反映一个地区在更高层级区域中的地位，能较好分析地级及以上城市制造业的发展水平；其次，制造业的发展需要较长的周期，在一地发展的稳定性较强，产业结构较为稳定，集聚形成的可能性较高，用反映区域制造业优势的区位熵进行衡量具备可行性。

然而，需要同时指出的是，采用区位熵进行的衡量也有一定的局限。因为区位熵以产业的特征值进行衡量，在数据可得性的基础上一般采用制造业产值或者从业人员数进行衡量，所以一些特殊情形会使区位熵衡量的指数偏离而产生失真：大规模雇用劳动者的企业，如嘉峪关酒钢，区位熵则偏高；某些地级市呈现较为单一经济形态，如嘉峪关市和金昌市制造业水平远低于其他地级市水平，但在当地却大大超过其他行业，区位熵也会居于高位。而制造业十分发达的地区如广东，各设区市制造业普遍发达，区位熵则仅能体现出区位中各个地级及以上城市的区位优势，在全国范围内区位熵排名却不靠前。因而在集聚水平的测度上不能仅仅依靠单一指数法进行衡量，还需辅以其他的测度手段。

事实上区位熵能够较好地反映空间集聚的问题，体现产业的优势，然而集聚的发展不仅表现为产业在地区间的优势，还反映为集中的优势产业能否吸引生产要素的集中，能否对生产要素进行优化配置、创造更高的生产效率，且能否在一地稳定植根，形成累积循环效应，促进集聚经济的发展。因此制造业的集聚不仅是一个制造业在量上是否具有优势的问题，还是一个是否存在空间关系的问题，还需要考虑产业集聚的引力和扩散的效应。产业的集聚必然会对周边地区产生一定的引力效应以及外溢示范效应，这是在研究产业集聚的过程中不可忽视的重要影响。引力效应体现为在集聚外部性作用下生产要素向该地的集聚，外溢效应则体现为集聚的外部性促使生产要素的效率提高乃至升级，从而带动集聚区内产业的发展，甚至可能推动区外产业生产效率的提高。因此对制造业集聚的测度不仅要分析优势产业区域，还要考察优势产业所在区域的空间相关问题。只有结合优势产业与空间结构的分析才能确定集聚是否存在以及集聚水平如何。因此，本书认为制造业的集聚还需要经由探索性空间数据分析方法（ESDA）进行空间分布上的测度。

4.1.2　制造业集聚指数构建

（1）区位熵指数的设立

依据上述关于制造业集聚测度指数拓展的思路，本部分对制造业的区位熵（LQ）进行测度，以我国地级及以上城市制造业为研究对象，衡量各地区制造业在该地产业构成中是否占据优势，以此作为研究集聚水平的初步基础。设立的区位熵（LQ）指数如下：

$$LQ_{ij} = (q_{ij}/q_j)/(q_i/q) \tag{4-1}$$

其中，LQ_{ij} 为 j 地市的 i 产业在全国的区位熵；q_{ij} 为 j 地市 i 产业的相关衡量指标；q_j 为 j 地市所有产业的相关指标；q_i 为在全国范围内 i 产业的相关指标；q 为全国所有产业的相关指标。LQ 的值越高，则一地的制造业优势地位越强，制造业的集聚水平就越高。

（2）结合探索性数据分析法（ESDA）对 LQ 进行拓展

在构建 LQ 指数的基础上，本部分结合探索性数据分析法（ESDA），分析制造业具有优势的区位与周边地区的空间关联效应，进而研究该地制造业是否存在空间集聚与扩散的效应。探索性空间数据分析方法（ESDA）属于数据驱动方法，其目的在于用空间统计观点检验设立的空间模式是否显著，进而对研究的空间过程较为深入的了解。具体拓展步骤如下。

首先，定义空间权重矩阵。对空间权重矩阵的定义是空间统计学和传统统计学的重要不同之处，是利用 ESDA 技术进行空间探索性分析的前提和基础。本书在讨论中以地级及以上城市为讨论单元，地理上的空间邻接关系较为紧密，同时考虑到集聚的空间分布会随着地理距离的扩大而扩散的特点，因而空间权重矩阵的设立以地理的邻接距离关系为主。设立的空间权重矩阵 Wij 如下：

$$
Wij \ (d) = \begin{bmatrix} W_{11} & W_{12} & \cdots & W_{1n} \\ W_{21} & W_{22} & \cdots & W_{2n} \\ \cdots & \cdots & \cdots & \cdots \\ W_{n1} & W_{n2} & \cdots & W_{nn} \end{bmatrix} \quad W_{ij} \begin{cases} 1 & （当区域 i 与 j 的距离小于 d 时） \\ 0 & （其他） \end{cases}
$$

$$(4-2)$$

　　其次，进行热点探测。集聚与扩散效应体现在空间分布上表现为要素分布的不均衡，集聚地中的要素特征值会出现明显的偏高，反之则出现低值。通过区位熵的分析，仅能得出制造业优势产业的统计值，有助于判断集聚的水平，但是无法分析其是否存在空间聚类的情况。也就是说，LQ 值的测度提供了存在集聚的可能性，但这个可能性是否成立仍需经由统计显著性的检验，高值的 LQ 并不一定就是具有显著统计学意义的热点。具有统计意义的热点，不仅本身是高值，同时其周边环绕的要素也是高值，且该高值区域的局部总和与整体要素总和进行比较能体现出该局部区域的显著优势。而借助 GIS 的热点探测有助于识别在统计上显著的高值区和低值区，通过热点探测的制图分布，有助于观察制造业空间聚类的情况、判断随机分布的统计值是否存在集聚或分散的规律，有利于寻找制造业集聚的区域。因此，可以在空间权重矩阵设立的基础上，运用热点探测对 LQ 进行进一步的拓展，用以反映制造业是否存在空间集聚的现象。据此思路构建的热点探测指数 Getis-Ord Gi* 指数如下：

$$
G_i^*(d) = \frac{\sum_{j=1}^{n} W_{ij}(d) LQ_{ij}}{\sum_{j=1}^{n} LQ_j}
$$

$$
Z(G_i^*) = \frac{G_i^* - E(G_i^*)}{\sqrt{Var(G_i^*)}} \qquad (4-3)
$$

其中，G_i^*（d）是 Getis-Ord G_i * 指数；Z（G_i^*）是其的标准化指数。若 G_i^*（d）值越高，则高值的聚类就越为紧密也称热点区，反之则低值的聚类越紧密也称冷点区。在此思路下结合 ARCGIS 进行空间热点分析，可以得到输出要素 Z

得分与 P 值，Z 得分越高，P 值越低，则空间统计数值越显著。

最后，进行空间局部自相关分析。通过 Getis-Ord G_i^* 指数对 LQ 进行的拓展，可以反映制造业集聚的地理分布。由于集聚的形成以及扩散效应的发挥使集聚地与周边地区存在较为密切的空间关联，集聚能在一定程度上成为带动周边地区发展的引擎，围绕集聚的地区则可能成为集聚的重要腹地，从而形成地区间的互动，促进集聚经济与地区经济的良性发展。因此，是否具有扩散效应，是否存在环绕的腹地，关系到集聚能否得以根植、持续与发展，是考量集聚的一个重要指标。然而，从 Getis-Ord G_i^* 分析的原理中可知，其可很好地反映高值与低值的聚类，但是在随机分布中，除了高高聚类和低低聚类以外，还存在着高低或者低高聚类，对此异常值的聚类的忽略将掩盖空间集聚的异质性。因而在热点探测的基础上，本书仍将继续考察集聚与周边地区的关联，以局部空间相关指数（Local Moran's I）对 LQ 进行进一步的拓展。Local Moran's I 能进一步考察是否存在观测值的高值或低值的局部空间集聚、其中哪个区域单元对全局空间自相关的贡献更大以及反映反常的局部状况或小范围的局部不稳定性，对于异质性区域的空间关系的衡量十分有效。据此思路构建的 Local Moran's I 指数如下：

$$I_i = \frac{LQ_i - \overline{LQ}}{S_i^2} \sum_{j=1, j \neq i}^{n} W_{ij}(LQ_j - \overline{LQ}) \tag{4-4}$$

其中：

$$S_i^2 = \frac{\sum_{j=1, j \neq i}^{n}(LQ_j - \overline{LQ})}{n-1} - \overline{LQ}^2 \tag{4-5}$$

在此思路下结合 ARCGIS 进行局部空间相关分析，可以得到输出要素 Z 得分、P 值以及 COType。Z 得分越高，P 值越低，则空间统计数值越显著，COType 则表示邻近要素区域的高高（HH）、高低（HL）、低高（LH）与低低（LL）聚类情况。

通过 ESDA 法进行的 LQ 指数的拓展，可以逐步反映制造业具有优势的地区是否存在集聚、集聚的地理分布情况以及集聚和周边环绕地区的空间相关关系，能够较好地反映制造业的空间集聚与扩散情况。

4.1.3 指数测度的地级及以上城市选择和数据来源

由于以地级及以上城市为主要的研究单元，因此在地级及以上城市的选择上需要进行慎重的处理。首先，对地级及以上城市的行政建制进行了仔细的甄别，如襄樊改名为襄阳、济源合并至荆州、巢湖合并至合肥、海东地区改为海东市等，力图使 1999～2015 年连续年份中采用的行政建制数据口径一致。其次，将统计年鉴中为空值的设区市剔除，如三沙市等。最后，将因产业结构较为单一造成失真明显的设区市剔除，如嘉峪关市、金昌市等。在此基础上，本部分尽可能选择大部分的地级及以上城市，最终选取了 264 个地级及以上城市作为主要的研究对象。

考虑到我国行政建制变化情况及数据的可获得性以及我国制造业中人力资源仍占较大比例的特点，制造业集聚指数测度的数据主要以地级及以上城市的各行业从业人员数为主。为了尽可能动态反映集聚的时序变迁，本书采用 1999～2015 年的数据进行度量，数据来源于 2000～2016 年历年的《中国统计年鉴》《中国区域经济统计年鉴》《中国城市统计年鉴》以及国泰安数据库等。

4.1.4　制造业集聚水平测度及结果

（1）LQ 测度及结果

依据式（4-1）对 264 个地级及以上城市 1999～2015 年的制造业进行 LQ 测度，以 LQ 值（见附表 1）大于 1 为中间值对制造业集聚水平进行划分，就结果进行地理分布的探测（见表 4-1）。由表 4-1 可见，我国大部分省域中均具有可能产生制造业集聚的地级及以上城市，然而具有较多制造业集聚的地市主要集中于辽宁、天津、山东、江苏、上海、浙江、福建、广东、湖北、河南、安徽、江西等省域。由此可知，我国制造业集聚水平较高的地区主要集中于环渤海沿岸以南沿海及中南部地区。

进一步从各年份 LQ 值大于 1 的地级及以上城市个数来看，其 2001 年后呈现下降的趋势，而 2010 年前后又呈现上升的趋势（见表 4-1）。该变化预示着我国制造业集聚可能存在区位分布的变迁，为了直观反映可能存在的变迁问题，本书借助 ARCGIS 将测度的 LQ 值输入地级及以上城市政区图。根据自然断点法将不同的 LQ 值区域分为高值区、中高值区、中值区、中低值区和低值区五类。据时序图显示的结果来看（见图 4-1），1999～2015 年制造业集聚经历了三个阶段的明显变迁。

第一阶段为 2001 年以前。该阶段制造业具有优势的地区数量较多，在分布上呈现离散状态，且中值区以上的地级及以上城市较多，但并未形成连线的集聚态势。

表4-1 1999~2015年制造业集聚地级及以上城市分布数量

地区	1999年	2000年	2001年	2002年	2003年	2004年	2005年	2006年	2007年	2008年	2009年	2010年	2011年	2012年	2013年	2014年	2015年
天津	1	1	1	1	1	1	1	1	1	1	1	1	1	1	1	1	1
河北	4	8	3	3	3	2	2	2	2	0	1	2	2	2	1	1	1
山西	0	4	3	2	2	2	1	2	1	1	1	1	1	1	0	0	0
内蒙古	0	1	1	1	2	1	1	1	1	1	1	1	1	1	1	1	2
辽宁	9	10	9	10	7	7	8	7	6	6	8	6	7	7	4	4	5
吉林	3	3	3	3	3	2	2	2	1	2	2	2	2	1	3	4	4
黑龙江	2	3	2	2	2	2	1	1	1	1	1	0	0	1	0	0	0
上海	1	1	1	1	1	1	1	1	1	1	1	1	1	1	1	1	1
江苏	10	11	10	8	9	9	9	9	10	10	10	10	11	11	7	7	6
浙江	6	7	4	4	5	7	7	7	8	7	8	9	8	6	6	6	6
安徽	5	8	3	4	3	3	3	3	3	3	3	3	3	3	2	4	5
福建	6	7	6	6	6	6	7	7	7	6	6	6	6	7	5	5	5
江西	5	3	3	3	4	3	2	2	1	2	2	3	4	7	8	8	8
山东	11	13	11	11	11	11	11	10	10	10	10	11	10	10	11	11	11
河南	6	8	6	5	5	4	4	4	4	4	3	3	3	4	8	9	10
湖北	5	7	5	7	8	7	6	7	8	9	8	8	8	7	8	8	10

续表

地区	2015 年	2014 年	2013 年	2012 年	2011 年	2010 年	2009 年	2008 年	2007 年	2006 年	2005 年	2004 年	2003 年	2002 年	2001 年	2000 年	1999 年
湖南	2	2	1	2	3	2	1	1	2	2	2	2	2	2	2	4	2
广东	15	15	16	14	13	15	14	13	13	13	13	12	11	11	10	10	10
广西	1	1	1	2	2	1	1	1	1	1	1	1	1	1	1	1	1
重庆	0	0	0	0	0	0	0	0	0	0	0	0	0	0	0	1	1
四川	2	3	5	4	4	4	4	5	5	5	6	6	6	5	4	10	7
云南	1	0	0	1	0	0	0	0	0	0	0	0	0	0	0	2	0
贵州	0	0	0	0	0	0	0	0	0	0	0	1	1	1	0	1	1
陕西	2	2	2	1	1	2	2	2	2	2	3	3	3	4	3	4	4
甘肃	0	0	0	0	0	0	0	0	0	0	1	1	3	2	3	3	3
宁夏	1	1	1	1	1	1	1	1	1	1	1	1	1	0	0	0	0
总计	99	94	92	95	92	92	89	87	89	90	93	95	100	97	94	131	103

资料来源：根据 1999~2015 年 264 个地级及以上城市制造业 LQ 计算而得。

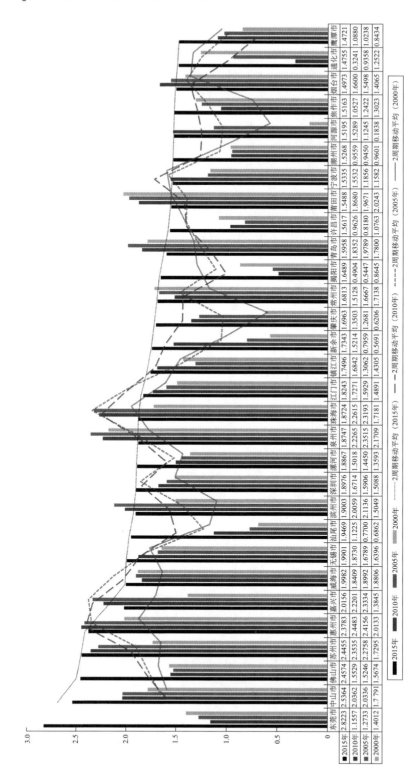

图 4-1　制造业集聚区位熵（LQ）前 30 位城市时序图

第二阶段为 2001～2010 年，该阶段制造业集聚水平较高的地区逐渐减少，集聚水平较高的地级及以上城市逐步沿海岸线靠拢，形成环渤海沿岸以南至广东海岸带的集聚连线，表明集聚的极化效应增强，东部沿海地区的发展速度加快，使地区间的发展差距拉大，不平衡发展加剧。

第三阶段为 2010 年以后。该阶段制造业集聚水平较高的地区又逐渐增加，东部沿海地区的集聚带状特征仍然存在，但是部分地区有所弱化；同时，中西部地区特别是湖北、河南和江西的优势地区逐步扩大，在几省范围内隐隐形成中部地区连片集聚的态势。此态势显示，该阶段中部地区发展的速度加快，在区位熵的衡量下，东部弱化，中西部加强，地区间发展的差距缩小。

由此可见，以 LQ 为基础探讨的制造业集聚时空分布变迁表明：我国制造业集聚区位分布的演化经历了从分散走向集中的过程；在此过程中，地区发展的差距经历逐步扩大与缩小的往复过程，集聚的极化效应较为明显；形成了环渤海沿岸以南的沿海集聚分布带以及中部地区的片状集聚区。

（2）热点探测

上述基于 LQ 的研究初步揭示了我国制造业集聚的区域分布情况与变迁态势，与我国经济发展的情况较为相符，但是区位熵的统计尚无法反映制造业是否存在集聚的显著空间关系。因此，秉承前面所述思路，在产业优势分析的基础上，根据式（4-2）与式（4-3）进一步在 LQ 的基础上对制造业集聚进行热点探测，考察 LQ 空间统计的显著性，以进一步反映制造业空间集聚的态势，运用 ARG-GIS10.1 软件进行分析，热点探测研究显示了制造业集聚在连续年份间的区位迁移变化及与周边地区的关系（见图 4-2），呈现出如下发展变迁特点。

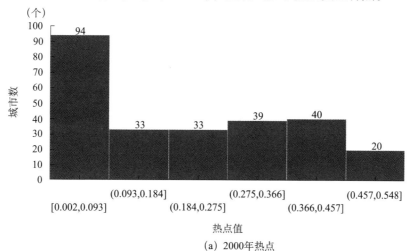

（a）2000年热点

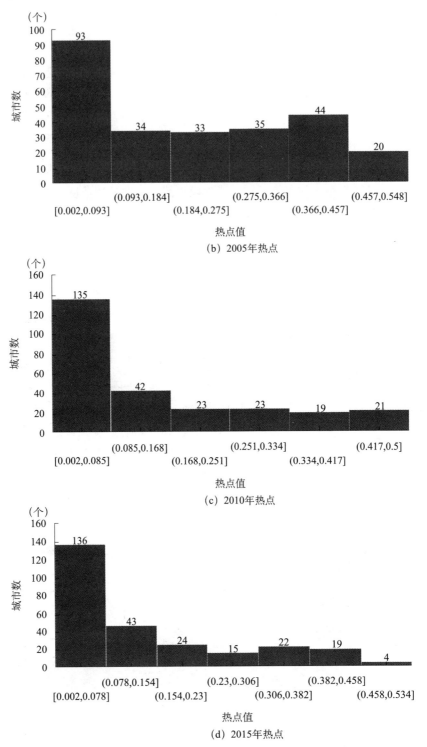

（b）2005年热点

（c）2010年热点

（d）2015年热点

图4－2　制造业集聚热点探测时序图

第一，我国制造业集聚分布的圈层结构明显，自东向西呈现出"热点区—次热区—中值区—次冷区—冷点区"逐次分布的特点。热点区多集中于东部沿海地区，中部地区多以次热或中值区为主。该结果说明我国的制造业集聚仍然以东部沿海的集聚带为主。

第二，我国制造业集聚分布存在"分散—集聚""缩小—扩大"的特征。由图 4-2 可知，20 世纪末我国制造业集聚分布较为分散；进入 21 世纪后，东部沿海环渤海沿岸以南至广东地区的集聚带分布特点突出，集聚热点区范围缩小；而后集聚带又进一步压缩至山东半岛以南的海岸带，但同时热点区进一步减少，但次热区与中值区扩大，中西部地区的集聚水平提升。

第三，我国制造业集聚的阶段性发展特征明显。2001 年以前的热点探测表明我国的制造业集聚中值区以上区域较多，且较为分散，沿海地区的优势比较突出。2001~2010 年，制造业集聚主要分布在环渤海沿岸以南至广东地区，形成了东部沿海明显的集聚带，且集聚的水平日益提高，并辐射至中部相邻地区。然而，此间集聚圈层缩小，地区间的不平衡发展加剧。2010 年以后，环渤海沿岸地区的集聚热点减弱，制造业集聚迁移，以山东半岛至广东的沿海经济带为主。此阶段热点地区减少，但是中部相邻地区次热点增加，说明集聚地区存在扩展至中部地区的现象，与中部的发展不平衡也在缩小。

热点分析在 LQ 的基础上进行了空间关联和空间显著性的分析，结果显示，与 LQ 初始指数分布较为一致的是我国制造业集聚的时空变迁以 2001 年和 2010 年为分界，形成了三个阶段的显著特征。有别于 LQ 初始值的分布，拓展的热点探测分析更具体地反映了具有统计显著意义的制造业空间聚类，更有助于明确制造业集聚分布的区域。

（3）局部空间自相关分析与 MORAN 显著性结果

为了进一步反映制造业集聚与腹地的引力、扩散与外溢效应，需要对集聚与腹地的空间关系进行进一步研究。通过局部空间相关分析有助于寻找掩盖在热点分析下的空间局部不稳定的异常值问题。依据前述思路，通过式（4-4）与式（4-5），借助 ARCGIS10.1 软件进行空间局部相关分析，得到 Z 得分、P 值以及 COType 聚类结果，即高高、高低、低高、低低聚类的显著性。该时序图更清晰地反映了形成集聚的高值核心区域，这些高值区域的时空演化依然呈现三阶段发展的特点（见图 4-3）。

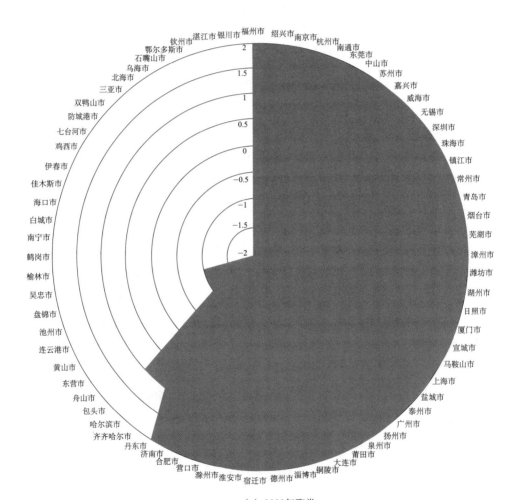

(a) 2000年聚类

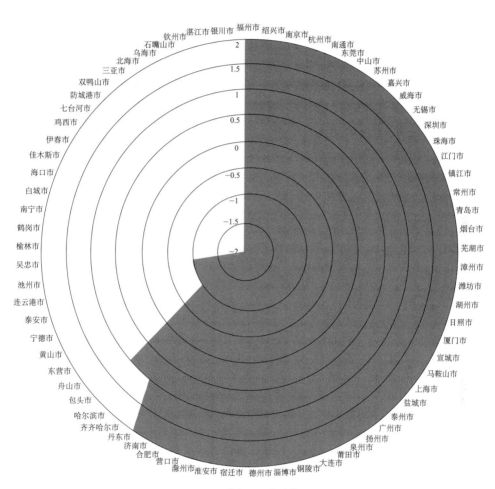

(b) 2005年聚类

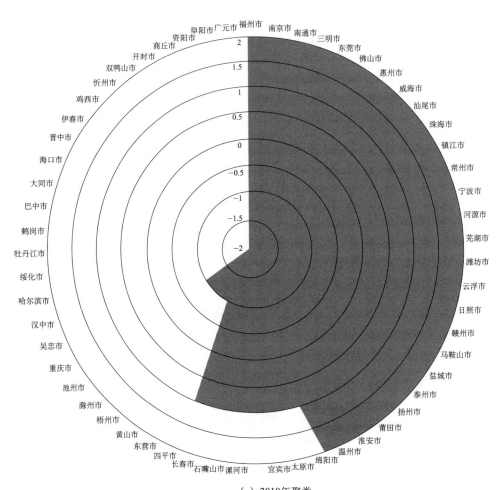

（c）2010年聚类

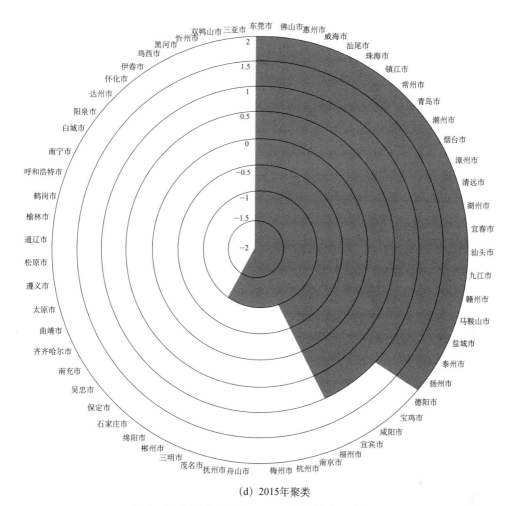

(d) 2015年聚类

图 4 - 3　制造业集聚 MORAN 显著性水平时序图

　　第一阶段，2001 年以前。该阶段的高值核心区范围较小，主要集中在胶东半岛、山东半岛、长三角、闽中南和珠三角的部分地区，面积最大的集聚区为山东半岛和长三角。该阶段具有制造业产业优势的地区比较多，发展速度的差距相对而言还不是太大，连片的集聚区并不是很明显，但集聚的态势却已出现。

　　第二阶段，2001～2010 年。该阶段制造业集聚高值核心范围开始扩大，胶东半岛的集聚势能减弱，长三角、闽中南部和广东的制造业集聚高值核心区的范围迅速扩大，2010 年几乎形成了连续的北起长三角、南至广东的连片高值核心区。这一阶段的发展表明东南沿海地区制造业发展迅速，极大地拉开了与其他地区的差距。

　　第三阶段，2010 年以后。该阶段的制造业集聚高值核心区开始减少，东南沿海的核心区出现了弱化的现象。山东半岛的制造业集聚高值核心区无明显变化；但长三角江浙一带的制造业核心区出现了明显的收缩；围绕广东珠三角的制造业集聚核心区扩大却十分迅速，甚至形成了与福建南部、江西南部联结发展的核心区。

由此可见，局部空间相关分析较为热点分析更进一步明晰了制造业集聚分布的核心范围，对于异质性的空间集聚变迁进行了更深入的分析。

4.1.5　结果讨论

从 LQ 分析到热点探测至局部空间相关分析，逐步揭示了具有空间相关关系的中国制造业集聚的时空变迁规律：以 2001 年和 2010 年为分界，制造业集聚经历了"分散—集聚—弱化"的过程；制造业集聚的核心区域经历了环渤海沿岸至广东沿海集聚到山东半岛至广东沿海集聚的重心转移，且中部地区的集聚逐步兴起。

该时空变迁规律反映了两个重要的问题。第一，"分散—集聚—弱化"的时空变迁规律反映了制造业集聚"吸引—空间集聚—分散"的特点。一地制造业发展引致其他地区生产要素的集聚，生产要素集聚促进制造业集聚的发展，在外部化效应的作用下进一步引致生产要素进入集聚地，促进了集聚地制造业的累积循环发展。因此，2001 年以前具有优势的制造业区域较多，2001 年以后制造业空间集聚的现象增多，且形成由东至西逐级递减的明显圈层结构，均反映了这样一个要素空间集聚的过程。但是随着集聚的发展，集聚地可能出现拥挤现象，表现为：集聚中土地、人力等要素成本提高；生活服务、交通运输的成本上升；要素的产出率降低等。这容易促使原集聚地企业向外迁移，使集聚出现弱化乃至分散的现象。2010 年以后的原制造业集聚弱化的现象反映了拥挤效应下集聚力小于扩散力的现象。本部分的结果与克鲁格曼（1999）、梁琦（2003）、贺灿辉（2007）等的研究结论一致，同时以地级及以上城市的视角证实了产业空间集聚和扩散的一般机理。随之而来的问题是，集聚经济效应对集聚地甚至是附近区域的发展有着积极的推动作用，能否在集聚分散力产生之前促进集聚的演化，使集聚根植下来并向前发展，这是本书后续将研究的问题。第二，2001 年和 2010 年时间节点前后制造业集聚分布发生明显的变化，2001 年后制造业集聚主要分布于东部沿海地区，2010 年后制造业集聚重心往东南沿海地区转移。究其变化原因，2001 年我国加入世贸组织（WTO），是继改革开放以后第一个对外开放的高点，我国与世界经济合作往来更为密切，开放较早且占据区位优势的东部沿海地区经济迅速发展，环渤海沿岸地区占据港口优势、长三角地区具有先发优势、闽中南部地区具有毗邻台湾地区的优势、珠三角具有邻接港澳地区的优势，在此情况下国内外要素集聚程度大大提高，国际交往带来的资源和市场的融合为制造业的空间集聚提供了良好的基础条件，制造业集聚带得到了迅速发展，该时期沿海核心集聚带中活跃着外资的身影。

由此结果讨论可知，在经济全球化的背景下，我国制造业集聚与国际生产要素有着密切的关系。随着国内外形势的变化，不同发展阶段制造业集聚的变迁源于制造业本身发展的诉求。制造业集聚的效应毋庸置疑，对一地经济发展、一国实力的提升有着重要的作用。因此，接下来需要考虑的问题为：在国内外经济形势剧变的情况下，如何进一步利用开放条件引致的先进生产要素促进制造业集聚的转型升级？后面将继续研究 FDI 与制造业集聚的关联以及在此影响下如何促进集聚演化的问题。

4.2 流入中国的 FDI 时空格局

从第 2 章的文献梳理可知，众多研究表明我国的制造业发展与集聚密切相关，还有研究指出，有些制造业集聚特别是外向型制造业集聚的发展源于 FDI 的引领。本章第一节的研究也表明，我国制造业集聚的时空变迁与 FDI 可能有着紧密的联系。为了探寻外向经济作用下 FDI 对制造业集聚演化的机理与规律，有必要先对 FDI 与我国制造业集聚的关联进行分析。考虑到集聚的空间特征，本节拟先从流入中国的 FDI 时空分布变迁进行讨论。

4.2.1 FDI 度量及公式设立

FDI 在我国的分布存在不均衡性，FDI 进入我国有着一定的路径依赖，在空间上可能也会产生相互的关联效应，因此对 FDI 时空分布变迁采取与前面制造业集聚时空分布的研究方法进行。

在此分析中，FDI 以实际利用外资金额进行度量，采用与制造业集聚研究相同的 264 个地级及以上城市为研究单元，选择 1999~2015 年的数据进行分析，数据来源于 2000~2016 年历年的《中国统计年鉴》《中国区域经济统计年鉴》《中国城市统计年鉴》等。按制造业集聚时空变迁的分析思路，将 FDI 值代入式（4-3）到式（4-5）中，得到如下探测与局部自相关的公式：

$$G_i * (d) = \frac{\sum_{j=1}^{n} W_{ij}(d) FDI_{ij}}{\sum_{j=1}^{n} FDI_j} \quad Z(G_i *) = \frac{G_i * - E(G_i *)}{\sqrt{Var(G_i *)}} \quad (4-6)$$

$$I_i = \frac{FDI_i - \overline{FDI}}{S_i^2} \sum_{j=1, j \neq i}^{n} W_{ij}(FDI_j - \overline{FDI}) \quad (4-7)$$

$$S_i^2 = \frac{\sum_{j=1, j \neq i}^{n} (FDI_j - \overline{FDI})}{n-1} - \overline{FDI}^2 \quad (4-8)$$

4.2.2　FDI 时空分布

借助 ARCGIS10.1 软件将 FDI 值作为属性数据输入地级及以上城市政区图，以自然断点法对其进行分类，将各地级及以上城市引入的 FDI 情况分为高值、中高值、中值、中低值和低值区。

从输出时序图的结果来看（见图 4-4）：第一，1999～2005 年，FDI 在我国的分布格局几无大的变化，主要分布在渤海以南至广东的东部沿海地区，形成明显的带状分布特征；第二，2006 年以后，在渤海沿岸至广东的东部沿海地区 FDI 分布格局不变的情况下，中西部地区的外国直接投资逐步增多，虽然此阶段东部地区吸引的 FDI 仍然占据主要的优势，但中部地区吸引 FDI 的速度加快，位于中高值区和高值区的地区迅速增加；第三，2014 年以后，东南沿海的闽粤地区吸引 FDI 呈现衰退的现象，中值区以上的城市减少。

4.2.3　FDI 热点探测及时序图输出

图 4-4 反映出各地级及以上城市吸引 FDI 的分布情况，但无法反映 FDI 在区域间的空间联系。以 FDI 目前一直以来在沿海城市分布居高的情况来看，FDI 进入中国具有一定的路径依赖；另外，FDI 于沿海的分布与我国制造业集聚分布的情况非常相似，因此有必要对其进行进一步的热点探测，分析 FDI 区域分布的空间关系。因此，根据式（4-6）进行测算后，将结果投置于中国地级及以上城市政区图，可输出热点探测结果（见图 4-5）。

热点探测时序图反映出来的情况为：第一，环渤海沿岸至广东的沿海地级及以上城市是 FDI 的主要热点区域，且热点城市的空间分布较为密集；第二，2010 年以前，FDI 的热点区域几无变化，且并未形成较为明显的向外扩散的圈层结构；第三，2010 年以后，闽粤地区的热点区域有所弱化，闽粤地区的热点城市减少，退化为中值区。

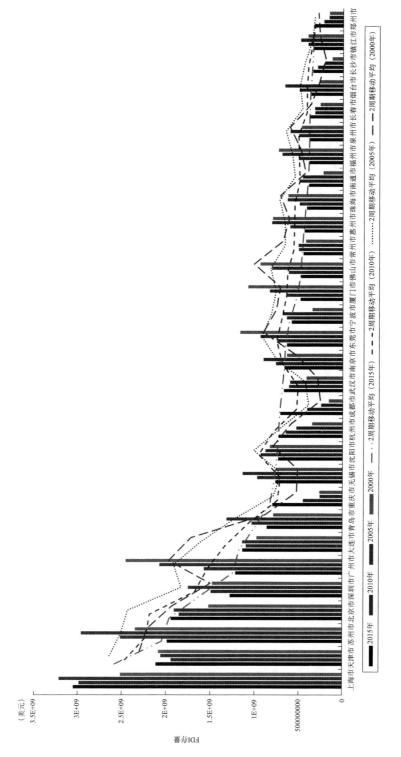

图 4 - 4　FDI 前 30 位城市分布时序图

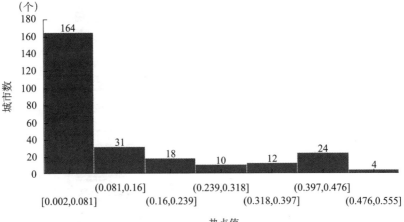

（a）2000年热点

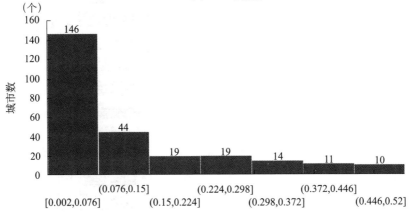

（b）2005年热点

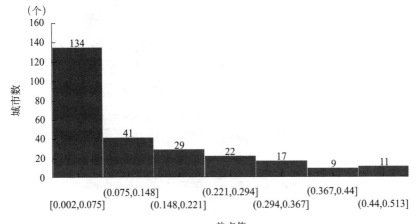

（c）2010年热点

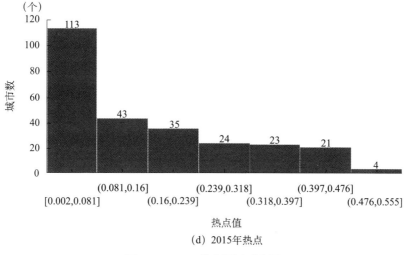

(d) 2015年热点

图 4 - 5　FDI 热点探测时序图

4.2.4　空间局部自相关分析及 MORAN 显著性时序图输出

为了进一步分析热点探测掩盖的局部异常问题，检测空间统计关系的显著性，本部分继续对 FDI 进行空间局部自相关分析。通过式（4 - 7）和式（4 - 8）计算空间自相关指数，将结果导入地级及以上城市政区图中，按照返回的 Z 得分、P 值及 COType 输出 MORAN 显著性水平时序结果（见图 4 - 6）。

空间局部自相关的分析显示：第一，1999～2015 年，FDI 分布具有空间强关联的地区，即具有空间统计显著有效的地区主要集中于京津、长三角与珠三角地区；第二，山东半岛地区的 FDI 分布在 2002～2007 年也呈现出显著的空间相关性，但是在 2002 年以前和 2007 年以后空间相关并不具有显著性；第三，珠三角地区一直存在着空间关系上的显著相关，然而 2008 年以后显著相关的区域明显缩小。

4.2.5　结果讨论

前面对 FDI 的区位分布及分布区域间的空间相关关系进行了研究，对研究的结果进行归纳可知：FDI 分布主要还是集中在环渤海沿岸以南至广东的东部沿海地区。虽然自 2006 年以后，FDI 在中西部地区的投资比例逐渐扩大，中西部地区也涌现出不少 FDI 投资的热点地区，但就空间统计的显著性水平来看，具有空间关联的区域仍然集中于东部沿海地区，这与我国制造业集聚的区位分布和空间关联极为相似。另外，值得注意的是闽粤地区在 2008 年前后吸引 FDI 有弱化的倾向，体现在热点引资城市的减少以及空间关联区域范围的缩小。

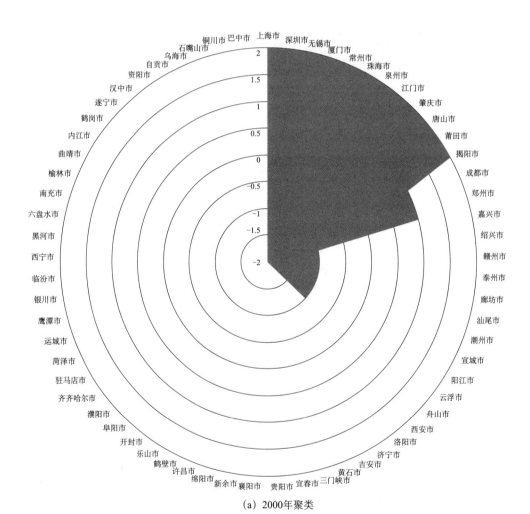

(a) 2000年聚类

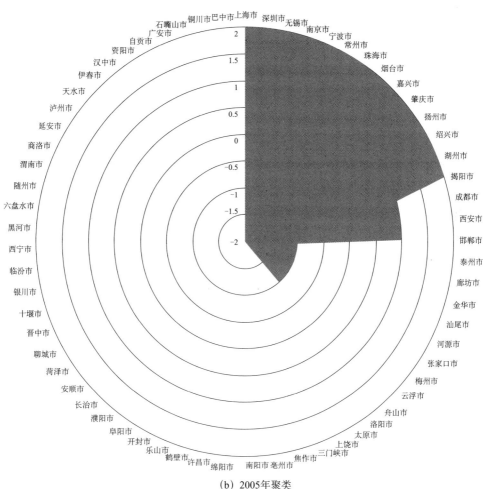

(b) 2005年聚类

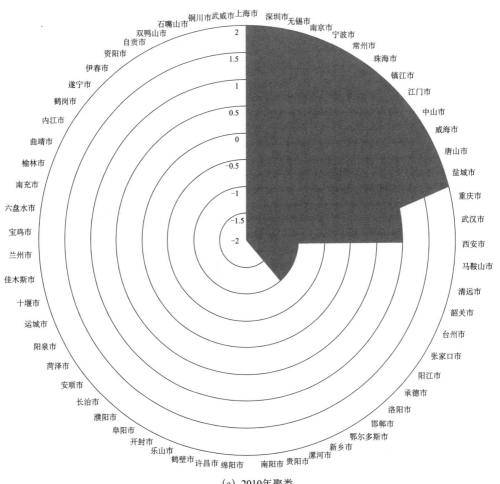

(c) 2010年聚类

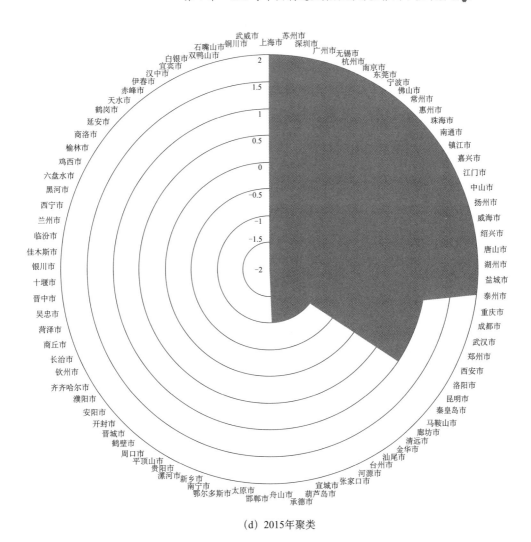

(d) 2015年聚类

图 4 - 6　FDI MORAN 显著性水平时序图

由此结论进行原因分析，反映出几个方面的问题。

首先，FDI 的分布受我国对外开放政策和国际形势的影响较大。东部沿海地区作为我国最早的对外开放地区，以区位、港口、政策、资源及劳动力等方面的优势获得了大量外资的青睐，在先发优势的作用下，FDI 在沿海地区形成了连续的分布带。在我国对外开放不断扩大的背景下，这一趋势没有减弱，反而得到了增强，表现在东部沿海地区的优势仍然突出，逐步放开的中西部地区的 FDI 分布中高值城市也大大增加。然而，FDI 更多受国际经济环境的影响。2008 年以前的东部沿海地区占据优势，且向中西部地区扩展，绝大部分受益于第四次产业转移浪潮。2008 年以后东部沿海存在吸引 FDI 弱化的趋势，则更多受当年席卷全球的金融危机的影响。在 2008 年金融危机之后，世界资本流动持续低迷萎缩，全球经济的缓慢复苏仍未带来资本流动的显著增加。在此情况下，我国特别是东部沿海地区吸引 FDI 受到的影响必然比较明显。闽粤地区承接了多数来自港澳台地区的投资，这些地区增速乏力也是导致闽粤地区引资弱化的重要原因。

其次，FDI 与我国制造业集聚分布具有空间上的趋同性，在一定程度上反映了我国制造业集聚与 FDI 有着密切的联系。具有空间显著性的我国制造业集聚主要集中于环渤海沿岸至广东沿海城市，FDI 也主要集中于该区域。沿海集聚城市多以外向型经济为主，早期流入我国的 FDI 大部分为要素导向型，即倾向于追逐我国具有成本优势的劳动力、土地和政策，在我国生产组装后再行出口，形成了原材料进口—东道国生产—产成品出口的产业链条和市场模式。这在一定程度上促进了我国制造业的发展，且在同类企业较多的地方形成了专业化的分工，产生了外部效应，形成了各种大小不一的产业集群，因此，我国的不少产业集聚不仅与制造业集聚有着密切的联系，且有产业集聚甚至是由 FDI 引导而成的。后续的 FDI 在先入 FDI 的示范效应下也会遵循相应的路径进入，形成了先入 FDI、制造业集聚与后续 FDI 进入的依赖路径。这对于产业集聚的发展有着积极的意义。因此也不难理解，随着我国中西部地区开放程度的加大，FDI 与制造业集聚在中西部的分布也随之增加。

最后，FDI 分布扩散与制造业集聚扩散趋同与差异，反映了 FDI 与制造业集聚的关联有可能存在质变。从 FDI 与制造业集聚分布的趋势来看，两者都有向中西部扩散的趋势，究其原因主要在于东部地区要素红利逐步消退，要素成本上升，政策优惠力度减轻，集聚亦可能产生拥挤效应，导致要素寻找型企业向要素成本更低的地区迁移，因此产生了同质的 FDI 与制造业集聚分布向中西部扩散的情况。另外，FDI 与制造业集聚的空间集聚也表现出一定的差异性，体现在 FDI 的热点区域为环渤海沿岸以南沿海地区，闽粤有热点减少的现象。我国制造业集聚的热点区域也是环渤海沿岸以南沿海地区，但主要集中在山东半岛以南的区域。空间显著相关的集中分布地也有所差异，FDI 显著相关区域为京津、长三角和珠三角；制造业集聚的显著地区为山东半岛、长三角和珠三角。热点趋同掩映下的差异性可能代表某些原热点地区 FDI 流入总量的减少，但不一定意味着这些区域对 FDI 的引力下降，这些差异极有可能是 FDI 的性质发生了改变引起的。表 4－2 列出 1999～2016 年流入我国不同行业的 FDI 占比，由此可见：流入我国的 FDI 主要为制造业与服务业 FDI；流入我国制造业的 FDI 占总 FDI 比重一度高达

71%，2005 年后比重逐步下降，2010 年已低于 50%；而服务业的比重则逐年上升，2011 年已突破了 50%，2014 年则突破了 60%，其中生产性服务业的占比逐步上升，超越了消费性服务业的占比。这个结构变化对 FDI 区域分布可能产生的影响为：原制造业 FDI 集中区域随着制造业 FDI 流入比例降低而出现弱化；原 FDI 热点高值地区由于制造业 FDI 的迁移和服务业 FDI 的流入而产生性质的转变，进而出现热点的减少；原非热点高值区由于禀赋条件、产业发展政策等与制造业 FDI 或者服务业 FDI 契合，逐步进阶为热点高值区。

表 4 - 2　　　　　　　　流入中国 FDI 的行业分布比重　　　　　　单位:%

年份	制造业	服务业				总计
		总计	生产性服务业	消费性服务业	公共性服务业	
2016	28.17	61.92	32.23	28.87	0.82	90.09
2015	31.32	64.26	29.75	33.40	1.10	95.58
2014	33.40	61.97	22.69	38.02	1.25	95.38
2013	38.74	56.31	19.17	35.50	1.65	95.06
2012	43.74	51.20	18.13	31.73	1.33	94.94
2011	44.91	50.21	16.07	32.78	1.36	95.12
2010	46.90	47.25	14.14	31.75	1.36	94.15
2009	51.95	42.79	14.42	27.34	1.03	94.74
2008	54.00	41.07	13.81	26.55	0.71	95.07
2007	54.66	41.44	11.62	28.80	1.03	96.09
2006	63.59	31.60	12.81	18.01	0.77	95.19
2005	70.37	24.72	11.82	12.06	0.84	95.10
2004	70.95	23.18	9.17	12.68	1.33	94.13
2003	69.03	24.90	2.57	17.78	4.55	93.93
2002	69.77	23.23	2.32	18.09	2.82	93.00
2001	70.59	20.21	2.37	15.49	2.36	90.80
2000	70.94	22.57	2.82	17.51	2.24	93.51
1999	56.06	29.34	3.85	22.58	2.91	85.40

资料来源：根据 2000 ~ 2017 年历年的《中国统计年鉴》计算而得。

　　由上述结果讨论可得，FDI 与我国制造业集聚有着密切的联系，在分布区域上也较为一致，强关联重叠区位于山东以南至广东的沿海地区。热点区域和空间相关显著性区域上的差异带来的新问题为：FDI 对制造业的空间集聚和扩散是否有影响？如果有，如何产生影响？FDI 性质变化是否仍然会对制造业集聚产生影响？为了进一步探讨这些问题，本章进一步通过建立空间统计模型对 FDI 与我国制造业集聚的联系问题进行深入探讨。

4.3 FDI 与中国制造业集聚关联的空间计量分析

许多研究表明，FDI 与产业集聚之间存在相互作用的关系。产业集聚通过集聚效应的发挥吸引 FDI 的流入，毛新雅和王桂新（2005）、刘荣茂和张羽翼（2007）均证实了对集聚区位选择的重要作用，黄和魏（Huang and Wei，2016）也认为 FDI 更倾向于流向集聚地。在 FDI 对集聚的影响方面，大部分研究认同 FDI 对集聚存在着促进效应，有的集聚本身还是由 FDI 引导形成的。陈和关（Chen and Kwan，1999）、方勇和张二震（2006）认为，FDI 特别是跨国直接投资对产业集聚的形成具有重要的促进作用。冼国明和文东伟（2006）、张宇和蒋殿春（2008）等认为，FDI 有力地促进了产业地理集聚。易会文、钱学锋和刘建明（2012）也认为，FDI 可以促进工业集聚；接玉芹（2016）则认为 FDI 是产业集聚的格兰杰原因。那么在流入我国的 FDI 产生变化的情况下，是否依然对制造业集聚有着促进的作用？在 FDI 与制造业集聚分布双双呈现新特点的情况下，现有具有显著空间关联的制造业集聚是否仍然受到 FDI 的影响？关于这些问题的探究对研究制造业集聚的内在演化机制是十分必要的。因而本节在现有研究的基础上结合前述 FDI 与我国制造业集聚分布变迁的研究，通过设立计量模型对两者进行进一步的关联研究。因为本书考察 FDI 在制造业集聚发展演化中的作用，所以本节关联研究主要分析 FDI 对制造业集聚的促进作用。同时，考虑到制造业集聚的特有的空间特征，关联研究将在建立空间计量模型的基础上进行。

4.3.1 空间计量模型的建立

制造业集聚和 FDI 的数据涉及空间位置的问题，将空间数据引入可以在地级及以上城市的面板数据的基础上加上相互距离的信息，使二维面板数据形成多维的面板数据，可以更好地反映空间依赖性与异质性等的空间效应。空间计量模型的前提是建立空间权重矩阵，测度是否存在空间自相关，只有存在空间自相关才能在此基础上采用空间计量模型进行衡量。本章 4.1 和 4.2 分别对中国制造业集聚和 FDI 进行了空间的相关分析，表明两者分别具有空间自相关性，因此可以进行空间计量分析。

在此空间计量分析中考察的对象为相应属性数据与相邻地区的空间依赖问题，这里的空间依赖问题指由于集聚而产生的相邻区域的空间关系，同时由于集聚效应的发挥具有一定的时滞性，因此采用空间自回归模型。该模型可以反映因变量——制造业集聚与相邻空间的关系，同时还可以刻画制造业集聚的滞后效应。同时，由于地级及以上城市 FDI 与中国制造业集聚相关数据是包含时间序列与多地市的面板数据，因而采用空间面板自回归模型。据此思路设立的模型如下：

$$Y_{it} = \rho_i \sum_{i \neq j}^{n} W_{ij} Y_{jt} + \beta X'_{it} + \mu_{it} + \varepsilon_{it} \qquad (4-9)$$

其中，W_{ij} 代表空间权重矩阵；μ_{it} 代表区域 i 的个体效应；ε_{it} 代表误差项。

4.3.2　变量的选择

（1）因变量的选择与度量

在因变量的选择上，以研究的主要对象——中国制造业集聚为因变量。在因变量的度量上，通过上述的分析表明区位熵能较好地反映我国制造业集聚的分布情况，因此以 1999～2015 年 264 个地级及以上城市的 LQ 进行量化度量。

（2）自变量的选择依据

自变量需要选择能够影响集聚的因素。不少研究对产业集聚的影响因素进行了探讨，比如，梁琦（2004）从基本因素、市场因素和知识溢出三个层面分析了产业集聚的影响因素，认为影响集聚的因素主要有运输成本、规模经济和范围经济、市场需求、关联与交易成本以及世界经济的影响；贺灿飞、潘峰华和孙蕾（2007）制造业日益集中度的原因主要在于经济全球化、比较优势和规模经济等；路江涌和陶志刚（2007）也证实溢出效应、运输成本和自然禀赋是影响行业集聚的重要因素；刘军和段会娟（2015）认为，市场规模、人力资本水平、工资成本和运输成本对产业集聚产生更为直接的影响。

综合以上研究，本书设立主要自变量和控制自变量。主要自变量从主要研究目的——FDI 对制造业集聚的影响出发，以 FDI 为主要自变量。控制变量上则选择可能对制造业集聚产生影响的因素，将这些主要因素分为市场规模、创新潜力、劳动力成本以及基础设施四个方面，据此作出如下假设。

H1：FDI 对我国制造业集聚有正向的促进作用。该正向作用体现在 FDI 引导产业转移，驱动出口导向型制造企业的集中和专业化分工的形成，推动空间集聚的产生；先入 FDI 带动后续 FDI 的进入，形成 FDI 进入集聚的依赖路径，通过技术外溢效应推动制造业集聚的发展。

H2：市场规模与制造业集聚显著相关。市场规模大的地方意味着消费者的市场集中，也易于吸引大量的企业，老练的买者有助于企业技术提升及开发新产品市场，因而市场规模能与市场和技术导向型的制造业集聚形成正显著相关。但出口与资源导向型制造业集聚的最终市场不在本地，因此市场规模并不能促进该类企业的集聚，相反可能因为引致面向本地消费者市场的企业而对集聚企业形成冲击，体现为负显著相关。

H3：创新潜力对制造业有着正向的促进作用，一地创新潜力越高，企业技术更新能力越高，制造业集聚的技术外溢效应越强，集聚的根植性和成长性越强。

H4：劳动力成本与制造业集聚有着反向的关联，劳动力成本越高，对于制造业特别是劳动密集型制造业的集聚影响越大，越不利于制造业集聚的发展。

H5：基础设施对制造业集聚有着正向关联，基础设施越高的地区，能为制造企业提供良好的交通、通信等便利，能为企业员工提供良好的生活服务，有利于制造业集聚的发展。

（3）自变量的设立及估计模型的建立

根据以上分析与假设设定的自变量如下。

①FDI 存量（fdis）。FDI 以外国直接投资的实际到资额为基础数据。然而，年到资额仅是一个流量的概念，先入的 FDI 仍然持续存在并发挥着效应。因此，需要将 FDI 年实际到资额流量换算成存量，采用永续盘存法进行换算。在此参考科（Coe，1995）、张天顶（2004）、彭建平（2014）等的方法，以 1999 年为基期，用基年实际利用外资额除以 10% 作为初始外资存量，以年均 10% 为折旧率，按各年货币兑换率换算成人民币计算，并以各个地级及以上城市的人均 GFP 指数进行平减，最后换算成 FDI 存量。

②人均地区生产总值（pergrp）。人均地区生产总值可以反映地区在经济增长过程中的消费能力，用以反映地区的市场规模。该变量以年末常住人口除以地级及以上城市人均地区生产总值而得，地区生产总值经由各地级及以上城市人均GDP 指数进行平减。

③每万人高等学校在校学生数（h）。高等学校在校学生数可以反映一地潜在的人才发展水平，是一地未来科技创新发展的重要储备资源，因此以年末总人口为底数，计算每万人高等学校在校学生数，作为创新潜力的重要衡量标准。

④科学事业费用支出占比（seg）。财政支出中的科学事业费用可以反映一地对科学事业的支持力度，是衡量一地科技创新发展的政策支持和投入力度的重要指标，因此以财政支出中科学事业费用占地级及以上城市 GDP 的比重作为创新

潜力的另外一个衡量标准。

⑤人均工资水平（perincome）。人均工资水平是衡量一地劳动力成本的直接指标，以在岗职工平均工资进行衡量。对此平均工资同样以地级及以上城市人均GDP 指数进行消胀平减。

⑥城镇化率（bd）。城镇化建设的进程代表城市基础设施的完善程度，也代表了城市的吸引力，适度的城镇化有利于提供良好的基础设施建设和公共服务，有利于吸引劳动力，为企业的生产提供便利，因此可以把城镇化的进程作为衡量基础设施完善程度的指标。城镇化的衡量本应通过一个综合的评价指标体系进行，但是本模型设立的影响变量较多，因而不再对城镇化率进行综合的评价。在城镇化率的衡量上采用较为常用的城镇土地利用比重法，该法适用于建市时间较长、较为成熟的城市，与本书的研究对象地级及以上城市相符。该变量以建成区面积占市辖区面积的比重进行衡量。

⑦人均道路实有铺装面积（perroad）。运输对制造企业至关重要，运输是否便利决定了产品运输成本的高低，是制造企业选址的重要考虑因素，也是基础设施建设的重要衡量指标。以人均占有道路铺装面积进行衡量，能反映一地交通设施的建设程度和拥挤程度。

⑧环境规制（er）。随着全球对生产环节中环境保护关注的提高、我国对环境保护力度的加强以及我国制造业向集约化生产转型的需要，绿色生产成为制造企业需要面对和攻克的难题。我国制造业集聚的地区为发展水平较快的地区，环境规制的措施更严厉，这也成为制造企业选址需要考量的重要成本因素。因此，在此模型中，特别加上了环境规制力度的自变量。考虑到数据的可获得性，本书以每平方公里二氧化硫排放量的变化趋势衡量不同地级及以上城市的环境规制力度。

将上述因变量与自变量代入空间计量模型式（4-9）中，得到的估计方程式如下：

$$lq_{it} = \rho_i \sum_{i \neq j}^{n} w_{ij}lq_{jt} + \partial fdis_{it} + \beta_1 pergrp_{it} + \beta_2 h_{it} + \beta_3 seg_{it} + \beta_4 perincome_{it}$$
$$+ \beta_5 bd_{it} + \beta_6 perroad_{it} + \beta_7 er_{it} + \mu_i + \varepsilon_{it} \tag{4-10}$$

4.3.3　数据处理及平稳性检验

（1）数据来源及处理

本节空间计量模型采用与前述制造业集聚和 FDI 分析相同的 264 个地级及以

上城市为研究区域，采用 1999~2015 年的空间面板数据进行分析，数据主要来源于 2000~2016 年历年的《中国统计年鉴》《中国区域经济统计年鉴》《中国城市统计年鉴》以及中经网数据库等。为了尽量避免出现异方差和共线性的情况，对所有的变量进行处理，取 ln 值。处理后数据的统计性描述如表 4 - 3。

表 4 - 3　　　　　　　　　　　变量统计描述

变量	观测组	均值	标准差	最小值	最大值
ln_ lq3	264	- 0.29399	0.823556	- 6.90776	2.450922
ln_ fdis	264	17.00181	3.299007	- 6.90776	21.89792
ln_ pergrp	264	8.911675	0.5963	3.754282	12.91892
ln_ h	264	3.58105	2.674601	- 6.90776	7.165255
ln_ seg	264	- 2.77759	1.296888	- 6.90776	1.422711
ln_ perincome	264	9.031632	0.292136	8.046704	11.24907
ln_ bd	264	1.645	1.080325	- 2.13147	4.980207
ln_ perroad	264	1.928936	1.111164	- 6.90776	4.685561
ln_ er	264	1.291959	1.317719	- 6.90776	4.383559

（2）面板数据平稳性检验

为了尽可能规避面板数据存在的伪回归情况，对其进行平稳性检验。根据选取的面板数据的大 N 小 T 特征，采用 LLC 检验、HT 检验、IPS 检验和 Fisher 检验四种方法进行平稳性检验，各检验结果如表 4 - 4 所示。表 4 - 4 显示，全部数据在 10% 的显著水平上拒绝存在单位根的原假设，97% 以上的数据在 0.00% 的水平上强烈拒绝存在单位根的原假设。可以据此认为所选取的数据，不存在伪回归的问题，具有平稳性的特征，适合进行回归分析。

表 4 - 4　　　　　　　　　面板数据平稳性检验结果

变量	LLC 检验	HT 检验	IPS 检验	Fisher 检验
ln_ lq3	- 1.2e + 02 (0.0000)	0.1873 (0.0000)	- 81.8584 (0.0000)	41.7392 (0.0000)
ln_ fdis	- 1.1e + 02 (0.0000)	0.3671 (0.0000)	- 1.5e + 02 (0.0000)	55.6700 (0.0000)
ln_ pergrp	- 9.4674 (0.0000)	0.4828 (0.0000)	- 4.3770 (0.0000)	26.4349 (0.0000)
ln_ h	- 66.9916 (0.0000)	0.4726 (0.0000)	- 67.6328 (0.0000)	82.3211 (0.0000)
ln_ seg	- 19.9235 (0.0000)	0.5428 (0.0000)	- 14.1955 (0.0000)	43.0645 (0.0000)
ln_ perincome	- 10.1715 (0.0000)	0.8127 (0.0255)	- 2.6966 (0.0035)	29.9274 (0.0000)
ln_ bd	- 19.7046 (0.0000)	0.6112 (0.0000)	- 10.0251 (0.0000)	39.6523 (0.0000)
ln_ perroad	- 1.0e + 02 (0.0000)	0.2777 (0.0000)	- 78.4712 (0.0720)	46.5588 (0.0000)
ln_ er	- 11.1810 (0.0000)	0.5753 (0.0000)	- 4.3525 (0.0720)	27.4121 (0.0000)

注：假设 "H_0：变量存在单位根"，括号中的数字为接受 H_0 的概率。

4.3.4　空间计量估计与结果

本节设立的空间计量模型为空间面板自回归模型，接下来对模型进行估计，考虑应选择混合模型、固定效应（FE）模型还是随机效应（RE）模型对变量的参数进行估计，为此需要对个体效应以及随机效应法进行检验。采用 Stata12 软件进行检验的结果均强烈拒绝"所有个体虚拟变量都为 0"和"不存在个体随机效应"的原假设，表明不应选择混合模型。再通过 Hausman 检验进一步判定应采用 FE 模型还是 RE 模型，结果显示 Chi^2 为 225.75，且在 0.00% 的显著水平上强烈拒绝原假设，因此，固定效应 FE 模型优于随机效应 RE 模型，适合采用 FE 模型进行估计。通过在估计模型中进行效应分析，除了得到一般估计结果以外，还能得到直接效应、间接效应和总效应的估计结果。计算结果如表 4 – 5 所示。由表 4 – 5 可得如下结论。

表 4 – 5　　　　　　　　　　　　空间计量回归结果

变量	Main 结果	LR_Indirect 结果	LR_Direct 结果	LR_Total 结果
lnfdis	0.06817 ** （0.0217507）	0.0675686 ** （0.0213976）	0.0181651 * （0.0085717）	0.0857337 ** （0.0270931）
lnpergrp	– 0.1864539 ** （0.0870937）	– 0.1872758 ** （0.0860452）	– 0.0502051 * （0.0300977）	– 0.2374809 ** （0.110045）
lnh	0.0030729 （0.0117039）	0.0033111 （0.0110256）	0.0007271 （0.0030708）	0.0040382 （0.0139202）
lnseg	– 0.0739256 *** （0.0130861）	– 0.0734363 *** （0.0126024）	– 0.0198947 ** （0.0080609）	– 0.093331 *** （0.0171922）
lnperincome	– 0.4267313 ** （0.137724）	– 0.432106 ** （0.1400728）	– 0.1179522 * （0.0604018）	– 0.5500582 ** （0.184519）
lnbd	– 0.108162 *** （0.0295258）	– 0.1084821 *** （0.0299524）	– 0.0294137 ** （0.0136634）	– 0.1378958 *** （0.0392726）
lnperroad	0.4079748 *** （0.0556237）	0.409223 *** （0.0518118）	0.1106328 ** （0.0412897）	0.5198558 *** （0.0715341）
lner	– 0.0059184 （0.0168317）	– 0.0064928 （0.0171603）	– 0.0017612 （0.0050601）	– 0.0082541 （0.0218972）
其他检验值	空间自回归系数	0.2105446 *** （0.0648825）	方差	0.1530963 *** （0.0181574）
	调整 R^2	0.5557	似然函数值	– 2 157.9335
	Hausma 检验	225.75［0.0000］	观测组	264

注：＊、＊＊、＊＊＊分别表示在 10%、5%、1% 的水平上显著，圆括号中的数字为标准差，方括号中的数字为接受零假设的概率。

第一，由空间计量结果所得的空间回归系数在 1% 的水平上显著为正，且各个自变量在直接、间接和总效应上的系数方向与显著性都非常一致。这表明制造业集聚与周边的区域存在显著的空间关系，采用空间面板自回归模型进行分析是合适的。无论是制造业集聚自身还是对制造业集聚产生影响的因素均会通过制造业集聚的空间关系产生作用，即在本地产生直接效应，与周边空间产生间接效应，直接效应和间接效应构成了总效应。

第二，主要自变量 FDI 存量的回归结果反映了 FDI 与制造业集聚之间存在着显著的正相关关系，表明 FDI 有利于促进我国制造业集聚的发展，且在空间上也存在正向显著的相关关系，反映了 FDI 有助于推动集聚外溢效应的发挥。从直接效应和间接效应来看，FDI 对制造业的直接促进作用大于间接促进作用，说明我国 FDI 通过直接作用于集聚而促进集聚效应的产生，并间接推动集聚的外溢。

第三，从反映市场规模的人均地区 GRP 变量来看，直接、间接和总效应均呈现出显著负相关，且直接效应的负显著性要强于间接效应，表明市场规模对我国制造业集聚起抑制作用。这说明我国制造业集聚不以本地市场为主要导向，市场规模大的地区并没有因此引致制造业的集聚；相反，市场规模大的地区却可能由于引致市场导向型的企业而对原集聚起反向的作用。由此也可以看出，与我国制造业集聚关联密切的 FDI 在很大程度上并非以市场导向为基础，出口导向型 FDI 占主要地位。

第四，从反映创新潜力的两个变量来看，万人在校学生数的影响不显著但系数为正，科学事业费用支出占比呈现显著负相关。这两个变量的回归结果说明创新潜力对我国制造业集聚没有促进作用，特别是其中对科学事业的投入水平制约了制造业集聚的发展，一方面反映了我国制造业集聚的创新水平需要提高，另一方面也反映了我国制造业集聚的创新潜力不强，政府对于科技投入的力度尚待提高，对人才的培养需要加强。

第五，从劳动力成本来看，人均工资水平呈负显著相关，说明工资成本对制造业集聚的影响是反向的，工资成本越低，对制造业集聚的发展越有利；相反，高工资水平会促使制造业集聚的扩散。此外，该结果也说明了我国制造业集聚更倾向于寻求较低劳动成本的区域。

第六，从反映基础设施的两个变量来看，城镇化进程与交通运输都呈现出显著相关，但是城镇化进程为负显著相关，交通运输为正显著相关。此结果表明，城镇化对制造业集聚有着显著的作用，但是，城镇化的程度越高则越容易引致人力、土地、生活服务等成本的上升，产生拥挤效应，不利于制造业集聚的发展。

而交通道路运输越发达，制造业企业的运输成本越低，则越有利于制造业集聚的发展。

第七，环境规制项对制造业集聚的影响并不显著，表明环境规制目前对制造业集聚的影响并不大。但其系数为负，说明随着环境规制力度的加强，可能会增加制造企业的环保成本，对于粗放生产的企业会有一定的影响。

4.3.5　结果讨论

空间计量研究的结果表明：①我国制造业集聚具有显著的空间关联效应，FDI 对制造业集聚具有显著的促进作用，且通过促进制造业集聚的发展间接促进了空间外溢效应的发挥；②市场规模与创新潜力对制造业集聚产生反向作用，说明我国的制造业集聚不以国内为主要市场，且制造企业的创新潜力不足，与制造业密切关联的 FDI 具有出口导向性，在一定程度上制约了制造企业的转型升级；③我国制造业集聚企业注重劳动力、土地、运输等成本，表明要素成本越具有优势的地区对制造企业越有吸引力。

进一步分析产生如上结果的原因可知，第一，FDI 与我国制造业集聚有着密切的关联。制造业集聚和 FDI 分布较为接近，具有空间关联的地域也比较接近，因此两者之间具有一定的同质性。改革开放以后，东部地区以先发优势，通过政策、土地、劳动力等优势率先吸引了大量 FDI 的进入，特别是 20 世纪 90 年代以后，恰逢第四次产业转移浪潮，美欧、东亚新兴经济体的产业向中国大陆地区转移，以拥有的资金与技术要素优势，与我国的土地、资源与劳动力优势相结合，促使东部地区形成了出口导向型的产业集中，在示范效应和外部效应作用下形成了制造业的集聚，比如江苏的轻纺生产集聚、福建的服装鞋业生产集聚、广东的电子生产集聚等。在此背景下，东部的集聚带有强烈的外向型特征，生产的产品以销往国外市场为主，因此表现为制造业集聚与 FDI 强关联，而与本土市场规模负关联。

第二，东部特别是环渤海沿岸至广东地区的沿海城市，外向型经济发展迅猛，带动了当地经济的率先发展，沿海地区的产业与配套服务也迅速发展起来，特别是交通运输事业得到了极大的发展，大幅降低了贸易和运输成本，打通了贸易与海外市场的通道，对 FDI 与制造企业产生了极大的吸引力，也极大地促进了集聚的发展。因此，道路运输与集聚表现出非常显著的正相关性。

第三，东部地区经济特别是集聚经济的发展，对周边地区特别是相邻省份的劳动力产生了巨大的吸引力，大量的劳动力往东部地区流动，看似造成了流出地劳动力的缺失，但是劳动力获得的收入报酬以及技术技能转化成流出地内在增长的潜力，使区际产业转移成为可能。因此，东部沿海地区的产业转移具备了地域和生产要素条件，使产业集聚的示范和外溢效应得以继续影响腹地经济，推动了相邻省市的发展。因此，集聚的地市与围绕集聚地市的空间关联效应和圈层结构十分明显。

第四，集聚经济的发展极大推动了城镇化的进程，在城镇化初期，其发展能促进基础设施的完善，且能通过良好的生活环境吸引更多的各层级劳动力，这都加大了集聚的引力。但是随着城镇化程度的提高，城镇的地价逐步提高，生活服务成本也日益提高，劳动力成本也会随之提高，此外，日益拥堵的人流与物流会大大增加企业的贸易运输成本，日益加强的环保力度也会提高企业的生产成本，这些都成为集聚的拥挤效应，对于追逐劳动、土地等生产要素的企业而言，原来具有的要素优势逐步减退，这将导致集聚的扩散。因此，城镇化、劳动力成本均和制造业集聚呈现负显著相关。

4.4 本章小结

本章以 264 个地级及以上城市为研究对象，收集 1999～2015 年的面板统计数据，通过空间统计分析拓展传统空间集聚测度的区位熵指数，对制造业集聚和 FDI 进行空间热点分析和局部自相关分析，探讨两者的区位变迁情况，随后建立空间计量模型，分析 FDI 对制造业集聚是否存在空间关联效应和促进作用。通过研究可得如下结论。

第一，以 2001 年和 2010 年为分界，制造业集聚经历了"分散—集聚—弱化"的过程，制造业集聚的高值核心区域经历了环渤海沿岸至广东沿海集聚到山东半岛至广东沿海集聚的重心转移。制造业集聚与 FDI 分布存在大幅重叠区域，受 FDI 影响的典型集聚区集中在东部沿海的山东、江苏、上海、浙江、福建和广东 72 个地级及以上城市中。

第二，在我国制造业集聚分布上产生变迁，流入我国的 FDI 在性质和地区产生变化的情况下，我国制造业集聚与 FDI 仍然有着密切关联。两者不仅在空间分布和圈层结构上具有一致性，通过面板数据进行的空间计量分析也进一步证实了 FDI 对我国制造业集聚的发展有着积极的推动作用。

第三，在制造业集聚形成的累积循环效应的惯性使然下，目前的制造业集聚核心地区仍然存在原有的特征，即以外向型发展为主，产品主要针对出口市场。

进入集聚地的企业和 FDI 也对传统生产要素成本（如土地和劳动力成本）更为敏感，传统要素导向型投资仍居于主要地位。对于新兴生产要素，如技术等的追逐并不是特别的突出。在这种情况下，一旦传统生产要素红利衰退，集聚的空间分散将无可避免。除此之外，城镇化进程不可避免，城镇化将扩大对以本地市场为导向的企业的进入，将对以国外市场为主的制造业集聚产生挑战。

制造业集聚对区域乃至我国经济的贡献毋庸置疑，其对周边地区的带动效应也通过实证得到了检验。那么，随之而来的问题是，在上述新形势下，该如何保有现有的制造业集聚，使之继续适应新的变化，发挥经济引擎的效应。这个问题的解决归根结底是制造业集聚如何转型升级的问题，因为只有转变原有追逐传统要素的路径，追求新技术等生产要素，实现创新升级，才能避免因传统要素红利缺失而引发的集聚分散。

鉴于 FDI 在集聚中的重要作用，进一步深入研究 FDI 如何作用于集聚的机制就显得十分必要，即：FDI 能否与集聚地企业融合以促进共同的成长？FDI 是否带来了更为先进的生产要素，并使之与集聚地企业融合以促进制造企业的转型升级？FDI 流入的生产性服务业能否与集聚地企业融合，形成新的产业形态，促使集聚向更高层级演化？对于这些问题的探究涉及企业和产业的跨界融合问题：集聚地的中外企业能否跨越企业边界实现技术产品的融合创新，非制造业 FDI 的流入能否促进中外企业跨越边界的产业融合，形成新的产业？而跨界融合的结果必然引致构成制造业集聚的企业生态发生变化。随着融合过程中先进水平企业的增多，集聚内的空间分布结构将产生变化。原有的集聚空间分布区位亦将产生变迁，是促使原集聚解散还是推动原集聚就地升级？抑或迁移形成新的集聚？这些问题的研究不仅探讨我国制造业集聚内在的转型升级，也探讨在与 FDI 跨界融合背景下集聚的聚合、根植或分散的走向。因此，本书的后续部分将继续以我国主要制造业集聚为研究目标，以产业融合为新视角，尝试揭示 FDI 与制造业集聚关联效应的内在机理与区位变迁的一般性规律，思考制造业集聚升级演化的方向，探讨推动 FDI 与制造业集聚正向演化的路径。

第 5 章

FDI 与中国制造业集聚技术融合分析

第 3 章对 FDI 与中国制造业集聚融合的阶段及其可能产生的空间演化进行了机理上的推导，从融合发展的阶段性特点来看，融合经历了技术、产品业务和市场融合三个重要发展阶段。为了对机理进行实证检验，本章研究开放条件下如何融合 FDI 的效应推动我国制造业的转型升级，归纳总结我国制造业集聚的演化发展规律，与第 6 章和第 7 章根据三个阶段的发展特征进行实证分析。

本章分析 FDI 与中国制造业集聚第一阶段技术融合的情况。技术融合阶段的特点体现为集聚中 FDI 知识溢出，与制造企业形成跨界的技术融合，实现新要素的优化组合，提高劳动生产率。新要素作用的发挥在此阶段起着重要的作用，衡量制造业集聚特别是与 FDI 密切关联的制造业集聚中新要素的作用，是衡量技术融合程度的重要指标。因此，本章将先从构建衡量新要素的指标开始，对制造业集聚中新要素的作用进行量化估计，而后通过建模分析 FDI 技术外溢效应在此过程中的作用，以反映 FDI 与制造业集聚的技术融合效应，并对两者技术融合中的影响因素进行分析。

5.1 FDI 影响下制造业集聚的技术进步

新要素是在传统生产要素基础上提出，除了资本与劳动力以外，还有其他要素将对经济增长产生贡献。新古典增长学派代表人物索洛（Solow, 1957）指出，除了劳动和资本贡献的投资以外，人力资本和技术进步等也会带来产出的额外增长，但这部分增长的贡献不能与劳动和资本的投入分开，故与劳动力和资本一起被称为综合要素生产率，这是"索洛剩余"的基本思想。本书所研究的新要素生产率、技术等新要素产生的进步就包含在"索洛剩余"中。因此，在柯布—道格拉斯生产函数的基础上，新古典增长学派对综合生产率进行了研究，频频关注全要素生产率（TFP）。全要素生产率用以衡量在劳动力、资本和土地等生产要素不变的情况下，产出仍然能够增加的部分，能对资本与劳动力的技术进步进行很好的量化考察。

产业集聚由于存在技术溢出和累积循环的机制，与 TFP 的相互关系也得到广泛的关注。主要的研究集中在产业集聚是否促进 TFP 的增长以及产业集聚中存在的对 TFP 的影响因素方面。研究普遍认为产业集聚能够促进 TFP 的增长，例如，范剑勇（2006）、张和奥克斯利（Chang and Oxley，2009）、周立新和毛明明（2016）等以及胡枚、刘春生和陈飞（2015）的研究都表明，制造业集聚对 TFP 有着显著的促进作用；张和奥克斯利（2009）认为，集聚中研发和技术创新的溢出；埃米尔（Ehrl，2013）认为，集聚中的知识溢出；范剑勇、冯猛和李方文（2014）指出集聚中技术效率改善和前沿技术进步是 TFP 增长的主要因素；周立新和毛明明（2016）认为，研发投入是促进集聚中 TFP 增长的主要因素。

因此，本节将从估计我国制造业集聚中的 TFP 入手，以 TFP 的发展情况，考察我国与 FDI 密切相连的制造业集聚是否能促进 TFP 的增长，可作为分析制造业集聚中技术进步情况的重要依据。

5.1.1　TFP 估计方法选择

（1）TFP 的估计思路

从柯布—道格拉斯生产函数出发，描述经济增长模型，该模型考虑了资本和劳动力投资的价格，不考虑土地的价格，因为土地的投资价格受异常增值的影响较大，且不如资本和劳动力的流动强。其模型基本形式为：

$$Y_{it} = A(t) L_{it}^{\beta 1} K_{it}^{\beta 2} e^{v_{it} - u_{it}} \qquad (5-1)$$

对方程两边取对数后，令：

$$u_{it} = e^{-\eta(t-T)} \mu_i \qquad (5-2)$$

则：

$$TFP_{it} = e^{-u_{it}} \qquad (5-3)$$

其中，Y 表示制造企业产值；A（t）表示综合技术水平；L 表示劳动力投入数量；K 表示固定投入数量；v_{it} 表示不可控因素产生的随机误差，服从正态分布；u_{it} 表示生产无效率项，u_i 服从非负的单侧正态分布；T 表示总时期数；TFP_{it} 表示 i 行业 t 年的全要素生产效率；i、t 分别表示行业和年份；β、μ、η 均表示待估参数。

（2）TFP 估计方法

在 TFP 的估算上，目前采用的方法众多，确定性方法有数据包络法、无成本处置壳方法，计量中较常使用的有参数法、半参数法以及工具变量法等。各种方法的估计各有优缺点，鲁晓东和连玉军（2012）对各种方法进行了详尽的比较，特别是对各种方法的适用范围提出了看法，并对各种不同计量方法估算的结果进行了比较。结果表明，针对宏观数据的估计较适用参数法，针对微观数据的估计较适用半参数法。本书以地级及以上城市为单位进行研究，采用的数据以宏观面板数据为主，以估计生产函数的随机前沿模型进行参数估计。

5.1.2 TFP 估计模型的建立及数据处理

（1）TFP 估计模型的设立

TFP 的估计模型设立以上述柯布—道格拉斯和索洛残差法为基础，借鉴张军等（2003，2009）、郭庆旺和贾俊雪（2005）的研究方法，将 TFP 生产率分解为四个部分：技术进步（TC_{it}）、技术效率（TEC_{it}）、规模效应（SEC_{it}）和要素配置效率（$FAEC_{it}$），通过如下超越对数的随机前沿生产函数模型（SFA）进行估计：

$$\ln adi_{it} = \beta_0 + \beta_t t + \beta_k \ln k_{it} + \beta_l \ln l_{it} + \beta_{tk} t \ln k_{it} + \beta_{tl} t \ln l_{it} + \beta_{kl} \ln k_{it} \ln l_{it}$$
$$+ \beta_{tt} t^2 + \beta_{kk} (\ln k_{it})^2 + \beta_{ll} (\ln l_{it})^2 - u_{it} + \varepsilon_{it} \qquad (5-4)$$

其中，adi_{it} 以工业增加值表示制造业产值；K_{it} 表示固定资产投入；L_{it} 表示劳动力投入；ε_{it} 表示误差项。

通过对 SFA 的参数估计，可得：

$$\partial_{itk} = \beta_k + \beta_{kk} \ln k_{it} + \beta_{tk} t + \beta_{kl} \ln l \qquad (5-5)$$

$$\partial_{itl} = \beta_t + \beta_{ll} \ln l_{it} + \beta_{tl} t + \beta_{kl} \ln k \qquad (5-6)$$

则：

$$TC_{it} = \beta_t + t \beta_{tt} + \beta_{tk} \ln k_{it} + \beta_{tl} \ln l_{it} \qquad (5-7)$$

$$TEC_{it} = \eta u_{it} \qquad (5-8)$$

$$SEC_{it} = (RTS_{it} - 1) \sum_{j=1}^{2} \lambda_{itj} x_{itj} \qquad (5-9)$$

$$FAEC_{it} = \sum_{J=1}^{2} (\lambda_{itj} - S_{itj}) \qquad (5-10)$$

其中：

$$RTS_{it} = \sum_{j=1}^{2} \partial_{itj} \qquad (5-11)$$

$$\lambda_{itj} = \partial_{itj} / RTS_{it} \qquad (5-12)$$

其中，S_{itj} 表示 t 时刻要素 j 的实际成本占 i 行业总成本的份额。

（2）数据来源及处理

该 SFA 模型涉及三个主要变量，即工业增加值（adi_{it}）、固定资产投入（k_{it}）与劳动力（l_{it}）。这三个主要变量均以价格进行衡量，需要进行必要的处理使其具有可比性。

关于工业增加值（adi_{it}）的采用，是为了使模型能更为接近制造业集聚的实际情况，更能反映生产要素在 TFP 中所起的作用，因此，本书以工业增加值（adi_{it}）代替总产出。工业增加值是工业企业在一定时期内以货币表现的生产活动的成果，以工业企业全部总产出扣除生产中消耗的物质产品与劳务价值之后的余额，一般以生产法或收入法进行统计。考虑到数据的可得性，本书采用收入法进行衡量。收入法计算的工业增加值是劳动者报酬、折旧、税金和利润四个部分的总和，均以各地级及以上城市人均 GDP 进行平减。

在固定资产投入（k_{it}）的数据处理上，由于固定资产投入生产后，除了折旧消耗以外，剩余的部分仍然持续存在并发挥着效应，所以应将其流量数据换算成存量数据，本书采用永续盘存法对其进行换算。在此参考刘建国和李国平等（2014）、范剑勇和冯猛等（2014）的方法，以 1999 年为基期，用基年固定资产投资额除以 10% 作为初始固定资产存量。在折旧率的处理上，由于历次投入产出表上反映的各行业固定资产折旧率的平均数均较为接近 6%，因此以年均 6% 进行折旧核算；同时，以各个地级及以上城市的人均 GDP 指数对其进行平减，最后换算成固定资产投资存量。

在劳动力投入（k_{it}）的数据处理上，以劳动力工资总额进行衡量，同样以各个地级及以上城市的人均 GDP 指数进行平减。

本节 TFP 计量估计采用与前述制造业集聚和 FDI 分析相同的 264 个地级及以上城市为研究区域，采用 1999～2015 年的面板数据进行分析，数据主要来源于 2000～2016 年历年的《中国统计年鉴》《中国区域经济统计年鉴》《中国城市统计年鉴》以及 2002 年、2007 年、2012 年的《中国投入产出表》等。数据整理后的统计性描述见表 5–1。

表 5–1　　　　　　　　　　　　　　　变量统计描述

变量	观测组	均值	标准差	最小值	最大值
lnadi	264	13.67058	0.9950218	10.5703	18.49662
lnk	264	16.39237	0.9893249	13.18855	21.27806
lnl	264	11.23448	1.089392	7.003066	14.86923

（3）面板数据平稳性检验

为了避免面板数据可能存在的伪回归现象，有必要对其进行平稳性检验。就选取面板数据大 N 小 T 的特征，本书采用 LLC 检验、Fisher 检验和 Hardri LM 三种方法，以保证检验结果的有效性，运用 Stata12.0 进行检验，各检验结果如表 5 -2 所示。表 5 -2 显示，接近 90% 的数据在 0.0000 的显著水平上拒绝存在单位根的原假设。因此，可以认为所选取的数据具有平稳性的特征，不存在伪回归的问题，可以进行回归分析。

表 5 -2　　　　　　　　　面板数据平稳性检验结果

变量	LLC 检验	Fisher 检验	Hardri LM 检验
lnadi	12.0029（1.0000）	13.9327（0.0000）	25.1455（0.0000）
lnk	12.8843（0.0000）	10.2688（0.0000）	25.4676（0.0000）
lnl	-7.7777（0.0000）	26.0187（0.0000）	18.5720（0.0000）

注：假设"H_0：变量存在单位根"，括号中的数字为接受 H_0 的概率。

5.1.3　SFA 估计及结果

在 SFA 面板数据模型的估计中，无效率项 u_i 的估计尤为重要。若估计的 u_i 为负，则说明技术效率不随时间而变，则估计方法与线性面板模型一致；若估计的 u_i 为正，说明技术效率随时间而变，则需按时变衰减模型进行估计。因此，在此 SFA 估计中，本书先以固定效应 LSDV 法对个体效应进行检验，确定存在个体效应后，再采用极大似然估计法 MLE 法测算 u_i，而后考虑是否需要估计时变衰减模型，本估计采用 Stata12.0 软件进行运算。

（1）LSDV 估计

采用固定效应 LSDV 法，应先假定技术效率不随时间而变。由于面板涉及 264 个地级及以上城市，因此有必要对其的个体效应进行估计，即引入（n-1）个地级及以上城市个体虚拟变量进行最小二乘法 OLS 估计，估计的结果如表 5 - 3 所示。

表 5 -3　　　　　　　　　LSDV 计量结果

变量	计量结果	变量	计量结果
t	-0.0018961(0.001662)	tlnl	0.0006085 ***(0.0001141)
lnk	0.7481779 ***(0.0290172)	t^2	-0.0000901 **(0.0300977)
lnl	0.3682846 ***(0.0461551)	lnk^2	0.0565134 ***(0.0058282)
lnklnl	-0.0667452 ***(0.0068207)	lnl^2	0.0718198 ***(0.006369)

续表

变量	计量结果	变量	计量结果
tlnk	-0.0001872(0.000149)	截距项	-2.531331 *** (0.2125002)
Prob > F	0.0000	R^2	0.9997
观测组	264 个	均方根误差	0.01658
个体虚拟变量	1% 水平上显著	5% 水平上显著	10% 水平上显著
263 个	227 个	241 个	249 个

注：*、**、***分别表示在10%、5%、1%的水平上显著，圆括号中的数字为标准差。

表 5 - 3 显示，估计模型的 P 值为 0.0000，拟合优度为 0.9997，表明模型十分显著。263 个虚拟变量中在 1% 水平上强烈拒绝原假设的达到 227 个，5% 水平上的达到 241 个，10% 水平上的达到 249 个，说明存在较为显著的个体效应。

（2）MLE 模型估计

接下来，本部分通过极大似然法（MLE）对 SFA 模型进行参数估计，考察技术效率不随时间变化的情况，结果如表 5 - 4 所示。MLE 估计模型的 P 值为 0.0000，Wald 检验值也大于零，模型估计的效果非常显著，gamma 值在 0.5 以上，表示模型估计误差主要是由生产技术的非效率造成的，因而采用随机前沿模型进行估计是合适的。因此可以在此模型的基础上对无效率项 u_i 进行估计。估计结果反映，u_i 为正，且面板数据选择的时间跨度较长，为 17 年，因此还需通过实变衰减模型对 SFA 进行估计。

表 5 - 4　　　　　　　　　　MLE 模型计量结果

变量	计量结果	变量	计量结果
t	0.0009648(0.001174)	tlnl	0.0005149 *** (0.0000938)
lnk	0.6821676 *** (0.0176754)	t^2	-0.0000859 ** (0.0000253)
lnl	0.3400176 *** (0.0113524)	lnk^2	0.0591043 *** (0.0015699)
lnklnl	-0.0643243 *** (0.001177)	lnl^2	0.0708982 *** (0.001034)
tlnk	-0.000304(0.0001059)	截距项	-1.816491 *** (0.7211933)
mu	0.1114043(0.7093916)	$lnsigma^2$	-7.345875 *** (0.0546988)
ilgtgamma	0.292045 *** (0.0977646)		
Prob > chi^2	0.0000	最大似然函数值	11 604.673
观测组	264 个	Wald 值	1.63e + 06
gamma	0.5724967	$sigma^2$	0.0006452
$sigma\_u^2$	0.0003694	$sigma\_v^2$	0.0002758

注：*、**、***分别表示在10%、5%、1%的水平上显著，圆括号中的数字为标准差。

（3）时变衰减模型估计

通过随机效应的时变衰减模型对 SFA 进行估计，计量结果见表 5 – 5。表 5 – 5 显示，P 值为 0.0000，Wald 检验值也大于 0，gamma 值达到 0.7，表明 SFA 估计的效果十分显著。代表 η 的 eta 值为负，却在 1% 的水平上显著相关，说明技术效率随时间而变，因此应以时变衰减模型估计的参数作为计算 TFP 的参数。将表 5 – 5 估计的结果代入式（5 – 7）~ 式（5 – 10）中，计算 TFP 的分解值，而后将 TC、TEC、SEC、FAEC 四个分解值相加，可得 264 个地级及以上城市的 TFP 值（见附表 2）。

表 5 – 5　　　　　　　　　　　　时变衰减模型计量结果

变量	计量结果	变量	计量结果
t	0.0054566 *** (0.0013552)	tlnl	0.000696 *** (0.0000906)
lnk	0.6488126 *** (0.0146598)	t^2	0.0000703 * (0.0000392)
lnl	0.3615861 *** (0.0113037)	lnk^2	0.0632285 *** (0.001451)
lnklnl	– 0.0671838 *** (0.0011426)	lnl^2	0.0729302 *** (0.0010311)
tlnk	– 0.0005521 (0.0001117)	截距项	– 1.705769 *** (0.0992066)
mu	0.1381263 *** (0.0163386)	eta	– 0.0371293 *** (0.0031736)
$ilgtgamma^2$	– 6.999141 *** (0.0713563)	$lnsigma^2$	– 7.345875 *** (0.0546988)
ilgtgamma	0.292045 *** (0.0977646)		
Prob > chi^2	0.0000	最大似然函数值	11 671.685
观测组	264 个	Wald chi^2	1.72e + 06
gamma	0.7077083	$sigma^2$	0.0009127
sigma_u^2	0.0006459	sigma_v^2	0.0002668

注：*、**、***分别表示在 10%、5%、1% 的水平上显著，圆括号中的数字为标准差。

5.1.4　全国与制造业集聚典型区的 TFP 对比

（1）全国与典型区 TFP 对比

在运用超越对数随机前沿生产函数对 264 个地级及以上城市的 TFP 进行估计后，本部分将全国与典型制造业集聚区的 TFP 进行对比，用以反映 FDI 影响的制造业集聚区 TFP 的发展情况。在典型集聚区的选择上，为了便于计算与比较，本部分采用第 4 章研究的结果，将典型集聚区按行政区划划入省份中，主要的典型集聚区集中于山东、江苏、上海、浙江、福建与广东，共计 72 个地级及以上城市。分别就各个年份取全部 264 个地级及以上城市以及 72 个典型集聚区的均值进行比较，可生成折线图 5 – 1。

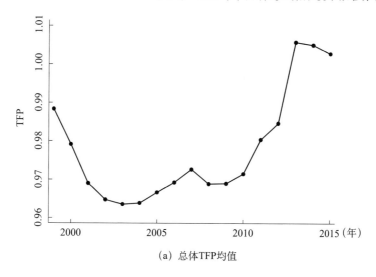

(a) 总体TFP均值

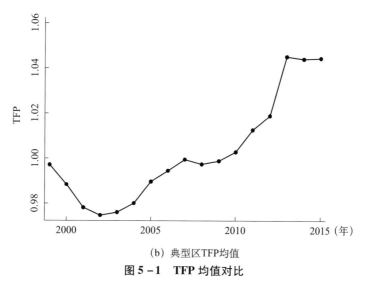

(b) 典型区TFP均值

图 5-1　TFP 均值对比

　　整体和典型区的比较反映出以下几个问题:第一,受 FDI 影响的典型制造业集聚区的总体 TFP 水平大于全地区的 TFP 水平,侧面反映了与 FDI 密切相关的制造业集聚对 TFP 的推动作用。第二,每次大规模的金融动荡均对 TFP 产生了影响,1997 年亚洲金融危机以及 2008 年世界金融危机后 TFP 均有一定幅度的下挫,说明我国 TFP 的发展受世界经济环境的影响较大。第三,1997 年金融危机后 TFP 下挫的幅度明显较大,2001 年加入 WTO 后,除了受 2008 年金融危机的影响出现小幅下挫以外,我国的总体 TFP 一直处于上升的态势中,且 2010 年我国与东盟构建中—东盟自由贸易区成立后,TFP 的增速明显进一步提高,表明随着我国开放程度的扩大,世界市场合作加强,引入 FDI 的来源扩大,对 TFP 的

增长有着更为积极的推动作用。第四，典型集聚区的上升态势更为平稳，表明
FDI 与制造业集聚形成了某种程度的良性发展，促进了 TFP 的高速稳定增长。

（2）TFP 分解后的全国与典型区的比较

为了更进一步讨论技术、效率、规模经济和资源配置对 TFP 的贡献，进而研究
受 FDI 影响的典型集聚区是否通过技术进步促进生产效率的提高。为此本书进一步对
分解的 TFP 进行比较。上述研究已将 TFP 分解成 TC、TEC、SEC 和 FAEC 四个部分。
其中，TEC 技术效率代表技术可以改善的余地，因为该 TEC 是通过 u_i 与 η 的乘积进
行测算，可以反映各个地区不同的技术效率改善余地，但是不能反映年度变化的情
况。因而在此仅对 TC、SEC 以及 FAEC 进行比较。同样，对全国 264 个地级及以上城
市和典型区 72 个地级及以上城市取年度均值，形成折线图 5 - 2 ~ 图 5 - 4。

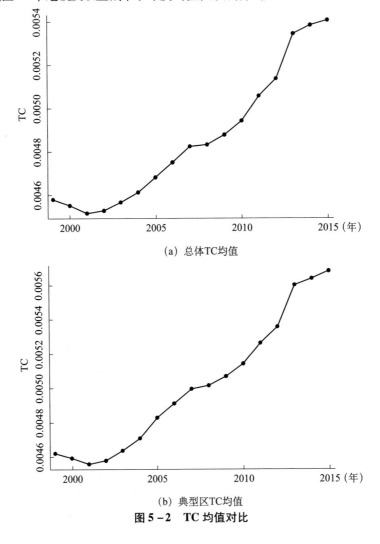

（a）总体TC均值

（b）典型区TC均值

图 5 - 2　TC 均值对比

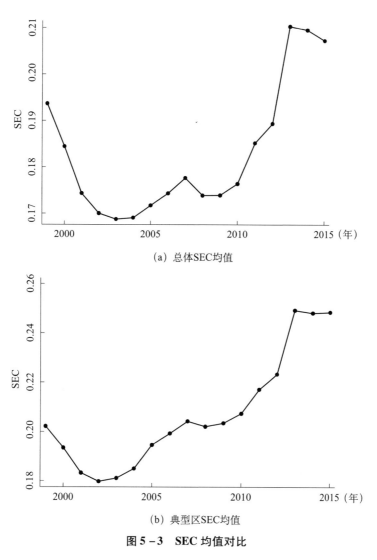

（a）总体SEC均值

（b）典型区SEC均值

图 5 - 3　SEC 均值对比

①TC（技术进步）对比。全地区和典型区的 TC 折线图反映，两者的技术进步增长都较为迅速，不同之处在于：第一，受 FDI 影响的典型集聚区 TC 的水平和进步速度要高于全国平均水平，侧面反映 FDI 与制造业集聚对技术进步有促进作用。第二，典型集聚区在 1997 年和 2008 年金融危机的影响下，TC 下挫的幅度小于全国 TC 下降的幅度，表明受 FDI 影响的制造业集聚内部形成的累积循环效应，即使受到外部经济环境巨变的冲击，仍然能够积极地进行调节，侧面反映了技术融合的基础较好。

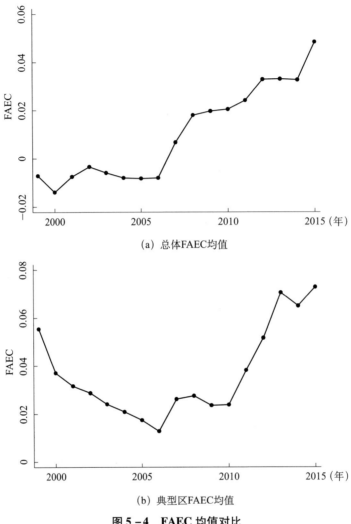

(a) 总体FAEC均值

(b) 典型区FAEC均值

图 5-4　FAEC 均值对比

②SEC（规模效应）对比。SEC 均值对比图也反映出：第一，受 FDI 影响的典型集聚区 SEC 的水平高于全国平均水平，增速上也高于全国水平。第二，典型集聚区受金融危机影响的波动幅度远远低于全国水平，说明集聚存在着规模效应，而此规模效应的形成与 FDI 有着密切的关系，且有利于促进制造业集聚技术的进步。

③FAEC（要素配置效率）对比。FAEC 均值对比图反映，受 FDI 影响的典型制造业集聚区的 FAEC 水平仍然高于全国平均水平，增速也较全国水平快。然而，FAEC 均值与前述 TC 与 SEC 走势不同之处在于：第一，全国和典型区的 FAEC 以 2006 年为明显的分界点，2006 年之前处于下降期，2006 年以后呈现迅

速上涨。第二，全国 FAEC 2006 年前下降的幅度低于典型集聚区，且加入 WTO 的 2001 年前后还经历了小幅的上扬，而在 2008 年金融危机前后仍处于小幅的增长中；反观典型区 FAEC，2006 年以前处于集聚的下降中，2006 年后的增长十分迅速，2008 年后有小幅的下降之后又进入快速增长区。此情况反映，要素优化配置方面存在着一定的滞后性，经济发展水平较高的地区通过要素重新优化配置促进效率提高的时间越长。制造业集聚区是我国经济发展水平较高的地区，其先于我国其他地区发展的优势使其在改革开放后率先发展起来，在此基础上要获取进一步发展的难度更高，因此要素重配需要的时间也较长，但要素重配成功后产生的效率增速也较快。这些情况也在某种程度上反映了 FDI 与制造业集聚之间可能存在技术融合，该技术融合又通过集聚规模效应和累积效应的发挥进一步促进了要素的优化组合，推动了效率的提高。

5.1.5　小结

本节通过超越对数前沿生产函数设立面板随机前沿模型，运用 1999～2015 年的面板数据，对 SFA 进行时变衰减模型估计，在估计的结果上测算全国 264 个地级及以上城市的 TFP，并就全国与受 FDI 显著影响的 72 个典型地级及以上城市制造业集聚区的 TFP 以及 TFP 分解的 TC（技术进步）、SEC（规模效应）、FAEC（要素配置效率）进行了对比。该研究的目的在于通过 TFP 研究受 FDI 影响的典型制造业集聚区是否存在技术进步，是下面研究 FDI 与制造业集聚是否实现技术融合及形成网络创新效应的基础。研究结果显示：①受 FDI 影响显著的典型制造业集聚区的 TFP 及其分解的 TC、SEC 与 FAEC 的水平高于全国平均水平，增速也快于全国平均水平，侧面反映了 FDI 与制造业集聚对技术进步的促进作用。②我国的 TFP 发展受世界经济环境的影响较大，且开放的程度越高越能促进我国 TFP 的发展，因此，FDI 对我国与之密切关联的制造业集聚的技术进步有着不容忽视的作用。③受 FDI 影响显著的制造业集聚在规模效应和累积循环效应的作用下，其制造业集聚的 TC 与 SEC 都处于较高的水平，反映了 FDI 与制造业集聚中不仅存在着技术外溢效应，也可能存在 FDI 与集聚地制造企业的技术融合。④FAEC 的分析明显反映要素配置存在着时滞性，典型区由于经济发展水平较高、技术效率较高，要素配置促进效率提高所需的时间更长，但要素配置对效率的促进作用也更为明显。

综合上述分析来看，受 FDI 影响的典型制造业集聚区对 TFP 有着显著的促进作用，FDI 很可能不仅产生溢出效应，还与集聚地企业产生技术融合。为了进一步证实技术外溢是否由 FDI 产生，FDI 与制造业集聚是否产生了技术融合，下面将继续建立模型对此进行实证检验。

5.2 FDI 对中国制造业集聚的技术外溢效应

前面就 TFP 进行了测算和对比分析，反映了 FDI 对制造业集聚可能存在的技术溢出效应，为了进一步证实是否存在溢出效应，本节进一步对此进行实证分析。本节首先将 FDI 与 LQ 嵌入超越对数生产函数模型，分析 FDI 与制造业集聚是否如设想的对 TFP 产出产生显著的影响，而后通过建立面板回归模型，分析 FDI 是否对制造业集聚产生技术溢出的效应。

5.2.1 FDI 与 LQ 嵌入 SFA 模型

上述对全国与典型集聚区的 TFP 分析认为，FDI 与 LQ 可能对 TFP 产生显著的促进作用，但是仍然需要通过实证检验才能证实这一假设，因此，本部分在超越对数生产函数的基础上将 FDI 与 LQ 嵌入此函数，进行进一步的实证检验。

（1）估计模型的设立与运算

考虑到集聚可能存在的滞后效应以及 FDI 可能通过集聚间接发生效应，本部分以 LQ 滞后一期作为滞后项设立动态效应模型，同时设立 FDI 与 LQ 的交叉项以反映 FDI 通过集聚产生的间接效应。而后分别设立 LQ 嵌入模型如式（5-13）所示、FDI 嵌入模型如式（5-14）所示、LQ 与 FDI 交叉嵌入模型如式（5-15）所示，用于考察 FDI 对典型集聚区 TFP 的影响。设立的模型公式如下：

$$lnadi_{it} = \beta_0 + \beta_t t + \beta_k lnk_{it} + \beta_l lnl_{it} + \beta_{tk} tlnk_{it} + \beta_{tl} tlnl_{it} + \beta_{kl} lnk_{it} lnl_{it}$$
$$+ \beta_{tt} t^2 + \beta_{kk} (lnk_{it})^2 + \beta_{ll} (^1 nl_{it})^2 + lnlq_{it} + lnlqt_{it} - u_{it} + \varepsilon_{it} \qquad (5-13)$$

$$lnadi_{it} = \beta_0 + \beta_t t + \beta_k lnk_{it} + \beta_l lnl_{it} + \beta_{tk} tlnk_{it} + \beta_{tl} tlnl_{it} + \beta_{kl} lnk_{it} lnl_{it}$$
$$+ \beta_{tt} t^2 + \beta_{kk} (lnk_{it})^2 + \beta_{ll} (lnl_{it})^2 + lnfdis_{it} - u_{it} + \varepsilon_{it} \qquad (5-14)$$

$$lnadi_{it} = \beta_0 + \beta_t t + \beta_k lnk_{it} + \beta_l lnl_{it} + \beta_{tk} tlnk_{it} + \beta_{tl} tlnl_{it} + \beta_{kl} lnk_{it} lnl_{it} + \beta_{tt} t^2$$
$$+ \beta_{kk} (lnk_{it})^2 + \beta_{ll} (lnl_{it})^2 + lnlq_{it} + lnlqt_{it} + lnlq_{it} lnfdis_{it} - u_{it} + \varepsilon_{it}$$

$$(5-15)$$

据此公式运用 Stata12.0 进行随机前沿面板时变衰减模型，采用以 264 个地级及以上城市 1999 ~ 2015 年的面板数据进行估计，以货币计价数据进行平减，FDI 通过永续盘存法换算成存量数据，得到的估计结果见表 5-6。三个模型的估计结果显示，P 值均为零，Wald 值均大于零，gamma 值也均大于 0.7，除了极个别变量，绝大部分变量的回归结果呈现出显著相关，说明估计方法选择正确，估计结果良好，具有显著的统计意义。

表 5 – 6　　　　　　　嵌入 LQ 与 FDI 后的时变衰减模型计量结果

变量	LQ 嵌入模型	FDI 嵌入模型	交叉项嵌入模型
t	0. 0040957 ** (0. 0013661)	0. 0055236 *** (0. 0013603)	0. 0041889 ** (0. 0013697)
lnk	0. 7068444 *** (0. 0132092)	0. 6466343 * (0. 0147054)	0. 7049075 *** (0. 0131752)
lnl	0. 2848605 *** (0. 0107129)	0. 3588394 *** (0. 0113249)	0. 2819585 *** (0. 0107317)
lnklnl	− 0. 0549065 *** (0. 0011056)	− 0. 067141 *** (0. 0011438)	− 0. 0547281 *** (0. 001105)
tlnk	− 0. 0006359 *** (0. 0001108)	− 0. 0005475 *** (0. 0001113)	− 0. 0006562 *** (0. 0001113)
tlnl	0. 0008711 *** (0. 0000875)	0. 000694 *** (0. 0000902)	0. 0008929 *** (0. 0000878)
t^2	0. 0002638 *** (0. 0000472)	0. 0000427 *** (0. 0000396)	0. 0002635 *** (0. 0000476)
lnk^2	0. 0514562 *** (0. 0013696)	0. 0633287 *** (0. 0014524)	0. 0514476 *** (0. 0013665)
lnl^2	0. 0614466 *** (0. 0010024)	0. 0731208 *** (0. 0010313)	0. 0614167 *** (0. 001001)
lnlq	− 0. 0004581 (− 0. 0004581)		− 0. 0003639 (0. 0003973)
lnlqt	0. 0033335 *** (0. 0007473)		0. 0024328 *** (0. 0007978)
lnfdis		− 0. 000501 *** (0. 0001215)	
lnlqlnfdis			0. 0001012 *** (0. 0000319)
截距项	− 1. 75535 *** (0. 0851978)	− 1. 662374 *** (0. 1003401)	− 1. 721526 *** (0. 0853956)
mu	0. 1437365 *** (0. 0151682)	0. 1390093 *** (0. 0178528)	0. 1431255 *** (0. 0152879)
eta	− 7. 021955 *** (0. 0756887)	− 0. 0360047 *** (0. 0031432)	− 0. 0507897 *** (0. 0030325)
$lnsigma^2$	− 7. 021955 *** (0. 0756887)	− 6. 998009 *** (0. 0718435)	− 7. 02125 *** (0. 0757368)
ilgtgamma	1. 280531 *** (0. 0995076)	0. 8930082 *** (0. 1038616)	1. 284391 *** (0. 0994871)
gamma	0. 7825401	0. 7095106	0. 7831963
Prob > chi^2	0. 0000	0. 0000	0. 0000
最大似然函数值	11 605. 482	11 680. 138	11 610. 514
Wald chi^2	2. 49e + 06	1. 67e + 06	2. 51e + 06
观测组	264 个	264 个	264 个

注：*、**、*** 分别表示在 10%、5%、1% 的水平上显著，圆括号中的数字为标准差。

（2）估计结果分析

从表 5 – 6 的估计结果可知：第一，LQ 嵌入模型中，制造业集聚的系数并不显著，但制造业集聚的滞后项呈现出显著正相关。此结果表明，制造业集聚对于推动 TFP 的发展具有一定的滞后性。此滞后性恰与集聚通过外部性的发挥促使知识溢出、推动要素整合，从而促进技术进步、推动生产效率的提高这一机制相符，表明制造业集聚对 TFP 有积极的推动作用。第二，FDI 嵌入模型估计结果显示，FDI 对 TFP 的发展呈现显著的反向相关，说明 FDI 并非通过自身促进 TFP 的增长，而是需要具备有一定的条件才能对 TFP 的增长起积极的作用。第三，FDI 与 LQ 交叉项嵌入模型估计结果显示，制造业集聚和交叉项呈现显著的正相关。这表明 FDI 通过制造业集聚对 TFP 产生积极的影响。即 FDI 通过与制造业集聚的关联，产生知识溢出与扩散效应，促进制造业整体技术的提升，而后推动了 TFP 的发展。

综上所述，通过嵌入 SFA 模型可知，制造业集聚通过其特有的累积循环效应促进要素的优化配置，直接推动 TFP 的发展。FDI 与制造业集聚密切关联，通过作用于制造业集聚间接推动 TFP 的发展。

5.2.2　FDI 的技术外溢效应

前述研究表明，FDI 通过制造业集聚间接推动 TFP 的发展，然而 TFP 代表的是全要素生产率，并不能将 TFP 等同于技术进步，仍需进一步研究 FDI 是否通过知识外溢和技术扩散推动制造业的技术进步，进而推动 TFP 的发展。这个问题的解决不仅有助于研究 FDI 对制造业集聚关联，也有助于判断 FDI 与制造业集聚是否存在技术融合的效应。因此，本部分再次将 TFP 进行分解，研究 FDI 对 TC、SEC 以及 FAEC 的效应。

（1）计量模型的设立

① TC 模型的设立。TC 模型主要考察 FDI 对技术进步的作用，因此以 TC 为因变量，以 FDI 为主要自变量。由于上述分析显示 FDI 可能通过制造业集聚对 TC 起促进作用，进而推动 TFP 的发展，因此还需设立 FDI 与 LQ 的交叉项作为主要的考察变量。此外，为了使模型更具有说服力，需选择对 TC 产生重大影响的因素作为控制变量进行考察。对于一地技术进步起重要影响作用的还包括代表本地市场需求的人均地区生产总值（pergrp）、反映劳动力成本的人均工资水平（perincome）、代表创新潜力的政府科技投入（seg）以及潜在创新人力的每万人在校学生数（h）。据此设立的 TC 模型如下：

$$tc_{it} = \partial_0 + \partial_1 fdis_{it} + \partial_2 lq_{it} \times fdis_{it} + \beta_1 pergrp_{it} + \beta_2 perincome_{it} + \beta_3 seg_{it} + \beta_4 h_{it} + \varepsilon_{it}$$

$$(5-16)$$

②SEC 模型的设立。SEC 模型主要考察 FDI 对规模效应的促进作用，因此以 SEC 为因变量，以 FDI 为主要自变量。基于规模效应的发挥更多依靠企业集中的外部性，FDI 也能通过制造业集聚发挥效应，因此同样设立 FDI 与 LQ 的交叉项作为主要的考察变量。在控制变量的选择方面，对于一地规模效应起重要影响作

用的包括代表本地市场需求的人均地区生产总值（pergrp）、代表创新潜力的政府科技投入（seg）以及潜在创新人力的每万人在校学生数（h），除此之外还包括代表企业平均生产水平的企业平均产值（avc）。据此设立的 SEC 模型如下：

$$\sec_{it} = \partial_0 + \partial_1 fdis_{it} + \partial_2 lq_{it} \times fdis_{it} + \beta_1 pergrp_{it} + \beta_2 seg_{it} + \beta_3 h_{it} + \beta_4 avc + \varepsilon_{it}$$

$$(5-17)$$

③FAEC 模型的设立。FAEC 模型主要考察 FDI 对要素重新配置的促进作用，因此以 FAEC 为因变量，以 FDI 为主要自变量。此外，考虑到 FAEC 对于资源配置的优化作用，代表制造业区位优势的 LQ 更易于与要素配置产生相互影响，因此本部分还将 LQ 作为主要考察变量之一。在控制变量的选择方面，对于一地要素重新配置起重要影响作用的包括代表本地市场需求的人均地区生产总值（pergrp）、代表创新潜力的政府科技投入（seg）以及潜在创新人力的每万人在校学生数（h）。除此之外，由于研究对象为 FDI，因此要素的重新配置包括 FDI 与本地企业之间的要素优化，因此还需设立企业占比以区分 FDI 企业与当地企业的影响，因为模型中已包含 FDI 的变量，因而该变量以当地内资企业占比（df）表示。据此设立的 SEC 模型如下：

$$faec_{it} = \partial_0 + \partial_1 fdis_{it} + \partial_2 lq_{it} + \beta_1 pergrp_{it} + \beta_2 seg_{it} + \beta_3 h_{it} + \beta_4 df_{it} + \varepsilon_{it} \quad (5-18)$$

（2）数据来源及处理

本部分计量模型采用与前述制造业集聚和 FDI 分析相同的 264 个地级及以上城市为研究区域，采用 1999～2015 年的面板数据进行分析，数据主要来源于 2000～2016 年历年的《中国统计年鉴》《中国区域经济统计年鉴》《中国城市统计年鉴》以及中经网数据库等。本部分对 FDI 进行逐年汇率换算，并采用第 4 章所述永续盘存法进行存量换算，对以货币计价的变量均进行平减。本部分为了尽量避免出现异方差和共线性的情况，对所有的变量取 ln 值。

（3）全国面板模型计量结果分析

本部分选取全国 264 个地级及以上城市的面板数据，运用 STATA12.0 进行运算。本部分进行 Hausman 检验，TC 与 SEC 模型的 Hausman 检验值均大于零，因此采用固定效应模型进行分析。估计结果显示，TC 与 SEC 模型的 R^2 均大于零，P 值为 0.0000，估计的回归系数绝大部分显著相关。FAEC 模型的 Hausman 检验值小于零，因此采用随机效应模型进行分析。估计结果显示，FAEC 模型的 R^2 大于零，P 值为 0.0000，Wald 检验值大于零，估计的回归系数大部分显著相关。因此，这三个模型的设立合理，具有显著的统计意义，能用以分析说明问题。计量分析结果见表 5-7。

表 5 - 7 　　　　　　　　　　　　全国影响的回归结果

变量	TC 模型	SEC 模型	FAEC 模型
lnfdis	0. 0037291 ** (0. 0011922)	0. 002136 ** (0. 0008032)	0. 0065038 ** (0. 0025702)
lnlqlnfdis	0. 0023965 *** (0. 0005597)	0. 0015969 *** (0. 0003532)	
lnlq			- 0. 0285164 ** (0. 0102075)
lnpergrp	- 0. 0191979 * (0. 0103247)	0. 0102437 * (0. 005657)	0. 0176333(0. 0148913)
lnperincome	- 0. 0161019(0. 0144874)		
lnseg	- 0. 0375696 *** (0. 0017369)	- 0. 0096781 ** (0. 0008888)	- 0. 014245 *** (0. 0025231)
lnh	0. 0022766 ** (0. 0010334)	- 0. 0022851 ** (0. 0006203)	- 0. 0017881(0. 0017571)
lnavc		- 0. 0009379(0. 002018)	
lndf			- 0. 0227925(0. 0148411)
截距项	- 5. 184493 *** (0. 1554474)	0. 0499825(0. 0543429)	- 0. 2113239(0. 1551894)
Prob 值	0. 0000	0. 0000	0. 0000
R²	0. 3666	0. 3737	0. 0944
Hansman	486. 73	285. 61	- 236. 61
Wald 值			68. 19
观测组	264 个	264 个	264 个

注: *、**、*** 分别表示在10%、5%、1%的水平上显著，圆括号中的数字为标准差。

①TC 模型计量结果分析。TC 模型的结果显示：第一，FDI 以及 FDI 与 LQ 的交叉项呈现显著的正相关，说明 FDI 确实直接推动了技术进步，同时，FDI 还会通过制造业集聚发挥效应推动技术的进步。由此可知，FDI 不仅带来了先进的技术，对于制造业集聚而言，还能在制造业集聚中实现技术扩散，促进制造业集聚技术的进步。第二，在控制变量方面，市场需求（pergrp）表现为显著负相关，反映我国市场的开发仍然不足，熟练买方、挑剔买者以及可替代品的开发不足，遏制了对技术进步的促进。在市场创新潜力方面，政府科技投入项（seg）呈现显著负相关，表明政府在科技投入上的不足；另外，代表创新人力储备的万人高等教育学生数（h）呈现显著相关，反映了人力资本尤其是高素质人力资本储备对 TC 具有巨大的促进作用。

②SEC 模型计量结果分析。SEC 计量模型的结果显示：第一，FDI 以及 FDI 与 LQ 的交叉项呈现显著的正相关，说明 FDI 直接推动了规模效应产生作用，同时，FDI 还通过与产业集聚的相互作用推动了规模效应的发挥。由此可见，FDI 通过技术扩散实现了外部性，且与产业集聚产生了良性的互动。第二，在影响 SEC 的其他变量中，市场规模对 SEC 有正向的推动作用，反映市场需求有助于促进企业规模效应的发挥；政府科技投入以及每万人高等在校学生数对 SEC 起反

向的遏制作用,代表企业生产水平的 avc 并不显著,说明规模效应的发挥更多依靠企业竞合的外部效应,而不是企业的技术创新潜力。

③FAEC 模型计量结果分析。FAEC 计量模型的结果显示:第一,FDI 对于要素优化配置有着显著的促进作用,然而代表制造业优势和集聚的 LQ 却对 FAEC 起反向遏制作用。结合 TC 与 SEC 模型来看,FDI 促进了技术进步,且通过技术外溢效应促进了规模效应的发挥,不仅如此,FDI 还通过制造业集聚累积循环效应促进了技术进步和规模效应的进一步发挥,对资源的优化配置起到了很好的调节作用。因此,即使制造业集聚在 FAEC 中起显著的反向作用也不能简单认为集聚不利于 FAEC 的发展,由于采用的是全国的面板模型,可能的原因在于制造业集聚的性质,如有些低质量的制造业集聚可能在一定程度上影响资源的优化配置。此外,就全国角度来看,可能存在制造业集聚的水平尚跟不上资源配置的要求。第二,从其他影响因素方面来看,仅有政府科技投入对 FAEC 产生负显著相关,基于前述的分析来看,此结果再一次表明政府的科技投入不足,对 FAEC 的优化产生了遏制。此外,市场需求为正显著不相关、人力资源潜力为负不显著相关,表明市场开发的力度仍然不够,人力资源的储备远远不足。

(4) 分地区面板模型计量结果分析

在上述分析的基础上,为了进一步考察典型制造业集聚区中 FDI 技术外溢的情况,本部分进行分地区的计量分析,以此与典型区进行对比。首先,典型集聚区仍以第 4 章的结论所得的涵盖在山东、江苏、上海、浙江、福建和广东省域内的 72 个地级及以上城市为主要研究对象。其次,在分区域方面,我国自 1999 年提出西部大开发以来,逐步形成了东部率先、中部崛起、西部开发以及东北振兴的开发构想,基于四大板块具有较为相似的发展特点,为了使模型更具有解释意义,本书在原东部、中部、西部划分的基础上进一步将东北地区划出,即划分为东部、中部、西部和东北地区四大板块。东部地区包含北京、天津、河北、山东、江苏、上海、浙江、福建、广东和海南;中部地区包括山西、河南、安徽、江西、湖北和湖南;西部地区包括内蒙古、广西、重庆、四川、贵州、云南、西藏、陕西、甘肃、青海、宁夏和新疆;东北地区包括辽宁、吉林和黑龙江。在此基础上将前述研究中的 264 个地级及以上城市按省域划入各个地区中。运算设立的模型进行分地区的面板模型计量分析,分析结果见表 5 - 8 至表 5 - 12。Husman 检验、P 检验、Wald 检验、R^2 值以及回归系数的显著性均说明,模型设立合理,统计意义显著,具有很好的解释性。

①TC 模型计量结果分析。TC 模型的计量结果显示:第一,所有地区的 FDI

对 TC 都有直接显著的促进作用，FDI 与 LQ 的交叉项也显著为正，反映 FDI 与制造业集聚产生积极的互动，促进了 TC 的增长，这与全国面板的分析一致。第二，回归系数反映几个地区 FDI、FDI 与 LQ 互动后的增长贡献率，就回归系数的大小来看，典型集聚区的增长贡献率高于划分的全国四大板块，表明受 FDI 影响的制造业集聚更能促进技术的进步，且更具备技术融合的基础。次于典型集聚区的为中部地区，这与第 4 章分析的中部地区受到典型集聚区的辐射扩散作用相符，表明中部地区受典型集聚区的影响较强，承接典型集聚区技术扩散的能力也较强，逐步扩大的开放政策对于中部地区的影响也较为显著。而 FDI 贡献率较弱的为东北和西部地区，反映了这两大板块受到区位和发展历史的影响，FDI 对这两个板块的影响较弱。第三，在其他的影响变量方面。政府的科技投入以及潜在的创新人力资源方面，越是受 FDI 影响大的地区如典型集聚区、东部和中部地区，贡献率越高，表明这些地区政府科技投入的力度大，且人才资源较为丰富，对技术进步的促进作用大。劳动力成本对于 TC 仍然起反向的作用。而市场需求虽然在典型集聚区和中部地区仍不显著，但出现了正相关的情况，表明集聚程度较高的地区企业有对市场逐步重视的倾向，且市场导向型的 FDI 和制造企业更能促进技术的进步。

②SEC 模型计量结果分析。SEC 模型计量结果显示：第一，除了西部地区的 FDI 影响不显著以外，不论是典型集聚还是其他划分板块地区，FDI、FDI 与 LQ 的交叉项影响都呈现显著正相关，表明除了西部地区以外 FDI 对规模效应有着直接的影响，且所有地区的 FDI 都能通过与 LQ 的互动促进规模效应的发挥，因而可以认为制造业集聚产生的外部效应对规模经济的发挥至关重要。第二，典型集聚区的主要考察变量 FDI 及其与 LQ 的交叉项经测算后的回归系数高于全国的平均水平。然而和其他分地区相比，典型区的回归系数低于中部和东部地区，意味着典型区的 FDI 及其和集聚的互动作用对规模效应的贡献率并不如中部和东部地区。究其原因可能在于典型集聚区发展得比较早，规模效应增速不如后起地区的高，也同时反映出典型集聚区 FDI 对于技术进步的贡献率更高。第三，从其他影响因素来看，市场需求对规模效应的影响并不显著。在创新潜力方面，制造业比较发达的典型区、东部和中部地区政府科技投入对规模效应的影响呈显著的正相关，东北和西部地区表现得却不明显；在创新人力资源上，中部、东北和西部地区却呈现出显著的负相关，表明制造业较发达的地区政府的科技投入效果显著，而中部、东北和西北地区高等人才显然较为缺乏，遏制了规模效应的发挥。企业生产经营项中，典型区和东部地区呈现正显著相关，也说明越是制造业占据优势

的地区，企业的生产经营能力越强，规模效应发挥越好。

③FAEC 模型计量结果分析。FAEC 模型计量结果显示：第一，几个地区的 FDI 及 LQ 项呈现出很大的不同。受 FDI 影响的典型集聚区 FDI 与要素重新配置呈现负显著相关，但制造业集聚与要素配置呈现出显著正相关。其所处的东部地区板块的 FDI 也显著为负，LQ 为正但不显著相关；与之相邻的中部地区 FDI 为负不显著相关，LQ 为负显著相关；东北部则为 FDI 显著正相关，LQ 显著负相关，西部地区则均不相关。由此可见，制造业集聚水平较高的地区集聚本身对要素配置的促进作用较大，制造业集聚水平不高的地方 FDI 对要素重配的效率更高，而中部地区由于受到扩散作用的影响，更多承接的是区际产业转移，因而在要素重配方面 FDI 作用不显著，而当地的制造业集聚水平还满足不了要素优化配置的需要。这些情况同时也说明，受 FDI 影响的典型制造业集聚中，FDI 主要通过促进技术进步、制造业集聚促进技术外溢以及通过制造业集聚的发展促进要素的重新优化配置，而不是通过 FDI 直接促进典型集聚区的要素重新配置。第二，从其他的影响因素来看，对 FAEC 影响最为显著的仍然是政府的科技投入和创新人力资源，表明要素重配仍然离不开良好的创新环境以及大量的高素质人才。

表 5 - 8　　　　　　　　　　典型集聚区影响的回归结果

变量	TC 模型	SEC 模型	FAEC 模型
lnfdis	0.013159 *** (0.0030106)	0.0086166 *** (0.0016703)	-0.0102236 ** (0.0050411)
lnlqlnfdis	0.0060871 *** (0.0011294)	0.0039081 *** (0.0006649)	
lnq			0.0311159 * (0.0180441)
lnpergrp	0.0219298 (0.0210417)	0.0000638 (0.0135464)	0.0256793 (0.0319149)
lnperincome	-0.0544567 (0.0494064)		
lnseg	0.0467007 *** (0.0037192)	0.0147892 *** (0.0017632)	0.3019385 *** (0.0473141)
lnh	0.0041081 * (0.0022377)	-0.0014083 (0.0015228)	-0.0061036 * (0.0031477)
lnavc		0.0084351 ** (0.0034305)	
lndf			0.0290342 (0.0281893)
截距项	-5.157979 *** (0.5531818)	0.0202593 (0.1284444)	-2.905849 *** (0.4302056)
Prob 值	0.0000	0.0000	0.0000
R²	0.4407	0.5291	0.4764
Hansman	36.82	18.91	74.38
观测组	72 个	72 个	72 个

注：*、**、*** 分别表示在 10%、5%、1% 的水平上显著，圆括号中的数字为标准差。

表 5 - 9 东部地区影响的回归结果

变量	TC 模型	SEC 模型	FAEC 模型
lnfdis	0.0115962 *** (0.002181)	0.0096293 *** (0.0014367)	− 0.0088452 * (0.0047122)
lnlqlnfdis	0.0055088 *** (0.0006843)	0.0041653 *** (0.0005851)	
lnq			0.0247752 (0.0169163)
lnpergrp	− 0.0272391 * (0.0160318)	− 0.004525 (0.0134015)	0.0328318 (0.0281316)
lnperincome	− 0.0409683 (0.0270583)		0.305636 *** (0.0324067)
lnseg	0.0495017 *** (0.0027255)	0.0144899 *** (0.0016246)	− 0.0056188 * (0.0029922)
lnh	0.0025904 (0.0022673)	− 0.0023556 (0.0015258)	
lnavc		0.0058098 * (0.0030324)	
lndf			0.0249331 (0.0266838)
截距项	− 4.781962 *** (0.2045909)	0.0685358 (0.1264762)	− 3.016456 *** (0.3054463)
Prob 值	0.0000	0.0000	0.0000
R^2	0.5418	0.4030	0.5052
Wald chi^2(6)	561.18		
Hansman	− 336.0	0.0024	58.26
观测组	87 个	87 个	87 个

注：*、**、***分别表示在10%、5%、1%的水平上显著，圆括号中的数字为标准差。

表 5 - 10 东北地区影响的回归结果

变量	TC 模型	SEC 模型	FAEC 模型
lnfdis	0.0060217 ** (0.002561)	0.0051647 ** (0.0017338)	0.0326941 ** (0.0104138)
lnlqlnfdis	0.0016692 ** (0.000768)	0.0015404 ** (0.000537)	
lnq			− 0.1258348 ** (0.0367348)
lnpergrp	0.0858553 ** (0.0284264)	− 0.0059078 (0.0110115)	− 0.041573 (0.0417942)
lnperincome	− 0.0537876 ** (0.0229111)		
lnseg	0.0320714 *** (0.0029576)	0.0072215 *** (0.0013496)	0.2083521 *** (0.0551909)
lnh	− 0.0026696 (0.0019912)	− 0.0054016 ** (0.0015649)	− 0.0178179 ** (0.0059298)
lnavc		0.0027366 (0.0036713)	
lndf			0.0912033 (0.0326648)
截距项	− 5.584495 *** (0.2584707)	0.0685358 (0.1264762)	− 2.563121 *** (0.5474914)
P 值	0.0000	0.0000	0.0000
R^2	0.2595	0.2732	0.5539
Wald chi^2(6)		45.04	
Hansman	61.98	− 2 751.38	15.76
观测组	79 个	79 个	79 个

注：*、**、***分别表示在10%、5%、1%的水平上显著，圆括号中的数字为标准差。

表 5 – 11　　　　　　　　　　　　中部地区影响的回归结果

变量	TC 模型	SEC 模型	FAEC 模型
lnfdi	0. 0134021 *** (0. 0030237)	0. 0119242 *** (0. 0012712)	− 0. 0004112 (0. 0029766)
lnlqlnfdi	0. 0065137 *** (0. 000948)	0. 0056312 *** (0. 0003171)	
lnq			− 0. 0142689 * (0. 0080555)
lnpergrp	0. 0054632 (0. 0204048)	0. 0065549 (0. 0081858)	− 0. 0628037 * (0. 0321058)
lnperincome	− 0. 0492984 * (0. 0299134)		
lnseg	0. 046856 *** (0. 0035297)	0. 005749 ** (0. 001798)	0. 3900459 *** (0. 0227943)
lnh	0. 0043496 ** (0. 0017537)	− 0. 0019396 ** (0. 0006795)	− 0. 0056028 ** (0. 0027966)
lnavc		− 0. 0007666 (0. 0019305)	
lndf			0. 0409368 ** (0. 0173364)
截距项	− 5. 052398 *** (0. 2601986)	0. 0685358 (0. 1264762)	− 3. 168879 *** (0. 284081)
P 值	0. 0000	0. 0000	0. 0000
R²	0. 5672	0. 6676	0. 6100
Wald chi²(6)	359. 04		
Hansman	− 74. 84	2. 75	168. 96
观测组	34 个	34 个	34 个

注：＊、＊＊、＊＊＊分别表示在10％、5％、1％的水平上显著，圆括号中的数字为标准差。

表 5 – 12　　　　　　　　　　　　西部地区影响的回归结果

变量	TC 模型	SEC 模型	FAEC 模型
lnfdi	0. 0026033 ** (0. 0012264)	0. 0005712 (0. 00058)	0. 001115 (0. 0036461)
lnlqlnfdi	0. 0018479 ** (0. 0007253)	0. 0009844 ** (0. 0003692)	
lnq			− 0. 0195655 (0. 0181646)
lnpergrp	0. 0231679 * (0. 0126434)	0. 0029175 (0. 0043374)	0. 0414431 * (0. 0221662)
lnperincome	− 0. 006785 (0. 0140385)		0. 3900459 *** (0. 0227943)
lnseg	0. 0283895 *** (0. 0026942)	0. 0019939 (0. 0013974)	− 0. 0056028 ** (0. 0027966)
lnh	0. 0016885 (0. 001256)	− 0. 0011797 * (0. 0006962)	
lnavc		0. 0038829 (0. 0029284)	
lndf			0. 0464715 (0. 037793)
截距项	− 5. 44884 *** (0. 1154808)	0. 1061413 ** (0. 0436768)	− 4. 456493 *** (0. 8374875)
P 值	0. 0000	0. 0337	0. 0000
R²	0. 2446	0. 1709	0. 6100
Wald chi²(6)	200. 05	13. 66	61. 47
Hansman	− 518. 50	− 151. 98	− 138. 22
观测组	64 个	64 个	64 个

注：＊、＊＊、＊＊＊分别表示在10％、5％、1％的水平上显著，圆括号中的数字为标准差。

5.2.3 小结

本节通过 FDI 与 LQ 嵌入超越对数生产函数模型 SFA 得出结论,认为制造业集聚通过其特有的累积循环效应促进要素的优化配置,直接推动 TFP 的发展。FDI 与制造业集聚密切关联,通过作用于制造业集聚,从而间接推动 TFP 的发展,初步认为 FDI 对制造业集聚存在技术溢出效应。

为了进一步分析制造业集聚中的技术溢出是否由 FDI 产生以及制造业集聚是否存在与 FDI 进行技术融合的基础,本节进一步设立全国面板模型、典型制造业集聚区面板模型以及分地区面板模型进行对比分析。由全国面板计量结果分析可得:第一,FDI 对技术进步和规模效应有直接的推动作用,确实产生了技术外溢的效应;第二,FDI 通过促进技术溢出和外部效应的发挥,带动了资源的优化配置;第三,FDI 与制造业集聚产生了良性的互动,体现在也通过制造业集聚促进了技术外溢和外部性的产生。

进一步通过分地区的面板模型分析可知:第一,受 FDI 影响的典型集聚区中的 FDI 不仅直接而且还通过与制造业集聚的相互作用促进技术进步和规模效应的提升,而后通过制造业集聚的发展促进要素的重新优化配置;第二,典型集聚区中 FDI 对技术进步的贡献率较高,但是规模效应方面中部和东部地区的贡献率高于集聚区,反映了集聚水平越高的地方规模效应处于较为稳定的水平,增速上不及集聚还在发展的地区;第三,典型集聚区 FDI 不直接对要素的重新配置起促进作用,而是通过集聚的发展对要素进行重新的优化组合,反映 FDI 与制造业集聚存在密切的相互作用机制,这个机制成为融合产生的前提和基础;第四,技术创新的潜力和潜在高素质人才的供给对于技术进步、规模效用的发挥以及要素的优化重配有着重要的作用。

综上所述,FDI 对制造业集聚具有技术外溢的效应,并且和制造业集聚形成良性互动机制,通过促进制造业技术进步、规模效应的提升,促进要素的重新配置,进而提高制造业集聚的 TFP 水平,因此两者之间存在着良好的技术融合基础。

5.3 FDI 与中国制造业集聚的创新网络平台效应

5.2 中的分析已表明,FDI 与中国制造业集聚存在技术外溢的效用,且存在技术融合的基础,本节在此基础上据第 3 章的原理进一步分析两者之间是否存在创新网络效应, 若是存在创新网络效应, 则表明 FDI 与我国制造业集聚之间已形成了技术融合。本节先通过典型制造业集聚区的面板模型考察 FDI 与制造业集聚是否存在创新效应, 而后再通过设立空间计量模型考察空间效应, 讨论典型集聚区是否形成了创新网络平台。

5.3.1　创新网络效应面板模型估计

(1) 创新效应面板模型设立

在 FDI 对制造业集聚具有溢出效应的基础上, 两者之间是否能够最终形成技术融合, 要关注集聚地的外资企业能否与当地制造企业产生跨越边界的技术融合, 形成创新效应, 进而促进 TFP 的提高。

5.2 中的分析表明, FDI 与制造业集聚在技术进步、规模效应方面有良性互动, 典型制造业集聚中的 FDI 通过促进集聚的发展进而推动资源的优化配置, 这些都属于 TFP 的主要分解部分, 因此在创新网络效应模型的设立上以 TFP 为因变量, 能很好地衡量创新的成效。在自变量的选择方面, 由于要考察的是外资企业与集聚地企业的关系, 因此本部分设立两者的交叉项作为主要自变量。为了衡量两者对创新效应的影响, 本部分进一步对外资企业进行分解, 设立港澳台投资企业与 LQ 的交叉项以及外国投资企业与 LQ 的交叉项作为主要自变量进行考察。将总的外资企业考察模型设为外资模型 (1), 将分解的外资企业模型设为外资模型 (2)。

在控制变量上, 参考前面分析的结果, 选取代表本地市场需求的人均地区生产总值 (pergrp)、代表劳动力成本的平均工资 (perincome)、代表创新潜力的政府科技投入 (seg) 以及潜在创新人力的每万人在校学生数 (h)。

在研究区的选择上, 由于研究的是 LQ 与制造业集聚的网络创新效应, 因此选择第 4 章分析所划定的 6 个典型省份 72 个地级及以上城市作为主要的研究区。

据此思路设立的外资模型 (1) 见式 (5 - 19), 外资模型 (2) 见式 (5 - 20)。

$$\text{tfp}_{it} = \partial_0 + \partial_1 \text{fh}_{it} \times \text{lq}_{it} + \beta_1 \text{pergrp}_{it} + \beta_2 \text{perincome} + \beta_3 \text{seg}_{it} + \beta_4 h_{it} + \varepsilon_{it} \quad (5 - 19)$$

$$\text{tfp}_{it} = \partial_0 + \partial_1 \text{hfm}_{it} \times \text{lq}_{it} + \partial_2 \text{ff} \times \text{lq}_{it} + \beta_1 \text{pergrp}_{it} + \beta_2 \text{perincome}$$
$$+ \beta_3 \text{seg}_{it} + \beta_4 h_{it} + \varepsilon_{it} \quad (5 - 20)$$

其中, fh 代表外资企业产值占比; hfm 代表港澳台企业产值占比; ff 代表外国投资企业产值占比。

（2）数据来源及处理

本部分计量模型采用与前述制造业集聚和 FDI 分析相同的 72 个地级及以上城市为研究区域，采用 1999～2015 年的面板数据进行分析，数据主要来源于 2000～2016 年历年的《中国统计年鉴》《中国区域经济统计年鉴》《中国城市统计年鉴》以及中经网数据库等。本部分对 FDI 进行逐年汇率换算，对以货币计价的变量均进行平减。为了尽量避免出现异方差和共线性的情况，对所有的变量取 ln 值。

（3）模型估计及结果讨论

运用 Stata12.0 进行 Hausman 检验，显示两个模型的检验值都大于零，应该采用固定效应模型进行估计。估计结果显示 P 值为 0.0000，R^2 大于零，绝大部分回归系数显著相关，表明模型设立合理，具有显著的统计意义。估计结果如表 5-13 所示。

表 5-13　　　　　　　　　　　　面板模型回归结果

变量	外资模型（1）	外资模型（2）
lnfhlnlq	0.0088336 ** (0.0028833)	
lnhfmlnlq		0.0124614 ** (0.0049824)
lnfflnlq		0.0000672 (0.004335)
lnpergrp	0.0080844 (0.0116642)	0.0075093 (0.011677)
lnperincome	-0.1034842 *** (0.026204)	-0.102357 *** (0.0263151)
lnseg	0.0177513 *** (0.0018512)	0.017772 *** (0.0018853)
lnh	-0.0014152 (0.0015165)	-0.0015271 * (0.0015577)
截距项	0.9324513 *** (0.2773286)	0.9277181 *** (0.2742054)
P 值	0.0000	0.0337
R^2	0.1833	0.1851
Hansman	48.04	16.04
观测组	72 个	72 个

注：*、**、***分别表示在 10%、5%、1%的水平上显著，圆括号中的数字为标准差。

外资模型（1）的估计结果显示，外资企业和制造业集聚的交叉项呈显著正相关，表明外资企业和集聚地企业之间通过相互关联促进了 TFP 的发展，在存在技术外溢效应的前提下，外资企业和集聚地企业的互动产生了创新效应。

进一步对外资来源地进行分解的外资模型（2）估计结果显示，港澳台企业与 LQ 的交叉项显示为正显著相关，外国投资企业交叉项为不显著相关，但是系数为正。该结果表明，相较于外国投资企业，港澳台企业的投资与制造业集聚的关联融合，推动技术进步和创新的效应更为明显。

由此可见，外商直接投资企业能够与我国的制造业集聚形成良性互动，并结合促进技术的进步，推动 TFP 的增长，推动创新效应的形成与发展。

5.3.2　创新网络平台空间计量分析

（1）空间计量模型的设立

前一部分探讨了技术外溢基础上的 FDI 企业对集聚地企业的创新效应问题，由于集聚是众多企业的联合体，本身也具有空间的特征，因此 FDI 企业与集聚地企业更有形成创新网络平台的条件。而创新网络平台的形成也表明 FDI 与制造业集聚实现了技术上的融合。为此，本部分在外资模型（1）和外资模型（2）的基础上，再设立空间计量模型，以考察 FDI 企业与制造业集聚是否存在空间关联，能否形成创新网络平台。考虑到邻近空间的关联性以及滞后效应，本部分采用空间自回归模型进行估计，设立的模型如下：

$$tfp_{it} = \rho_i \sum_{i \neq j}^{n} w_{ij} tfp_{jt} + \partial_1 fh_{it} \times lq_{it} + \beta_1 pergrp_{it} + \beta_2 h_{it} + \beta_3 seg_{it}$$
$$+ \beta_4 perincome_{it} + \mu_i + \varepsilon_{it} \tag{5-21}$$

$$tfp_{it} = \rho_i \sum_{i \neq j}^{n} w_{ij} tfp_{jt} + \partial_1 hfm_{it} \times lq_{it} + \partial_2 ff_{it} \times lq_{it} + \beta_1 pergdp_{it} + \beta_2 h_{it}$$
$$+ \beta_3 seg_{it} + \beta_4 perincome_{it} + \mu_i + \varepsilon_{it} \tag{5-22}$$

（2）空间计量结果讨论

为了避免共线性和异方差问题，对方程各变量取 ln 值之后，运用 Stata12.0 对通过个体效应以及随机效应法进行检验，检验结果均强烈拒绝"所有个体虚拟变量都为 0"和"不存在个体随机效应"的原假设，因而排除采用混合回归模型，再通过 Hausman 进一步检验判定应采用 FE 模型还是 RE 模型。检验结果显示 Chi^2 为 -143.51，且在 0.00% 的显著水平上强烈拒绝原假设，因此随机效应 RE 模型优于固定效应 FE 模型，应采用 RE 模型进行估计。得到的估计结果如表 5-14 和表 5-15 所示。两个模型中的空间自回归系数均大于零且显著相关，R^2 大于零，似然函数值也极大，各变量的回归系数大部分显著，表明模型的统计意义显著，解释性很强。

表 5 - 14 空间计量模型［外资模型（1）］回归结果

变量	Main 结果	LR_Indirect 结果	LR_Direct 结果	LR_Total 结果
lnfhlnlq	0.0079857 *** （0.0007198）	0.0091074 *** （0.0008131）	0.0705826 *** （0.0195585）	0.07969 ** （0.0199815）
lnpergrp	0.0038993 （0.0047259）	0.0040933 ** （0.0049808）	0.0126068 （0.016415）	0.01670019 （0.0212727）
lnh	− 0.001361 ** （0.0006329）	− 0.0017046 ** （0.0006493）	− 0.0230426 *** （0.0063296）	− 0.0247472 *** （0.0064608）
lnseg	0.001006 （0.0015076）	0.0012727 （0.0014709）	0.0200761 *** （0.0047751）	0.0213488 *** （0.0045537）
lnperincome	− 0.1275874 *** （0.0101498）	− 0.1254212 *** （0.0094303）	0.1192769 （0.0834691）	− 0.0061444 ** （0.0840581）
截距	− 0.0012988 （0.1772004）			
其他检验值	空间自回归系数	0.7663356 *** （0.0366083）	方差	0.000702 *** （0.0000297）
	R²	0.0949	似然函数值	2 530.8189
	Hausma 检验	− 143.51	观测组	72

注：＊、＊＊、＊＊＊分别表示在10％、5％、1％的水平上显著，圆括号中的数字为标准差。

外资空间计量模型（1）的结果显示：fh 交叉项在直接、间接和总效应上均呈现显著正相关，表明 FDI 企业与制造业集聚有着强烈的空间关联，不仅具有直接关联效应，还具有间接向邻近地区扩散的效应，可以据此认为 FDI 与制造业集聚形成了网络创新平台，实现了技术跨越企业的融合。

外资空间计量模型（2）的结果显示：港澳台企业（hfm）交叉项与外国投资企业（ff）交叉项的总效应均为正，表明无论是港澳台企业还是外国投资企业与制造业集聚都存在强烈的空间关联。在直接效应和间接效应上两者体现出较大的差异。hfm 交叉项的直接效应和间接效应都呈显著的正相关，这与具有区位优势的港澳台投资企业进入早、较早发挥对制造业集聚的带动作用、在投资产业上与制造业集聚企业的性质较为趋同有关，这些因素使港澳台投资企业与制造业集聚之间能更为迅速地形成创新空间联结。而反观 ff 交叉项的直接效应虽然为正，但是呈现不显著相关，间接效应呈现显著正相关，这与外国企业投资不如港澳台企业迅捷便利以及外国企业投资企业的性质和驱动性与港澳台企业不大一致有着密切的关联。在我国的外国企业投资以市场和技术为导向的驱动性日益增加，这类投资的效益实现周期较长，因此产生作用的时间也较长，与制造业集聚经由扩散、消化、吸收、融合的时间也较长，直接效应就不如港澳台企业明显，但在间接效应上要大大优于港澳台企业，体现在间接效应和总效应的贡献率上，外国投资企业的效应大于港澳台企业。

　　两个模型的其他影响因素方面：政府科技投入显著为正，表明典型集聚区政府对于科技发展的重视程度较高，投入较为充足，产生了积极的促进作用；但是呈显著负相关的人力资源仍然显示，高素质人才的短缺也成为典型集聚区创新网络发展的短板；劳动力成本显著为负也进一步揭示了典型区劳动力成本提高的负面效应。

表 5 – 15　　　　　　　　空间计量模型［外资模型（2）］回归结果

变量	Main 结果	LR_Indirect 结果	LR_Direct 结果	LR_Total 结果
lnhfmlnlq	0.0097029 *** (0.00171)	0.0101896 *** (0.0017817)	0.033151 *** (0.0096155)	0.0433406 *** (0.0108892)
lnfflnlq	0.0015976 (0.0017196)	0.0026414 (0.0018796)	0.0620872 ** (0.026274)	0.0647287 *** (0.0271245)
lnpergrp	0.0034736 (0.0047056)	0.003806 (0.0046391)	0.0123125 (0.0155615)	0.0161185 (0.0200783)
lnh	− 0.001433 (0.0006302)	− 0.0018107 ** (0.0006572)	− 0.0230334 *** (0.0067574)	− 0.0248441 *** (0.0069106)
lnseg	0.0011839 (0.0015026)	0.0015617 (0.001473)	0.0197732 *** (0.0045226)	0.0213349 *** (0.0044786)
lnperincome	− 0.1279573 *** (0.0100803)	− 0.1262849 *** (0.0099964)	0.1263777 (0.0857195)	0.0000927 (0.0867658)
截距	− 0.0194232 (0.1753032)			
其他检验值	空间自回归系数	0.7710902 *** (0.0358307)	方差	0.0006948 *** (0.0000294)
	R²	0.0930	似然函数值	2 536.0251
	Hausma 检验	− 143.51	观测组	72

　　注：*、**、*** 分别表示在 10%、5%、1% 的水平上显著，圆括号中的数字为标准差。

5.3.3　小结

　　本节以典型区 72 个地级及以上城市为主要研究对象，在 FDI 对制造业集聚产生外溢效应的基础上，通过建立面板模型进行计量分析 FDI 与制造业集聚是否存在关联的创新效用，而后又通过空间自回归模型讨论 FDI 与制造业集聚是否具有显著的空间关联，以考察两者间是否形成了互相联结的创新网络平台。由实证分析可知：第一，证实了 FDI 与制造业集聚存在相互关联的创新效应，其中，港澳台企业对技术提升的直接效用较之外国企业的效应显著；第二，FDI 与制造业集聚在创新效应的发挥上还存在显著的空间关联性，形成了创新网络平台；第三，港澳台企业具有区位优势，投资的性质与制造业集聚趋同，产出大多面向国外市场，投入产出的周期较短，因此对创新网络关联的直接效应较强；第四，外国投资企业对本地市场的关注日益增多，对于技术研发的兴趣提高，投入产出的周期相对较长，因此对创新网络关联的综合效应高于港澳台企业，但更多体现为间接的作用；第五，在技术外溢基础上的实证检验证实了 FDI 与制造业集聚存在着显著的创新网络关联效应，表明二者间存在着创新网络平台，说明二者间实现了技术融合。

5.4 本章小结

本章旨在考察 FDI 与制造业集聚的技术融合情况，先通过参数估计法和超越对数随机前沿生产函数模型 SFA 计算 TFP 及其分解值，并将全国计算结果与受 FDI 影响的典型集聚区进行对比；同时，在 SFA 模型中嵌入 FDI 与制造业集聚分析两者对 TFP 的贡献率，考察 FDI 是否能促进制造业集聚的技术进步；另外，设立全国、典型区和分地区的面板计量模型，对比分析 FDI 是否对制造业集聚产生技术外溢效应；在得出存在显著外溢效应的基础上，再次对典型集聚区设立 FDI 与集聚的交叉变量，以面板计量模型考察 FDI 与制造业集聚是否存在相互联结的创新效应，而后通过设立空间自回归计量模型，衡量产生创新效应的 FDI 与制造业集聚是否形成创新网络平台，以考察两者是否产生了技术融合。通过以上分析得出的结论如下。

第一，FDI 与制造业集聚对技术进步有显著的促进作用。受 FDI 影响显著的制造业集聚在规模效应和累积循环效应的作用下，其 TC 与 SEC 都处于较高的水平，且典型区由于经济发展水平较高、技术效率较高，要素配置促进效率提高所需的时间更长，但要素配置对效率的促进作用也更为明显。

第二，FDI 对制造业集聚具有技术外溢的效应，并且和制造业集聚形成良性互动机制，通过促进制造业技术进步、规模效应的提升，促进要素的重新配置，进而提高了制造业集聚的 TFP 水平，因此两者之间存在着良好的技术融合基础。

第三，FDI 与制造业集聚存在相互关联的创新效应，其中，港澳台企业对技术提升的促进作用相较于外国企业的效应体现得更为直接。

第四，FDI 与制造业集聚在创新效应的发挥上还存在显著的空间关联性，形成了创新网络平台。其中，港澳台企业产出大多面向国外市场，投入产出周期较短，对技术提升的直接效应较强。而外国投资企业对本地市场的关注日益增加，技术研发投入较高，投入产出的周期相对较长，对创新网络关联的综合效应高于港澳台企业。

总而言之，FDI 通过知识外溢和技术扩散促进了制造业集聚的技术进步，与制造业集聚产生了相互关联的网络效应，并在此基础上形成了具有高度空间联结的创新网络平台，据此可认为 FDI 与制造业集聚地企业之间产生了技术融合效应。此间港澳台地区 FDI 对技术提升的促进作用较为直接，而外国企业 FDI 对创新网络发展的长期综合效应更高。外国企业 FDI 的水平型投资较多，此水平型投资对促进技术融合的长期发展更为有效。

第6章

FDI 与中国制造业集聚产品
业务融合分析

技术融合是 FDI 与制造业集聚融合的第一个重要阶段，也是最为关键的阶段，根据第 3 章对产品业务融合的机理分析可知，技术融合促进了对传统产品和业务的改造升级，引起产业链的重构，最后形成了新产品业务关联平台。本章拟从这个机理推导出发，对 FDI 与制造业集聚的产品业务融合进行实证研究。由于传统产品的改造和升级较难进行直接的衡量，因此本章从 FDI 与制造业集聚的前后向关联入手，分析在上下游产业链上两者是否存在相互关联，一旦存在着关联，则代表形成技术融合的 FDI 与制造业集聚具备对产品业务进行渗透、改造和升级的能力，能引起产业链的变化，促进产业链的重构。技术融合引起的产业链重构还可能使一些关联制造业的性质发生转变，随着产业链的延伸，异质性企业也将随之增加，异质行业的空间效应也必然加强，将会逐步形成新产品业务联结平台，因此，在前后向关联的基础上本章将进一步分析典型区中异质性行业对新产品业务的影响，并考察异质性行业是否存在空间关联效应，以此考察新产品业务融合的情况。

6.1 FDI 与中国制造业集聚的前后向关联效应

FDI 与制造业集聚形成创新网络平台，产生了技术融合。但能否产生产品业务融合还要看技术融合是否被吸收、消化，是否促进传统产业的改造和升级甚至与异质性产业的融合，产业链是否会随之发生改变，是否能形成新产品业务关联平台。原有产业改造升级过程中，技术融合效应会首先作用于产品生产上，产业生产的环节会随之发生改变，而后此改变传导到前后向关联的产业上。由于对此产品的改造提升是持续渗透的过程，难以采用指标进行量化衡量，因此，本节从改造可能引起的业务环节变化进行衡量，从产业的前后向关联开始进行考察，以期辨析 FDI 与制造业集聚是否具有前后向关联的作用。如果两者存在前后向关联的作用，则表明 FDI 与制造业集聚已产生的技术融合也能够渗透至产品业务环节，能对关联产业产生影响。

6.1.1　FDI 产业前后向关联度的测定

产业前后向关联度的测定，应先考虑研究对象主要是 FDI 企业与集聚地企业之间的前后向关联。因此，在原有关于前后向关联理解的基础上，借鉴贾沃奇克（Javocik，2004）、陈琳和罗长远（2011）等的思路，本部分将前后向关联扩展到 FDI 与集聚地企业。

（1）FDI 前向关联系数的设立

前向关联代表外资企业与上游企业联系的紧密程度，即上游企业产出的中间产品对外资企业产出的影响。考虑到上游企业的产出不完全作为中间产品，因此扣除其中作为最终产品的部分，由此设立的前向关联度系数为：

$$FL_{imjt} = \sum_{im \neq j} \left[\partial_{ij} \sum_{i} (Y_{it} - X_{it}) \right] \times FI_{jmt} \qquad (6-1)$$

其中，FL_{imj} 为前向关联度，代表上游行业 i 对下游行业 j 中外资企业 m 产出的投入比例；FI_{jm} 为下游行业 j 中外资企业 m 占比；Y_i 为上游行业 i 的销售收入；X_i 为上游行业 i 的出口收入；∂_{ij} 为直接消耗系数，代表上游 i 行业对下游 j 行业总产出的比重；t 为年份。

（2）FDI 后向关联系数的设立

后向关联代表外资企业对下游企业的影响，意味着外资企业中间产品产出对下游企业产出的影响，该部分也要扣除外资企业产出作为最终产品的部分。由此设立的后向关联度系数为：

$$BL_{jimt} = \sum_{im \neq j} \delta_{jt} \left[\sum_{im} FI_{imt} (Y_{it} - X_{it}) / \sum_{i} (Y_{it} - X_{it}) \right] \qquad (6-2)$$

其中，BL_{jim} 为后向关联度，代表行业 j 的投入品中上游行业 i 中外资企业 m 占的比重；FI_{im} 为上游行业 i 中外资企业 m 占比；Y_i 为 i 行业销售收入；X_i 为 i 行业出口收入；δ_{ji} 为 j 行业从上游 i 行业中获得的中间投入占产出的比例；t 为年份。

（3）上下游行业的划定

前后向关联度系数的测算，需要对上下游企业有较为明确的划分，因此，本书根据投入产出表对制造业的上下游企业进行了划分。划分的行业以 21 个制造业门类为基础，其中，烟草制品业中外资的占比几乎为零，因而仅就烟草行业以外的 20 个行业进行分类。此外，对于一个类别的制造企业而言，既可以是另一个类别的上游行业，也可能是其他类别的下游行业，因此不可避免地将存在交叉关联的现象。而从我国的投入产出表可知，不同行业作为中间投入的直接消耗系数各有不同，因此交叉关联并不会影响前后向关联度的考察。具体划分的上下游行业如表 6 - 1 所示。

（4）消耗系数的测算

前后向关联度计算中消耗系数的测算十分重要，FDI 的前向关联度涉及对中间投入的使用，而 FDI 后向关联度涉及 FDI 的产出对最终产品部门的贡献。因此前向关联度需要计算直接消耗系数，即以中间投入与总投入之比进行计算，得出的结果记为矩阵 A。后向关联度需要计算完全消耗系数，是直接消耗和间接消耗之和，可以在矩阵 A 的基础上通过 $(I-A)^{-1}-I$ 进行计算。

（5）FDI 前后向关联度的测算

在划分了上下游行业之后，按式（6 - 1）和式（6 - 2）进行测算。数据的选取上，由于地级及以上城市的数据登记较粗，无法反映中间投入以及外资产出的比例，且投入产出表也仅统计至省级，因此，为了使统计口径较为一致，本节采用省级 2004 ~ 2015 年的面板数据进行分析。其中投入产出系数测算的数据来自 2002 年、2007 年和 2012 年的地区投入产出表，其余面板数据来源于 2005 ~ 2016 年历年的《中国统计年鉴》《中国区域经济统计年鉴》等。研究区仍为典型集聚区涵盖的山东、江苏、上海、浙江、福建和广东 6 个省份。在外资企业方面则分为总的外资企业、港澳台企业和外国企业。据此测算 2012 年 6 个省份 20 个行业的前后向关联系数。为了使结果更为直观地反映问题，本部分又将2012 年 20 个行业的前后向关联度系数进行了平均，并找出每个行业系数靠前的两个省份，列入表 6 - 2 中。

（6）结果分析

①前向关联度分析。

第一，山东地区外资企业在农副产品、食品、饮料、医药和服装生产行业方面的前向关联度较高，具有相对的优势。从港澳台企业与外国企业的系数来看，该地区外国企业的前向关联度较高。由于山东地区靠近韩国和日本，韩国和日本是其外资的主要来源地，这与系数测算反映的情况相符。

第二，江苏外资企业在农副产品、食品、饮料、造纸、医药、石油炼焦、非金属矿物、黑色金属、有色金属、金属制品、通用设备、专用设备、交通运输、电气机械以及电子通信上具有明显的前向关联优势。这与江苏地区制造业发达、资源较为丰富、产业集群密集有着很大的关系。虽然江苏的港澳台资企业的前向关联也颇具优势，但江苏外资企业的前向关联效应更多源于外国投资企业。

表 6-1

制造业上下游行业关联表

行业	前向联系	后向联系
农副产品	化学、通用设备、专用设备	
食品	化学工业、通用设备、专用设备	
饮料	化学工业、通用设备、专用设备	
纺织	化学纤维、通用设备、专用设备	服装
服装	纺织业、化学产品、通用设备、专用设备	
造纸	化学纤维	
石油炼焦	通用设备、专用设备	化学产品、化学纤维
化学原料	石油炼焦、通用设备、专用设备	农副产品、食品制造、饮料制造、医药制品、纺织、服装、造纸
医药制品	化学产品、通用设备、专用设备	
化学纤维	石油炼焦、通用设备、专用设备	
非金属矿物	通用设备、专用设备	
黑色金属	通用设备、专用设备	
有色金属	通用设备	
通用设备	金属制品、交通运输、电气机械、电子通信、仪器仪表	农副产品、食品、纺织、服装、造纸、石油炼焦、化学原料、医药制品、化学纤维、非金属矿物、黑色金属、有色金属、金属制品、电气机械、电子通信、仪器仪表
专用设备	金属制品	农副产品
交通运输	通用设备、专用设备、金属制品、非金属矿物、电气机械、电子通信、仪器仪表	通用设备、专用设备
电气机械	通用设备、专用设备、金属制品、仪器仪表	通用设备、专用设备、交通运输、电子通信
电子通信	通用设备、专用设备、金属制品、仪器仪表	通用设备、专用设备、交通运输、电气机械
仪器仪表	电气机械、通用设备	通用设备

续表

行业	前向联系	后向联系	行业	前向联系	后向联系	行业	前向联系	后向联系	行业	前向联系	后向联系
	通用设备		金属制品	专用设备	交通运输		交通运输	食品		专用设备	专用设备
	专用设备			黑色金属	电气机械		电气机械	纺织		金属制品	交通运输
				有色金属	电子通信仪表		电子通信	服装			电气机械
				通用设备	通用设备		仪器仪表	造纸			电子通信
				专用设备	专用设备			石油炼焦			
								化学原料			
								医药制品			
								化学纤维			
								非金属矿物			
								黑色金属			
								有色金属			
								金属制品			
								电气机械			
								电子通信			
								仪器仪表			

资料来源：根据全国《投入产出表》整理而得。

表6-2　　制造业上下游行业关联系数表

行业	前向关联度系数 港澳台企业	前向关联度系数 外国企业	前向关联度系数 外资企业	后向关联度系数 港澳台企业	后向关联度系数 外国企业	后向关联度系数 外资企业
1. 农副产品	山东 0.384312	山东 1.368081	山东 1.752394			
	江苏 0.287295	江苏 0.543703	江苏 0.830998			
2. 食品	山东 0.328317	山东 1.881113	山东 2.209431			
	江苏 0.349067	江苏 0.850581	江苏 1.199648			
3. 饮料	山东 0.702346	山东 1.526912	山东 2.229258			
	江苏 1.702791	江苏 2.173474	江苏 2.671741			
4. 纺织	福建 0.783484	江苏 0.467766	福建 3.291127	广东 1.265364	浙江 0.315083	广东 1.553887
	广东 0.469033	福建 0.24841	浙江 0.633641	福建 0.736528	广东 0.288523	福建 0.991931
5. 服装	福建 2.138046	福建 0.788863	福建 2.926909			
	广东 1.670612	山东 0.766201	广东 2.057541			
6. 造纸	广东 1.06711	江苏 1.868281	江苏 2.063045			
	福建 0.773432	广东 0.763776	广东 1.808552			
7. 石油炼焦	上海 0.18607	江苏 0.386311	江苏 0.516601	福建 10.4637	福建 4.493044	福建 14.95675
	广东 0.156956	上海 0.268339	上海 0.454409	广东 1.288701	江苏 1.877984	广东 2.865256
8. 化学原料	福建 4.03323	福建 7.334574	福建 11.3678	山东 1.392976	山东 4.647619	山东 6.040595
	广东 3.052685	上海 4.795474	广东 7.431155	江苏 0.921325	江苏 2.521192	江苏 3.442517
9. 医药	山东 0.222223	山东 1.111757	山东 1.333979			
	江苏 0.191988	江苏 0.842989	江苏 1.034977			
10. 化学纤维	福建 11.53364	广东 3.719935	福建 12.48168	福建 2.130175	上海 5.004562	上海 7.074847
	上海 3.663548	上海 2.964437	上海 6.627985	上海 2.070285	江苏 1.215599	福建 2.986927

续表

行业	前向关联度系数			后向关联度系数		
	港澳台企业	外国企业	外资企业	港澳台企业	外国企业	外资企业
11. 非金属矿物	福建 0.192641	上海 0.269877	江苏 0.447912	广东 0.139642	广东 0.176913	广东 0.316555
	江苏 0.181866	江苏 0.266046	福建 0.391448	福建 0.13273	江苏 0.166687	福建 0.229336
12. 黑色金属	江苏 5.332462	江苏 7.422368	江苏 12.75483	广东 1.376731	江苏 1.405983	广东 2.206607
	广东 4.348845	福建 6.528191	广东 8.524757	江苏 0.722051	广东 0.829876	江苏 2.128034
13. 有色金属	上海 7.127632	上海 7.266241	上海 6.20859	广东 1.376731	广东 1.405983	广东 2.206607
	福建 5.395796	江苏 5.063569	江苏 5.878434	江苏 0.722051	江苏 0.829876	江苏 2.128034
14. 金属制品	广东 4.273034	广东 3.738856	广东 3.787715	广东 1.560587	江苏 4.163387	江苏 5.417844
	浙江 10.30191	江苏 4.667776	江苏 7.085058	江苏 1.254457	山东 2.438665	广东 3.144548
15. 通用设备	福建 3.102889	福建 8.422675	福建 11.52556	广东 18.48348	江苏 19.12665	广东 34.3481
	广东 2.430953	江苏 7.457395	江苏 9.269465	福建 8.753944	上海 19.09816	江苏 27.83736
16. 专用设备	福建 4.731079	江苏 6.49549	福建 9.775056	广东 14.50008	广东 17.54715	广东 29.95882
	广东 2.689608	福建 5.043978	江苏 8.565693	福建 6.323058	江苏 14.13294	江苏 23.94127
17. 交通运输	上海 0.102462	上海 0.421589	上海 0.524051	福建 6.394343	福建 11.08941	福建 17.48375
	浙江 0.058486	江苏 0.18358	江苏 0.233967	广东 1.778589	江苏 5.053034	江苏 6.43088
18. 电气机械	广东 6.481716	广东 5.104104	广东 11.58582	广东 5.082694	上海 5.499305	广东 10.33424
	浙江 2.317216	江苏 4.678783	江苏 6.880535	福建 2.365854	广东 5.251544	上海 7.177236
19. 电子通信	广东 17.40046	广东 17.17887	广东 34.57933	广东 3.826674	上海 5.473295	广东 7.60664
	福建 6.611864	江苏 15.88822	江苏 21.72991	福建 2.369248	江苏 4.564789	上海 7.148064
20. 仪器仪表	广东 4.272678	广东 4.444544	广东 8.717222	广东 12.1091	广东 13.81882	广东 23.68092
	福建 0.473276	上海 0.910549	上海 1.066106	江苏 4.988665	广东 11.57181	江苏 18.80748

第三，上海的外资企业在石油炼焦、化学原料、化学纤维、非金属矿物、有色金属、交通运输和仪器仪表上具有明显的前向关联优势。上海特有的发展背景使其吸引的外国企业众多，因而外国企业的前向关联优势突出，而港澳台企业的前向关联并不突出。

第四，浙江外资企业具有前向关联优势的产业为纺织、交通运输和电气机械。从港澳台企业和外国企业的系数来看，浙江具有前向关联的外资性企业主要为港澳台企业。此外，该结果还反映了浙江地区集聚的专业性要大于多样性。

第五，福建外资企业的前向关联优势产业主要集中在纺织、服装、造纸、化学原料、化学纤维、非金属矿物、黑色金属、有色金属、通用设备、专用设备、电子通信和仪器仪表上。其中，纺织、服装、造纸、化学纤维、非金属矿物、有色金属、电子通信和仪器仪表等产业中港澳台投资企业的前向关联效应较强。化学原料、黑色金属、通用设备和专用设备等产业中外国企业的前向关联效应较强。由于福建主要承接来自港澳台地区特别是来自台湾地区的投资，因此，港澳台地区外资企业的前后向优势表现得更为明显。此外，港澳台企业的优势主要集中在轻纺、电子通信、仪器仪表等轻工业上，而外国企业的优势则体现在技术较为密集的通用和专用设备上。

第六，广东外资企业的前向关联优势产业主要集中在服装、造纸、石油炼焦、化学原料、化学纤维、黑色金属、有色金属、金属制品、通用设备、专用设备、电气机械、电子通信和仪器仪表等行业上。由于广东的地缘优势，大部分 FDI 来自港澳台地区，因此，具有前向关联优势的产业基本以港澳台企业投资为主，其中不仅包括劳动密集型的轻工业，也包括技术密集型的重工行业。而外国企业的优势则体现在造纸、化学纤维、金属制品、电气机械、电子通信和仪器仪表等行业上。

②后向关联度分析。

第一，山东外资企业具有后向关联优势的产业为化学原料和金属制品。其中，外国企业相较于港澳台企业在后向关联上的优势更为显著。

第二，江苏外资企业具有后向关联优势的产业为石油炼焦、化学原料、化学纤维、黑色金属、有色金属、金属制品、通用设备、专用设备、交通运输、电子通信和仪器仪表上。其中，外国企业的后向关联效应优势十分突出，港澳台企业不及外国企业的关联效应，但是港澳台企业也在化学原料、黑色金属、有色金属和金属制品等方面较其他省份更具优势。

第三，上海外资企业在后向关联上具有优势的产业为化学纤维、通用设备、电气机械和电子通信业；同样在这些产业方面也呈现出外国企业在后向关联优势上比港澳台企业突出。

第四，浙江在后向关联上具有优势的产业为纺织行业，且该行业较之于其他省份仅有外国企业的优势最为突出，效应最为明显。

第五，福建具有后向关联优势的产业有纺织、石油炼焦、化学纤维、非金属矿物、通用设备、专用设备、交通运输、电气机械和电子通信等行业。其中，港澳台企业仍在该地区具有突出的后向关联优势，在石油炼焦和交通运输上外国企业的优势更为突出。同时，该结果也显示后向关联中具有技术密集型特点的重工行业较多。

第六，广东地区在后向关联上具有优势的产业为纺织、石油炼焦、非金属矿物、黑色金属、有色金属、金属制品、通用设备、专用设备、交通设备、电气机械、电子通信和仪器仪表等行业。该地区外资企业后向关联的行业较多，优势突出，且主要体现为港澳台企业的后向关联优势突出，不仅涉及劳动密集型的轻工业，也涉及技术密集型的重工业。此外，非金属矿物、专用设备和电气机械等行业上体现出外国企业的后向关联优势大于港澳台企业。

（7）结论

由 FDI 与制造业集聚上下游行业的前后向联系分析可得如下结论：第一，典型集聚区中的 6 省份 FDI 与当地企业具有明显的前后向关联；第二，6 省份典型集聚区中具有前后向关联优势的 FDI 制造业行业较为丰富，能形成具有上下游关联效应的产业链；第三，6 省份 FDI 企业具有关联优势的行业较多，轻重工业均具有优势，表明典型集聚区中多样化集聚高于专业化集聚；第四，FDI 的前向关联度优于后向关联度，表明外资企业更偏好于产出利润较高的下游行业；第五，由于地缘关系，山东、江苏、上海外国企业的前后向关联优势相较于港澳台企业更突出，而浙江、福建、广东的港澳台企业比外国企业的前后向关联优势更突出，形成了两个不同的集聚群体；第六，山东、江苏、上海三地中江苏的多样化最为突出，而浙江、福建、广东三地中广东地区的多样化最为突出，容易形成以江苏和广东为中心的产业群落。

6.1.2　上下游产业关联的计量分析

对制造业集聚中的 FDI 企业上下游行业间的前后向关联度的测算和分析表明，制造业集聚中 FDI 企业与当地企业有着很强的前后向关联，且关联行业多样性强，涵盖轻重工业，能形成前后关联的产业链。那么，这个具备前后向关联的

FDI 与制造业集聚在技术融合之后，是否能将技术融合也融入上下游产业链中，促进产业链上各环节运用新技术，进而促进产品业务的改造提升？为了分析这个问题，本部分在前后向关联的基础上继续进行计量分析。

（1）模型的设立

为了考察 FDI 与制造业集聚的技术融合效应能否促进上下游产业链中产品业务的改造提升，在制造业集聚中 FDI 已具有上下游行业关联的前提下，考察 FDI 前后向关联度对 TFP 是否有促进作用，能较好地反映技术进步融入能否对产业链产生积极的促进作用。因而，借鉴第 5 章的思路，本部分仍以超越对数前沿生产函数 SFA 模型为基础，嵌入 FDI 前后向关联度系数，设立的模型如下：

$$\ln adi_{it} = \beta_0 + \beta_t t + \beta_k \ln k_{it} + \beta_l \ln l_{it} + \beta_{tk} t \ln k_{it} + \beta_{tl} t \ln l_{it} + \beta_{kl} \ln k_{it} \ln l_{it}$$
$$+ \partial_1 \ln fl_{imjt} + \partial_2 \ln bl_{jimt} - u_{it} + \varepsilon_{it} \tag{6-3}$$

其中，adi_{it} 以工业增加值代表制造业产值；K_{it} 代表固定资产投入；L_{it} 代表劳动力投入；ε_{it} 代表误差项。其中，面板数据的设立以 20 个行业为单位横截面，以每个地区为地域横截面，以 2004～2015 年共 12 年的数据为时序组。为了有助于比较，设立前向关联度嵌入模型，记为 F 嵌入模型；设立后向关联度模型，记为 B 嵌入模型；设立前后向关联模型，记为嵌入模型。此外，为了更好区分港澳台企业和外国企业的效应，据式（6-3）分别设立港澳台企业嵌入模型、外国企业嵌入模型和总外资企业模型，分别表示为 F1、F2、F3，B1、B2、B3，以及嵌入模型（1）、嵌入模型（2）、嵌入模型（3）。

（2）数据来源、处理及平稳性检验

面板数据来源于 2005～2016 年历年的《中国统计年鉴》《中国区域经济统计年鉴》等。研究区仍为典型集聚区涵盖的山东、江苏、上海、浙江、福建和广东 6 个省份。工业增加值以收入法进行测算，固定资产投入采用永续盘存法进行计算，并以 GDP 指数进行平减。[①]

为了避免面板数据可能存在的伪回归现象，有必要对其进行平稳性检验。就选取面板数据大 N 小 T 的特征，本部分采用 LLC 检验、Fisher 检验和 Hardri LM 三种方法，以保证检验结果的有效性，运用 Stata12.0 进行检验，各检验结果如表 6-3 所示。表 6-3 显示，所有数据在 0.0000 的显著水平上拒绝存在单位根的原假设。因此，可以认为所选取的数据具有平稳性的特征，不存在伪回归的问题，可以进行回归分析。

---

① 具体计算方法参见第 5 章，在此不再赘述。

表 6 – 3　面板数据平稳性检验结果

变量	LLC 检验	Fisher 检验	Hardri LM 检验
lnadi	– 7. 2485(0. 0000)	14. 5453(0. 0000)	13. 2532(0. 0000)
lnk	– 6. 8984(0. 0000)	14. 7642(0. 0000)	12. 6125(0. 0000)
lnl	– 5. 9448(0. 0000)	12. 2136(0. 0000)	14. 2293(0. 0000)
lnf1	– 9. 7117(0. 0000)	16. 5755(0. 0000)	11. 4870(0. 0000)
lnf2	– 9. 5948(0. 0000)	15. 7307(0. 0000)	11. 4396(0. 0000)
lnf3	– 7. 6073(0. 0000)	15. 7307(0. 0000)	11. 2738(0. 0000)
lnb1	– 4. 5041(0. 0000)	12. 9845(0. 0000)	11. 0469(0. 0000)
lnb2	– 5. 3106(0. 0000)	13. 7862(0. 0000)	10. 8886(0. 0000)
lnb3	– 4. 6408(0. 0000)	13. 0702(0. 0000)	11. 0027(0. 0000)

注：假设 "H_0：变量存在单位根"，括号中的数字为接受 H_0 的概率。

（3）模型估计及结果分析

据此公式运用 STATA12. 0 进行随机前沿面板时变衰减模型估计，得到的估计结果见表 6 – 4 至表 6 – 6。九个模型的估计结果显示，P 值均为零，Wald 值均大于零，gamma 值也均大于 0. 7，除了极个别变量，各变量的回归系数均呈现出显著相关，说明估计方法选择正确，估计结果良好，具有显著的统计意义。

表 6 – 4　嵌入 FL 后的时变衰减模型计量结果

变量	F1 嵌入模型	F2 嵌入模型	F3 嵌入模型
t	– 0. 1919065 *** (0. 0223935)	– 0. 1888763 *** (0. 0220462)	– 0. 1892364 ** (0. 0221244)
lnk	0. 1335428 *** (0. 0317001)	0. 1294508 *** (0. 0314103)	0. 1315768 *** (0. 0314962)
lnl	0. 726377 *** (0. 0514034)	0. 704928 *** (0. 0517877)	0. 7118773 *** (0. 0515201)
lnklnl	– 0. 0318344 *** (0. 0081087)	– 0. 067141 *** (0. 0011438)	– 0. 0311182 *** (0. 0080774)
tlnk	0. 0336252 *** (0. 0039481)	– 0. 0302 *** (0. 0080792)	0. 0334017 *** (0. 0039149)
tlnl	– 0. 0119386 *** (0. 0028188)	– 0. 0333536 *** (0. 0039044)	– 0. 0116866 *** (0. 0027885)
lnf	0. 0130804 ** (0. 0065832)	0. 0233562 *** (0. 0068109)	0. 0230081 *** (0. 0070393)
截距项	5. 340045 *** (0. 2199888)	5. 240987 *** (0. 2204935)	5. 228774 *** (0. 2226496)
mu	1. 190142 *** (0. 115543)	1. 13032 *** (0. 1135462)	1. 141333 *** (0. 1137709)
eta	0. 0404383 *** (0. 0061991)	0. 0411493 *** (0. 0062681)	0. 0409632 *** (0. 0062559)
lnsigma^2	– 1. 918677 *** (0. 1316627)	– 1. 95938 *** (0. 1308618)	– 1. 950261 *** (0. 1309922)
ilgtgamma	1. 097677 *** (0. 1830553)	1. 04549 *** (0. 1844336)	1. 057914 *** (0. 1839931)
gamma	0. 7498245	0. 7399079	0. 7422918
Prob > chi^2	0. 0000	0. 0000	0. 0000

续表

变量	F1 嵌入模型	F2 嵌入模型	F3 嵌入模型
最大似然函数值	90.664441	94.546038	94.015943
Wald chi^2	2 638.76	2 685.98	2 679.26
观测组	120	120	120

注：*、**、***分别表示在 10%、5%、1% 的水平上显著，圆括号中的数字为标准差。

表 6-5　　　　　　嵌入 BL 后的时变衰减模型计量结果

变量	B1 嵌入模型	B2 嵌入模型	B3 嵌入模型
t	-0.1775561 *** (0.0225178)	-0.1925194 *** (0.0208889)	-0.1781454 *** (0.0224243)
lnk	0.1410881 *** (0.0313684)	0.1287317 *** (0.0310103)	0.1422441 *** (0.0313577)
lnl	0.7202115 *** (0.0509863)	0.7043423 *** (0.0507716)	0.7221789 *** (0.0509685)
lnklnl	-0.0329495 *** (0.0081262)	-0.0310572 *** (0.0079741)	-0.033362 *** (0.0081241)
tlnk	0.0315443 *** (0.003919)	0.0343868 *** (0.0036858)	0.0316931 *** (0.0039035)
tlnl	-0.0108993 *** (0.0028011)	-0.0127813 *** (0.0026631)	-0.0109665 *** (0.0027947)
lnb	0.0191978 *** (0.0041643)	0.0185055 *** (0.003771)	0.0181324 *** (0.0039858)
截距项	5.285484 *** (0.2205193)	5.337642 *** (0.2134807)	5.258476 *** (0.2211174)
mu	1.172219 *** (0.1167011)	1.095392 *** (0.1063478)	1.16224 *** (0.1156523)
eta	0.0378771 *** (0.0063522)	0.0430083 *** (0.0060327)	0.038205 *** (0.0063425)
lnsigma^2	-1.947649 *** (0.1296381)	-2.01491 *** (0.1261498)	-1.955858 *** (0.1290837)
ilgtgamma	1.070179 *** (0.1812449)	0.9767279 *** (0.1809224)	1.057621 *** (0.1810405)
gamma	0.7446309	0.7264585	0.7422356
Prob > chi^2	0.0000	0.0000	0.0000
最大似然函数值	100.33007	100.82118	100.0119
Wald chi^2	2 660.19	2 884.08	2 673.69
观测组	120	120	120

注：*、**、***分别表示在 10%、5%、1% 的水平上显著，圆括号中的数字为标准差。

表 6-6　　　　嵌入 FL 和 BL 后的时变衰减模型计量结果

变量	嵌入模型(1)	嵌入模型(2)	嵌入模型(3)
t	-0.176155 *** (0.0225486)	-0.1884997 *** (0.0206938)	-0.1752102 *** (0.0222309)
lnk	0.1425064 *** (0.0313878)	0.1279877 *** (0.0308274)	0.1420854 *** (0.0312479)
lnl	0.7139805 *** (0.0513529)	0.6820547 *** (0.051343)	0.7044411 *** (0.0514829)
lnklnl	-0.0330182 *** (0.0081293)	-0.0301504 *** (0.007955)	-0.0328473 *** (0.008111)

变量	嵌入模型（1）	嵌入模型（2）	嵌入模型（3）
tlnk	0.0312335 *** (0.0039261)	0.0337329 *** (0.0036668)	0.0312311 *** (0.0038836)
tlnl	− 0.0105974 *** (0.0028116)	− 0.0120673 *** (0.0026493)	− 0.0104546 *** (0.0027791)
lnf	0.0068453 (0.0067147)	0.0176398 ** (0.0068545)	0.0163583 ** (0.0072042)
lnb	0.0183466 *** (0.0183466)	0.0165313 *** (0.0037816)	0.0160361 *** (0.0040296)
截距项	5.255634 *** (0.2224366)	5.222334 *** (5.222334)	5.148727 *** (0.2249675)
mu	1.172282 *** (0.1166875)	1.054737 *** (0.1053779)	1.130218 *** (0.114309)
eta	0.0376955 *** (0.0063605)	0.0433359 *** (0.0060897)	0.03841 *** (0.0063735)
lnsigma²	− 1.951179 *** (0.1294815)	− 2.048538 *** (0.1252145)	− 1.978602 *** (0.1284365)
ilgtgamma	1.065664 *** (0.1812502)	0.9318787 *** (0.1818955)	1.028777 *** (0.1815198)
gamma	0.7437715	0.7174563	0.7366788
Prob > chi²	0.0000	0.0000	0.0000
最大似然函数值	100.85004	104.12402	102.58573
Wald chi²	2 659.36	2 916.77	2 700.12
观测组	120	120	120

注：*、**、***分别表示在10%、5%、1%的水平上显著，圆括号中的数字为标准差。

第一，表6-4显示嵌入前向关联度系数（FL）后SFA的估计结果。结果显示，FDI前向关联度的回归系数均为显著正相关，表明FDI与制造业集聚产业的前向关联对典型集聚区的全要素生产率（TFP）产生显著的促进作用。从FDI分解的F1和F2嵌入模型来看，F2的回归系数高于F1模型，表明外国企业相较于港澳台企业的前向关联度所起的作用更大，更能促进集聚地生产效率的提高。

第二，表6-5显示嵌入后向关联度系数（BL）后SFA的估计结果。结果显示，FDI后向关联度系数对典型集聚区的全要素生产率产生显著的正向促进作用。从分解模型B1和分解模型B2的回归系数来看，B1的回归系数大于B2的回归系数，表明港澳台企业在后向关联度上对生产率的促进作用要高于外国企业。

第三，表6-6为同时嵌入前后向关联系数的总外资SFA模型以及外资分解模型。代表总的外资企业的嵌入模型（3）中前后向关联度的回归系数均显著为正，表明FDI的前后向关联效应对TFP有着显著的促进作用。同时，FDI前向关联度回归系数比后向关联度系数高，表明FDI的前向关联效应高于后向关联效应。从分解模型来看，嵌入模型（1）代表港澳台企业的前后向关联对TFP的作用，其结果显示，港澳台企业前向关联度不显著，而后向关联度为显著正相关，表明港澳台企业通过后向关联度促进制造业集聚生产效率的提高。嵌入模型（2）代表外国企业的前后向关联对 TFP 的作用，其结果显示，外国企业的前向关联与后向关联对 TFP 的促进都呈显著的正相关，且前向关联的回归系数大于后向关联的回归系数，表明外国企业的前向关联效应更为显著。

6.1.3　结论

本节通过测算 FDI 与制造业集聚的前后向关联度，并将前后向关联度嵌入超越对数前沿生产函数模型 SFA，考察前后向关联度对 TFP 的贡献，进而衡量其能否促进制造业集聚生产效率的提升。第一，在测算前后向关联度的基础上，对典型集聚区所在的 6 省份进行了优势关联产业划分，得出 6 省份的优势关联行业多样，不仅包括轻工业，还包括重工业，形成了上下游联结的产业链条，有助于形成前后关联的产业群落。第二，进一步进行嵌入模型估计的结果反映，FDI 与制造业集聚的前后向关联效应能对制造业集聚产生正效用，推动制造业集聚生产效率的提高。结合第 5 章 FDI 与制造业集聚形成技术融合的结论，可以认为，FDI 与制造业集聚的技术融合可通过上下游行业的关联渗透到产品生产的各个环节，进而促进产品业务环节生产技术的改进和效率的提升。第三，为了衡量港澳台企业和外国企业的不同作用，进一步对 FDI 的前后向关联度进行分解，并将分解结果嵌入 SFA 模型中。结果表明，山东、上海和江苏外国企业的前后向关联优势相较于港澳台企业更突出，而浙江、福建和广东的港澳台企业比外国企业的前后向关联优势更突出，形成了两个不同的集聚群落。第四，港澳台企业的后向关联度较强，外国企业的前后向关联度均较强，而总的 FDI 的前向关联效应比后向关联效应更强。反映了外国企业相较于港澳台企业更易于与制造业集聚形成上下游关联的网络系统。

总之，该节的分析在 FDI 与制造业集聚技术融合的基础上进一步证明了两者之间密切的上下游联系。技术融合可以通过 FDI 与制造业集聚上下游的网络联系，推动产品生产环节技术的升级，进而促进集聚生产效率的提高，从而促进业务环节的融合、推动产业链的重构。

6.2　典型区中异质性行业的空间网络效应

6.1 分析了制造业中产品业务环节上 FDI 与集聚存在的关联，然而产品业务的融合在制造业间发生之后，可能由于业务环节的升级，使新的行业出现，旧的行业消失，旧的行业也可能与异质性行业结合升级为新的行业。也就是说，不仅在制造业内部，制造业和其他行业之间也可能存在关联、产品业务融合以及产业链重构的现象，在产品业务重构之后形成新的制造体系。秉承此思路，为了进一步证实制造业之外的融合，使 FDI 与制造业集聚形成产品业务融合有更充分的证据支持，本节从异质性行业的空间关联入手进行实证检验。

6.2.1 异质行业关联的 SFA 模型分析

在 6.1 对 FDI 与制造业集聚在制造业行业间的关联分析的基础上，继续采用 SFA 模型分析异质性行业的关联。制造业在技术融合和产品业务融合上可能形成新的行业，但是新行业的统计往往需要经历一个较长的周期才能形成，目前关于新行业的统计数据较难获得。新行业的形成有可能是制造业内部产业环节技术提升、旧行业淘汰、新行业形成，也有可能是行业间形成的跨界融合引致新的行业产生，比如制造业的服务化或者服务业的制造化。因此，本节选择服务业作为异质性行业的衡量指标。

（1）模型的设立和变量的选取

本部分在分析模型上仍以 SFA 模型为主，旨在衡量 FDI、制造业集聚和服务业之间是否能够促进 TFP 的增长。因为 FDI 与制造业集聚之间的关联效应已证实，如果再嵌入服务业这一异质性行业变量，如果结果为正显著相关，则可证明异质性行业与 FDI、制造业集聚存在显著的关联，这个显著的关联可以说明产品业务环节能经由技术融合提升效率乃至产生工序和行业的演化。

在变量的选取上，由于衡量的是产品业务生产上的变化，异质性行业变量采用生产性服务业①的区位熵（LQ6），此区位熵可以衡量服务业在一地的优势，也能在一定程度上反映生产性服务业是否具有集中的趋势，显然生产性服务业越有优势的地区，融合的可能性越高。同时，应设立外资企业与 LQ6 的交叉项，用以反映外资企业与 LQ6 的相互作用；设立制造业集聚与 LQ6 的交叉项，用以反映两者之间的关联。此外，生产性服务业与制造业产生效应可能具有一定的滞后

---

① 《中国生产性服务业发展报告》（2007 年）将生产性服务业定义为在工业生产过程中连续的，能促进工业技术的进步、产业和结构升级以及提高生产效率，并为此提供保障服务的服务行业。本书根据国家统计局划分标准将交通运输、信息通信、金融业、租赁服务业以及科学研究服务业划入生产性服务业中。

性，因此在设立静态模型的基础上还设立了动态模型，用以反映滞后效应。据此思路设立的静态模型为：

$$
\begin{aligned}
\mathrm{lnadi}_{it} = {} & \beta_0 + \beta_t t + \beta_k \mathrm{lnk}_{it} + \beta_l \mathrm{lnl}_{it} + \beta_{tk} t\mathrm{lnk}_{it} + \beta_{tl} t\mathrm{lnl}_{it} + \beta_{kl} \mathrm{lnk}_{it}\mathrm{lnl}_{it} \\
& + \beta_{tt} t^2 + \beta_{kk}(\mathrm{lnk}_{it})^2 + \beta_{ll}(\mathrm{lnl}_{it})^2 + \mathrm{lnfh}_{it} \times \mathrm{lnlq6}_{it} + \mathrm{lnlq6}_{it} \qquad (6-4) \\
& + \mathrm{lnlq}_{it} \times \mathrm{lnlq6}_{it} - u_{it} + \varepsilon_{it}
\end{aligned}
$$

而后进一步设立动态模型为：

$$
\begin{aligned}
\mathrm{lnadi}_{it} = {} & \beta_0 + \beta_t t + \beta_k \mathrm{lnk}_{it} + \beta_l \mathrm{lnl}_{it} + \beta_{tk} t\mathrm{lnk}_{it} + \beta_{tl} t\mathrm{lnl}_{it} + \beta_{kl} \mathrm{lnk}_{it}\mathrm{lnl}_{it} \\
& + \beta_{tt} t^2 + \beta_{kk}(\mathrm{lnk}_{it})^2 + \beta_{ll}(\mathrm{lnl}_{it})^2 + \mathrm{lnfh}_{it} \times \mathrm{lnlq6}_{it} + \mathrm{lnlq6t}_{it} \qquad (6-5) \\
& + \mathrm{lnlq}_{it} \times \mathrm{lnlq6}_{it} - u_{it} + \varepsilon_{it}
\end{aligned}
$$

（2）数据来源与平稳性检验

本节计量模型采用与前述制造业集聚和 FDI 分析相同的 264 个地级及以上城市为研究区域，以 72 个典型集聚区为研究的主要对比区域采用 1999～2015 年的面板数据进行分析，数据主要来源于 2000～2016 年历年的《中国统计年鉴》《中国区域经济统计年鉴》《中国城市统计年鉴》以及中经网数据库等。对工业增加值按分配法进行计算，对固定资产投资以永续盘存法进行换算，对以货币计价的变量均进行平减。

对于新增的变量 lq 与 lq6 进行面板数据平稳性检验，采用 LLC、Fisher 以及 Hardri LM 三种方法的检验显示，两个变量的检验值以 100% 强烈拒绝单位根的原假设通过，表明新增变量的平稳性良好，可以进行回归估计（见表 6-7）。

表 6-7　　　　　　　　　　面板数据平稳性检验结果

变量	LLC 检验	Fisher 检验	Hardri LM 检验
lnlq	-1.9e+02(0.0000)	45.4004(0.0000)	19.0816(0.0000)
lnlq6	-3.5e+02(0.0000)	60.1051(0.0000)	18.5129(0.0000)

注：假设"H_0：变量存在单位根"，括号中的数字为接受 H_0 的概率。

（3）SFA 估计及结果

运用 Stata12.0 进行静态模型和动态模型的估计，全国范围内 264 个地级及以上城市的估计结果见表 6-8，典型集聚区 72 个地级及以上城市估计结果见表 6-9，典型区外资企业分解模型结果见表 6-10。六个模型的估计结果显示模型的 P 值为零，似然函数值较大，Gamma 值在 0.7 以上，Wald 检验值为正数，模型变量的回归系数大部分呈显著相关，表明模型设立合理，统计意义显著，模型具有很强的解释性。

表 6 - 8   嵌入 **LQ6** 后的时变衰减模型计量结果

变量	静态模型	动态模型
t	- 0. 194105 *** (0. 0234786)	- 0. 1778469 *** (0. 0254644)
lnk	0. 7115502 *** (0. 0129566)	0. 7115502 *** (0. 0129566)
lnl	0. 2867623 *** (0. 0106206)	0. 2867623 *** (0. 0106206)
lnklnl	- 0. 0550338 *** (0. 001104)	- 0. 0550338 *** (0. 001104)
tlnk	- 0. 0003258 *** (0. 0000608)	- 0. 0003258 *** (0. 0000608)
tlnl	0. 0007557 *** (0. 0000832)	0. 0007557 *** (0. 0000832)
t^2	0. 0002478 *** (0. 0000409)	0. 0002478 *** (0. 0000409)
lnk^2	0. 0620953 *** (0. 0014)	0. 0512043 *** (0. 0013457)
lnl^2	0. 0733015 *** (0. 0010349)	0. 0615591 *** (0. 0010135)
lnfhlnlq6	0. 0002144 (0. 0002188)	0. 0001583 (0. 0003638)
lnlq6	0. 0041988 ** (0. 0013841)	
lnlq6t		0. 0008035 *** (0. 0001877)
lnlqlnlq6	0. 0002318 ** (0. 0000965)	0. 0000688 (0. 0000726)
截距项	- 1. 804349 *** (0. 096554)	- 1. 804908 *** (0. 0839174)
mu	0. 1225089 *** (0. 0088811)	0. 1358551 *** (0. 0095223)
eta	- 0. 0361859 *** (0. 0034497)	- 0. 0487784 *** (0. 003114)
$lnsigma^2$	- 7. 033467 *** (0. 0712557)	- 7. 046207 *** (0. 0752204)
ilgtgamma	0. 8473954 *** (0. 1041983)	1. 245502 *** (0. 0995916)
gamma	0. 7000205	0. 7765203
Prob > chi^2	0. 0000	0. 0000
最大似然函数值	11 693. 347	11 601. 164
Wald chi^2	1. 76e + 06	2. 49e + 06
观测组	264	264

注：＊、＊＊、＊＊＊分别表示在 10%、5%、1% 的水平上显著，圆括号中的数字为标准差。

表 6 - 9   **典型区嵌入 LQ6 后的时变衰减模型计量结果**

变量	静态模型	动态模型
t	- 0. 0147866 *** (0. 0029734)	- 0. 0093073 *** (0. 0024445)
lnk	0. 7911298 *** (0. 0402257)	0. 770092 *** (0. 0324509)
lnl	0. 4408794 *** (0. 0160274)	0. 3561845 *** (0. 0160839)
lnklnl	- 0. 1010262 *** (0. 0015707)	- 0. 0845505 *** (0. 0017916)
tlnk	0. 0012189 *** (0. 0002069)	0. 0005268 ** (0. 0001829)
tlnl	- 0. 00044 ** (0. 0001474)	0. 0000564 (0. 0001461)
t^2	0. 0001102 ** (0. 0000391)	0. 0001749 *** (0. 0000411)

变量	静态模型	动态模型
lnk^2	0. 0769196 *** (0. 0027043)	0. 0670707 *** (0. 0023788)
lnl^2	0. 1159164 *** (0. 001859)	0. 0993158 *** (0. 0020353)
lnfhlnlq6	0. 0004772 (0. 0013771)	0. 0038246 *** (0. 0006693)
lnlq6	0. 0156385 *** (0. 0045253)	
lnlq6t		0. 0010985 ** (0. 000408)
lnlqlnlq6	0. 0011549 *** (0. 0001728)	0. 014232 *** (0. 0024885)
截距项	− 3. 197114 *** (0. 3245517)	− 2. 585099 *** (0. 2617822)
mu	0. 1175276 ** (0. 0519961)	0. 1021904 ** (0. 0322083)
eta	− 0. 0061445 ** (0. 003406)	− 0. 0125729 *** (0. 0033667)
$lnsigma^2$	− 6. 873424 *** (0. 1669368)	− 7. 046207 *** (0. 0752204)
ilgtgamma	1. 72658 *** (0. 2042104)	1. 837582 *** (0. 1980217)
gamma	0. 8489744	0. 8626624
$Prob > chi^2$	0. 0000	0. 0000
最大似然函数值	3 465. 5529	3 415. 544
$Wald\ chi^2$	247 981. 94	328 506. 23
观测组	72	72

注：*、**、*** 分别表示在 10%、5%、1% 的水平上显著，圆括号中的数字为标准差。

表 6 – 8 反映的是 264 个地级及以上城市 SFA 估计结果。首先，静态模型估计显示生产性服务业、生产性服务业与制造业集聚的交叉项系数显著为正，而外资公司和生产性服务业的交叉项不显著，说明生产性服务业自身对一地的 TFP 有着显著的促进作用，同时制造集聚效应更能推动生产性服务业促进作用的发生。其次，从动态模型的结果来看，生产性服务业滞后项的回归系数显著为正，而外资公司和生产性服务业的交叉项以及生产性服务业与制造业集聚的交叉项系数不显著，表明生产性服务业若是能在一地稳固下来，则能直接推动当地产业生产效率的提高。全国静、动态模型表明生产性服务业对一地 TFP 的影响十分显著，然而全国范围内的外资企业并未与生产性服务业形成显著的关联效应。

表 6 – 9 反映的是受 FDI 影响的典型集聚区，即 72 个地级及以上城市 SFA 嵌入模型的估计结果。首先，静态模型估计显示生产性服务业、生产性服务业与制造业集聚的交叉项系数显著为正，而外资公司和生产性服务业的交叉项仍然不显著。其次，动态模型估计结果显示，生产性服务业、生产性服务业与制造业集聚的交叉项，外资公司和生产性服务业交叉项系数显著为正，说明不同于全国的情况，典型区生产性服务业不仅自身对一地的 TFP 有着显著的促进作用。由与制造

业集聚交叉项的回归系数为三个变量中最高可知，制造业集聚效应的发挥更有助于促进生产性服务业效用的发挥；滞后项的显著相关也表明越是能在一地稳固的生产性服务业，对 TFP 的推动效应越强，通过制造业集聚发挥的效用也越强。而与外资企业交叉项回归系数的显著相关也表明外资制造业企业能带动当地生产性服务业促进制造业集聚生产效率的提高。

表 6 – 10 反映典型区中外资企业分解模型的估计结果。从中可见港澳台企业和外国企业的生产性服务业、生产性服务业与制造业集聚的交叉项系数、外资公司和生产性服务业的交叉项均呈显著正相关。其中，港澳台企业交叉项的回归系数小于外国企业交叉项的回归系数，说明外国企业对生产性服务业的带动能力更强。

表 6 – 10   **FDI 分解模型计量结果**

变量	港澳台投资模型	外国企业投资模型
t	– 0.0100042 *** (0.0024642)	– 0.0091147 *** (0.0024492)
lnk	0.7738349 *** (0.0325889)	0.7673398 *** (0.032386)
lnl	0.362105 *** (0.0160901)	0.350411 *** (0.0162178)
lnklnl	– 0.0845474 *** (0.0018005)	– 0.0841023 *** (0.0017883)
tlnk	0.0005481 ** (0.0001844)	0.0005129 *** (0.0001828)
tlnl	0.0000719 (0.0001465)	0.0000547 (0.0001463)
t^2	0.0002028 *** (0.0000405)	0.00018 *** (0.000041)
lnk^2	0.0668403 *** (0.0023887)	0.0669538 *** (0.0023741)
lnl^2	0.0987201 *** (0.0020293)	0.0991207 *** (0.0020317)
lnfhlnlq6	0.0037003 *** (0.0007598)	0.0047123 *** (0.000829)
lnlq6t	0.0011002 ** (0.0004085)	0.001135 ** (0.000408)
lnlqlnlq6	0.0145621 *** (0.0024855)	0.0123238 *** (0.0025392)
截距项	– 2.640499 *** (0.2623634)	– 2.529762 *** (0.2617941)
mu	0.1075512 *** (0.0321694)	0.1022939 ** (0.0337839)
eta	– 0.0131431 *** (0.0031968)	– 0.012612 *** (0.0034135)
$lnsigma^2$	– 6.964285 *** (0.1644791)	– 7.073764 *** (0.1653151)
ilgtgamma	1.945804 *** (0.1949901)	1.81972 *** (0.1994341)
gamma	0.8749884	0.8605325
Prob > chi^2	0.0000	0.0000
最大似然函数值	3 411.1513	3 415.3978
Wald chi^2	319 903.56	328 506.23
观测组	72	72

注：*、**、***分别表示在10%、5%、1%的水平上显著，圆括号中的数字为标准差。

由此可见，有别于全国范围的情况，在典型制造业集聚区中，生产性服务业与制造业集聚和外资企业之间都有着密切的关联，能够促进制造业集聚中 TFP 的发展。鉴于前述对制造业集聚和 FDI 的关联效应已有了实证上的证据，通过本部分的分析可以进一步认为，FDI、制造业集聚和生产性服务业三者之间存在着密切的关联效应，受 FDI 影响的制造业集聚中存在着明显的异质性行业关联。

6.2.2　异质性行业的空间关联效应分析

前一部分分析了 FDI、制造业集聚和生产性服务业的关联，证实三者间存在着密切关联的效应。然而，前一部分的分析还未能揭示关联效应是否能形成彼此联结的平台，相互联结平台是产品业务环节改造提升的基础承载，是技术融合能否顺利传导的通路，只有在异质性行业间形成了相互联结的平台才能实现产品业务的最终融合。为了讨论 FDI、制造业集聚和生产性服务业是否形成了相互联结的平台效应，本部分进一步建立空间计量模型对此进行分析。

（1）空间计量模型的设立

6.1 对 FDI 与制造业集聚的上下游产业前后向关联效应进行了检验，结合第5 章技术融合的实证分析，已然可以证明 FDI 与制造业集聚形成了相互联结的平台。因此，本部分仅需证明 FDI 与生产性服务业之间是否存在着空间效应关系，一旦有证据表明两者间存在此效应则可以说明 FDI、制造业集聚和生产性服务业之间存在相互关联的平台效应。考虑到前述生产性服务业滞后效应的显著性，设立以生产性服务业为因变量、FDI 为主要自变量的空间自回归模型。其中，FDI以永续盘存法进行存量换算，以 fdis 表示。其他控制变量方面，影响生产性服务业区位选择的因素还有：市场潜在规模，以人均地区生产总值（pergrp）表示；服务企业人力成本，以人均工资水平（perincome）表示；潜在高素质人力资源，以每万人在校学生数（h）表示；城市化水平，以城镇化率（bd）表示。据此思路设立的空间自回归模型如下：

$$lq6_{it} = \rho_i \sum_{i \neq j}^{n} w_{ij} lq6_{jt} + \partial fdis_{it} + \beta_1 pergrp_{it} + \beta_2 h_{it} + \beta_3 perincome_{it} \qquad (6-6)$$
$$+ \beta_4 bd_{it} + \mu_i + \varepsilon_{it}$$

（2）数据来源及处理

本空间计量模型采用与前述制造业集聚和 FDI 分析相同的典型集聚区的 72个地级及以上城市为研究区域，采用 1999～2015 年的空间面板数据进行分析，数据主要来源于 2000～2016 年历年的《中国统计年鉴》《中国区域经济统计年鉴》《中国城市统计年鉴》以及中经网数据库等。为了尽量避免出现异方差和共线性的情况，对所有的变量取 ln 值。

（3）模型估计及结果

该计量模型中采用的变量数据在前述分析中均已通过数据平稳性检验，继续采用 Stata12.0 进行 Hausman 检验，其值为 0.0028，因此需采用固定效用模型进行估计，估计结果见表 6 - 11。模型估计结果显示空间调整回归系数大于 0.7，且在 1% 的水平上强烈拒绝原假设，可决系数为正，绝大部分估计的回归变量也呈现显著相关，表明模型设立合理，具有显著的统计意义和良好的解释性。

表 6 - 11　　　　　　　　　　空间计量回归结果

变量	Main 结果	LR_Indirect 结果	LR_Direct 结果	LR_Total 结果
lnfdis	0.5643421 *** （0.0059337）	0.5579263 *** （0.0060167）	- 0.3900365 *** （0.0814564）	0.1678898 ** （0.0831381）
lnpergrp	- 0.1881556 *** （0.0509521）	- 0.2170322 *** （0.050045）	- 1.800243 *** （0.4007312）	- 2.017275 *** （0.3994152）
lnperincome	0.6623464 *** （0.0882515）	0.6925975 *** （0.085743）	1.739043 *** （0.4416068）	2.43164 *** （0.4886369）
lnh	0.0020466 （0.0050511）	- 0.0019678 （0.0052679）	0.0049826 （0.0136763）	0.0069504 （0.0188617）
lnbd	- 0.0702203 *** （0.0161433）	- 0.0725877 *** （0.016958）	- 0.1824812 ** （0.0597395）	- 0.2550689 *** （0.0730875）
其他检验值	空间自回归系数	0.7217499 *** （0.0420093）	方差	0.0692301 *** （0.0028179）
	调整 R^2	0.5126	似然函数值	- 120.1001
	Hausma 检验	0.0028 [0.0000]	观测组	72

注：*、**、*** 分别表示在 10%、5%、1% 的水平上显著，圆括号中的数字为标准差，方括号中的数字为接受零假设的概率。

第一，从主要变量 FDI 的总效应来看，FDI 与生产性服务业存在着十分显著的空间相关关系，对生产性服务业有着正向的促进作用。而其直接效应回归系数为正显著相关，间接效应的回归系数为负显著相关，说明 FDI 对生产性服务业的空间作用是直接的，FDI 的增加能极大地促进生产性服务业的发展。而间接效应为负则反映，FDI 向外进行的外溢扩散效应不利于生产性服务业的发展，说明生产性服务业与 FDI 存在着密切的配套效应，甚至有些制造业的 FDI 会直接带来生产性服务业的 FDI。

　　第二，从控制变量来看，在 FDI 的影响下，人均工资水平对生产性服务业的促进作用是正显著相关的，且其间接效应要大大高于直接效应；而潜在市场规模与城镇化进程却呈现显著负相关，同样间接效应要大于直接效应；同时高素质人力资源潜力的效果并不显著。由此可以反映，进入集聚地的生产性服务业在性质上并非以当地市场为主要导向，而是与 FDI 和制造业的关系紧密，是为 FDI 与制造业服务的生产性服务业。

　　由空间计量分析的结果可知，FDI 与生产性服务业存在着显著的空间关联效应。加之前述研究中证实的 FDI 与制造业集聚形成的上下游关联效应，可以认为，FDI、制造业集聚和生产性服务业代表的异质性行业可以形成相互关联的平台，技术融合可以通过该平台对传统产品业务进行提升改造，实现产业链的重构，形成产品业务的融合。

6.3　本章小结

　　本章首先通过投入产出法测算 FDI 与制造业集聚的前后向关联度，而后将前后向关联度嵌入超越对数前沿生产函数模型 SFA，考察前后向关联度对 TFP 的贡献，进而衡量其能否促进制造业集聚生产效率的提升。结果表明，典型集聚区所在的 6 省份优势关联行业多样，不仅包括轻工行业，还包括重工行业，形成了上下游联结的产业链条，有助于形成前后向关联的产业群落。随后嵌入前后向关联度的 SFA 模型估计的结果反映，FDI 与制造业集聚的前后向关联效应能对制造业集聚产生正效用，推动制造业集聚生产效率的提高。因此，在已形成技术融合的基础上，FDI 与制造业集聚的技术进步可通过上下游行业的关联渗透到产品生产的各个环节，进而促进产品业务环节生产技术的改进和效率的提升。此外，对 FDI 进行港澳台 FDI 和外国企业 FDI 分解后分析的结果表明，山东、江苏、上海外国企业的前后向关联优势相较于港澳台企业更突出，而浙江、福建、广东的港澳台企业比外国企业的前后向关联优势更突出，形成了两个不同的集聚群体；港澳台企业的后向关联度较强；外国企业的前后向关联度均较强，而前向关联度更强。总体而言，FDI 的前向关联效应比后向关联效应更强，反映了外国企业相较于港澳台企业更易与制造业集聚形成上下游关联的网络系统。

　　在证实 FDI 与制造业集聚存在上下游的网络关联效应的基础上，为了能更充分地探讨产品业务环节改造升级中可能形成的旧行业消退、新行业形成甚至是跨行业的产业融合，本章继续以异质性行业为切入点考察 FDI 与制造业集聚在上下游关联的基础上是否还与异质性行业之间存在相互关联的紧密联系。因此，本章以典型集聚区的生产性服务业代表异质性行业，建立 SFA 模型分析 FDI、制造业集聚和生产性服务业对典型区 TFP 的促进作用。结果反映，在典型制造业集聚区中，生产性服务业与制造业集聚和外资企业之间都有着密切的关联，能够促进制造业集聚中 TFP 的发展，因此可以进一步认为，FDI、制造业集聚和生产性服务业三者之间存在着密切的关联效应，受 FDI 影响的制造业集聚中存在着明显的异质性行业关联。

产品业务融合的标志是新产品业务关联平台的形成。本章已证实 FDI 与制造业集聚可以形成上下游关联的产品业务平台。因此，在证实了 FDI、制造业集聚和生产性服务业代表的异质性行业的密切关联之后，本章进一步通过设立空间自回归模型，证实了 FDI 与生产性服务业存在着显著的空间关联效应。结合 FDI 与制造业集聚形成的上下游关联平台，可以认为，FDI、制造业集聚和生产性服务业代表的异质性行业可以形成相互关联的平台，技术融合可以通过该平台对传统产品业务进行提升改造，产生产业链的重构，形成新产品业务平台，实现融合第二阶段的产品业务融合。

FDI 与中国制造业集聚市场融合分析

第 5 章和第 6 章的实证研究证实了 FDI 与制造业集聚之间存在着技术融合与产品业务融合。这两个融合是产业融合的重要阶段，其产出最终能推动新市场的形成，该市场指交易产品和服务有别于原有的产品和服务，模糊甚至取消了原有产品品类形成新的产品市场，这里包含了技术进步、产品创新和产业重构的过程。对于 FDI 与制造业集聚的融合来讲，市场融合经历了产品流向市场的融合、新产品的融合、新产业市场的融合。技术融合与产品业务的融合使 FDI 与集聚地企业跨越了企业的边界，促进了集聚区技术进步，形成创新网络、上下游关联和新产品业务联结的平台，形成了较为统一的新市场。因此，本章在第 3 章关于市场融合机理分析的基础上讨论 FDI 与制造业集聚是否存在新产品融合以及新行业市场的融合。

7.1 FDI 与中国制造业集聚新产品融合效应

新产品融合是继产品业务融合后，产业链重构和产业平台提升的必然结果，又是形成与原有产品市场不同的新市场的产品基础。因此，市场融合先要经历新产品的融合。本节讨论的目的就在于研究 FDI 与制造业集聚对新产品产出的影响，而后就新产品的产出对产业的成长进行进一步分析，用以证实新产品是否具有形成新市场的潜力。

7.1.1 FDI 与制造业集聚对新产品产出的分析

一般意义上的新产品指新发明的产品、改造升级的产品或新品牌设计的产品。在本书关于产业融合的讨论中，由于是经由技术发展，促进产品业务环节的改造升级，进而打破原有产品边界，产出新的产品，因此本书的新产品更侧重于指向包含技术改造的产品。

（1）新产品模型设立与变量的选取

在模型的设立上通过面板计量模型反应 FDI、制造业集聚与新产品产出的关系。由于前述分析已经明确证实 FDI 与制造业集聚能形成新产品业务的产出平台，在此仅需证实 FDI 与新产品产出之间的关联就可说明 FDI、制造业集聚与新产品产出的关系。因此，本部分采用新产品产出为因变量、FDI 为主要自变量。

关于因变量新产品的产出，本书考虑的是技术进步促进新产品的生产，因而以每十万人专利授权数作为衡量技术产出型新产品的变量指标，以 pa 表示。

主要自变量为存量 FDI，通过永续盘存法进行换算。在控制变量的选取上，在前述章节的分析基础上，考虑技术型新产品的产出需要有熟练的买方市场、较为适中的人力成本水平、活跃的技术交流以及高素质的创新人才，因而进一步设立市场规模潜力（以人均地区生产总值 pergrp 表示）、人力成本水平（以人均工资 perincome 表示）、技术交易额（以技术市场成交额 tmv 表示）以及创新人才储备（以每十万人高等学校毕业人数 h 表示）作为主要的控制变量。

据此思路设立的模型如下：

$$pa_{it} = \partial_0 + \partial_1 fdis_{it} + \beta_1 pergrp_{it} + \beta_2 perincome + \beta_3 tmv_{it} + \beta_4 h_{it} + \varepsilon_{it} \qquad (7-1)$$

其中，i、t 分别表示行业和年份；ε_{it} 表示误差项。

（2）数据来源、处理及平稳性检验

考虑到数据的可获得性以及口径的统一，本部分的数据主要采用 1999～2015 年省级面板数据，数据来源于 2000～2016 年历年的《中国统计年鉴》《中国区域经济统计年鉴》以及中经网数据库等。研究区为除港澳台、西藏以外的 30 个省级行政区，以及典型集聚区涵盖的山东、江苏、上海、浙江、福建和广东 6 个省份，分别将全国面板数据和典型区面板数据进行估计和比照。为了避免可能出现的共线性和异方差，对变量取自然对数进行处理。此外所有涉及计价的数据均进行了平减。

为了防止出现伪回归的现象，对面板数据进行平稳性检验，采用 LLC、Fisher 以及 Hardri LM 三种方法的检验显示，变量的大部分检验值均强烈拒绝单位根的原假设，且每个变量至少有两个检验值通过检验，表明新增变量的平稳性良好，可以进行回归估计（见表 7－1）。

表 7 - 1　　　　　　　　　　　面板数据平稳性检验结果

变量	LLC 检验	Fisher 检验	Hardri LM 检验
lnpa	-1.7932(0.0365)	9.1703(0.0000)	6.7353(0.0000)
lnfdis	-6.3982(0.0000)	12.6752(0.0000)	8.2236(0.0000)
lnh	-6.1862(0.0000)	10.0254(0.0000)	8.3725(0.0000)
lnpergdp	5.3046(1.0000)	2.9370(0.0017)	6.3677(0.0000)
lnperimcome	1.0395(0.8507)	1.8433(0.0326)	7.0966(0.0000)
lntmv	-18.1953(0.0000)	29.9474(0.0000)	6.6799(0.0000)

注：假设"H_0：变量存在单位根"，括号中的数字为接受 H_0 的概率。

（3）模型估计及结果分析

采用 Stata12.0 对模型进行 Hausman 检验，其检验值大于零，为 194.54，因此采用固定效用模型进行估计，估计结果见表 7 - 2。全国和典型区模型估计的结果均显示 P 值为零，可决系数为正，绝大部分估计的回归变量也呈现显著相关，表明模型设立合理，具有显著的统计意义和良好的解释性。

表 7 - 2　　　　　　　　　　　新产品面板模型回归结果

变量	全国模型	典型区模型
lnfdis	0.2954693(0.4671364)	1.650894 * (0.6871151)
lnpergrp	0.9182473 *** (0.1535113)	0.4115149 * (0.1888041)
lnperincome	-25.97486 *** (5.045401)	-5.750865 * (2.430993)
lntmv	0.0432249(0.0361508)	0.7872078 *** (0.0991686)
lnh	0.8123291 *** (0.1077185)	0.7249473 ** (0.1238704)
截距项	226.7658 *** (46.18298)	18.5858(28.58848)
P 值	0.0000	0.0000
R^2	0.1997	0.1924
Hansman	194.54	36.83
观测组	30	6

注：*、**、*** 分别表示在 10%、5%、1% 的水平上显著，圆括号中的数字为标准差。

从模型显示的结果来看，首先，全国模型中，主要自变量 FDI 的回归系数不显著，表明全国范围内 FDI 与新产品的产出并不具有显著的关联。而控制变量方面，市场规模与高素质人力资源成本呈现出显著的正相关，表明越是熟练的买方市场，越是具有高素质人才的地方，越能促进新产品的产出。此外，人力资源成本为负显著相关，说明太高的人力成本仍然会制约新产品的产出，但是这也说明了我国的高素质人才在目前产业发展中仍然没有得到足够的重视，这在一定程度上也制约了我国技术性新产品的产生。其次，从典型区的模型估计结果来看，主要自变量 FDI 的回归系数呈显著的正相关，且对新产品的产出具有很高的贡献率，说明在制造业集聚区，FDI 与制造业的技术融合效应、产品业务融合效应，使 FDI 技术进步通过创新关联平台大大推动了技术型新产品的产出。从控制变量来看，技术交易项呈现出显著的正相关，反映集聚区内的技术交易活跃，能促进技术的交流，有利于新产品的产出。市场规模潜力项与高素质人才项显著为正，但是回归系数小于全国的系数以及人均工资显著为负，这在一定程度上说明受 FDI 影响的典型集聚区仍未实现向技术集约型的转变。

7.1.2 新产品对产业成长的影响分析

前一部分的分析证实了典型制造业集聚区中 FDI 能大大推动技术型新产品的产出，从而迈出了市场融合实质性的一步。那么新产品的产出是否有助于产业的成长？若是新产品的产出有助于产业的成长，则表示新产品具有较好的市场需求，有助于新产业市场的形成。为了解决该问题，本部分拟考察新产品对产业成长的影响。

（1）产业成长模型设立及变量选择

产业的成长伴随着技术的改造、生产效率的提高、生产环节的改进以及产业升级等过程。由于研究的对象为 FDI 与制造业集聚，所以产业的成长与升级仍与制造业的成长有着密切的关系，而工业增加值是可用于衡量产业成长的较好指标。因此，在产业成长模型中采用工业增加值作为因变量，技术型新产品的衡量指标为主要自变量，即以每十万人专利授权数（pa）进行衡量。此外，由于研究的是 FDI 与制造业集聚融合效应下的产业成长，因此以 FDI 存量为另一主要的自变量。在控制变量上仍然选择市场规模潜力（pergrp）、人力成本水平（perincome）以及创新人才储备（h）作为主要的控制变量。据此设立的产业成长模型如下：

$$adi_{it} = \partial_0 + \partial_1 pa_{it} + \partial_2 fdis_{it} + \beta_1 pergrp_{it} + \beta_2 perincome + \beta_3 h_{it} + \varepsilon_{it} \qquad (7-2)$$

（2）模型估计及结果分析

本部分数据选择范围与本节前一个部分相同，同样对变量取自然对数值，工业增加值采用分配法进行测算。此外，对新增变量 adi 进行 LLC、Fisher 和 Hardri LM 检验，表 7-3 的检验结果说明变量通过检验，不存在伪回归的现象。

表 7-3 面板数据平稳性检验结果

变量	LLC 检验	Fisher 检验	Hardri LM 检验
lnadi	-1.5354(0.0623)	6.7802(0.0000)	6.9856(0.0000)

注：假设"H_0：变量存在单位根"，括号中的数字为接受 H_0 的概率。

对模型进行 Hausman 检验，全国模型检验值大于零，应采用固定效用模型进行估计；典型区模型检验值小于零，应采用随机效应进行估计，结果见表 7 - 4。全国和典型区模型估计的结果均显示 P 值为零，可决系数为正，典型区模型的 Wald 检验值为正，绝大部分估计的回归变量也呈现显著相关，表明模型设立合理，具有显著的统计意义和良好的解释性。

表 7 - 4   产业成长面板模型回归结果

变量	全国模型	典型区模型
lnpa	0. 0736101 ** (0. 0231454)	0. 1613757 * (0. 0906019)
lnfdis	0. 2257636 * (0. 1316613)	0. 3145792 * (0. 176842)
lnpergrp	0. 0769541 * (0. 0430058)	- 0. 1426113 (0. 120371)
lnperincome	0. 7889631 (1. 696719)	- 1. 252329 *** (0. 3858096)
lnh	0. 3140611 *** (0. 0367278)	- 0. 035542 (0. 1457722)
截距项	- 4. 494128 (15. 85269)	14. 93294 *** (3. 112931)
P 值	0. 0000	0. 0000
R^2	0. 3449	0. 4120
Hansman	0. 0680	- 51. 07
Wald 检验		76. 57
观测组	30 个	6 个

注：*、**、***分别表示在10%、5%、1%的水平上显著，圆括号中的数字为标准差。

从模型估计结果来看，首先，全国模型和典型区模型中的新产品产出和 FDI 存量的系数都显示出显著的正相关，表明 FDI 作用下，新产品的产出促进了工业增加值的增长，推动了产业的成长。将两个模型的回归系数进行对比显示，典型集聚区的主要自变量的回归系数大于全国模型，结合新产品模型的结论可知，FDI 与制造业集聚的融合效应促进了新产品的产出，推动了产业的成长。其次，从控制变量来看，典型区模型中仅有人均工资水平为负显著相关，而市场潜力和高素质人才资源都不相关且为负数，这几项控制变量代表本地的需求、劳动成本和人才储备情况，其负相关及非显著性表明在产业成长中外资的技术进步所起的作用巨大，而本地市场的需求效应、人才的培育成果均没有显现出来。换言之，受 FDI 影响的典型集聚区并不以国内市场为主要导向。

7.1.3 结论

本节通过新产品模型衡量 FDI 与制造业集聚在技术融合后，能否通过相互联结的上下游产品业务创新型平台促进技术型新产品的产出，而后通过构建产业成长平台进一步衡量技术型新产品的产出是否促进了产业的发展，从而判断新产品是否具备形成新市场的潜力，这是衡量 FDI 与制造业集聚市场融合的重要基础。

通过全国与典型区模型的比较，本节得出如下重要结论：第一，在制造业集聚区，FDI 与制造业的技术融合效应促进了技术进步，技术进步通过产品业务融合效应形成的上下游联结的创新平台推动了新产品的产出，而新产品的产出又进一步带动了产业销量的增加和产业的成长，具备形成新市场的潜力；第二，熟练的买方需求和高质量的人才储备促进技术型新产品产出的重要影响因素；第三，受 FDI 影响的典型集聚区中 FDI 对新产品产出和产业成长的拉动作用大，然而却以外向型发展为主，对劳动力成本的关注度仍然较高，对国内市场需求的关注度却较低；第四，我国在人才培育建设方面仍比较薄弱，制约了产业的成长。

通过上述分析基本可以判断 FDI 与我国制造业集聚的融合具有向第三个阶段即市场融合阶段发展的潜力，但仍需对是否形成新产业市场进行进一步的讨论。

7.2 FDI 与中国制造业集聚新产业融合效应

本节在前面得出的 FDI 与制造业集聚具有市场融合潜力的基础上继续寻找经验证据进行证实。上节从新产品和产业成长的角度进行实证，本节则进一步从新产业的角度进行研究，因为新产业一旦形成，新市场也将随之形成。新产业代表旧行业的改造升级，或者新技术促进旧产业的消亡和新产业的诞生。从产业融合理论的发展及各种实证研究情况来看，新产业的形成始于信息技术的发展、信息业与其他产业的融合，此后扩散至其他的技术进步，同一行业之间的企业和不同行业乃至不同产业之间的融合，诸如制造业的服务化和服务业的制造化等现象已是层出不穷。虽然新产业目前并没有统一的划分标准，也没有相应的统计，但是仍然可以从现代服务业特别是生产性服务业和制造业的结合发展窥见其新兴的产业市场。本书第 6 章的实证研究也证实了 FDI、制造业集聚和代表异质性行业的生产性服务业之间存在相互联结的网络创新平台。在此基础上，本节从生产性服务业入手，考察主要的 FDI 和制造业集聚对生产性服务业成长的影响，由此可以判断 FDI、制造业集聚与新产业形成的关联，进而推断 FDI 与制造业集聚的技术和产品业务融合能否促进新产业、新市场的产生，进而促进市场融合的实现。

7.2.1　新产业模型的建立及变量的设立

新产业模型旨在衡量 FDI、制造业集聚与新兴产业的关联。因此，在因变量的选取上，采用生产性服务业的主要行业有：信息传输、计算机服务和软件业（以 xx 表示）；科研、技术服务和地质勘查业（以 ky 表示）；交通仓储邮电业（以 jt 表示）；金融业（以 jr 表示）；租赁和商业服务业（以 zl 表示）。本部分选取各地级及以上城市各行业的从业人员数代表行业的发展情况。

关于主要自变量，本部分选取典型制造业集聚区中的 FDI 存量作为主要的自变量（以 fdis 表示），衡量 FDI 的效应可以推断 FDI、制造业集聚以及新兴行业之间的关系。此外，由于 FDI 企业的投入与产生效应之间将存在一定的时滞性，因此本部分设立 FDI 滞后一期作为滞后项（以 fdist 表示）以构建动态效应模型进行考察。此外，制造业集聚的程度（以 lq3 表示）和集聚地服务业集聚（以服务业区位熵 lq6 表示）发展的情况也会对新产业的形成产生重要的影响，因此也将两者设为主要的自变量。

在控制变量的选取上，遵循前述思路，市场潜在的服务购买能力、从业人员的雇佣成本、人才的储备以及城镇化滋生的更高需求均会对新产业的成长产生影响。因此，将人均地区生产总值（pergrp）、人均工资水平（perincome）、每万人高等学校毕业学生数（h）以及城镇化率（bd）设为控制变量。

据此设立的模型为：

$$y_{it} = \partial_0 + \partial_1 fdis_{it} + \partial_2 fdist_{it-1} + \partial_3 lq_{it} + \partial_4 lq6_{it} + \beta_1 pergrp_{it} + \beta_2 perincome + \beta_3 h_{it} + \beta_4 bd_{it} + \varepsilon_{it}$$ (7-3)

其中，y 代表因变量，在模型估计的过程中将不同行业变量依次代入，构成五个不同行业的模型。

7.2.2　数据来源、处理及平稳性检验

由于信息、计算机服务和软件行业从 2003 年才开始统计，科研、技术服务和地质勘查业 2003 年才作为一个大类进行统计，考虑到数据的可获得性以及口径的统一，本部分的数据主要采用 2003~2015 年地级及以上城市的面板数据。考虑到分析的目标为 FDI、制造业集聚以及新产业的成长，研究区范围界定在典型集聚区的 72 个地级及以上城市中，数据来源于 2004~2016 年历年的《中国统计年鉴》《中国区域经济统计年鉴》《中国城市统计年鉴》以及中经网数据库、国泰安数据库等。为了避免可能的共线性和异方差，对变量取自然对数进行处

理。此外所涉及货币计价的数据均进行了平减。

为了防止出现伪回归的现象，对新增的面板数据进行平稳性检验，通过
LLC、Fisher 以及 Hardri LM 三种方法进行单位根的检验，检验结果见表 7-5。
表 7-5 显示所有变量的检验值全部强烈拒绝存在单位根的原假设，顺利通过平
稳性检验，表明新增变量的平稳性良好，可以进行回归分析。

表 7-5　　　　　　　　　面板数据平稳性检验结果

变量	LLC 检验	Fisher 检验	Hardri LM 检验
lnxx	-7.7250(0.0000)	14.7919(0.0000)	9.0841(0.0000)
lnky	-4.8268(0.0000)	11.5476(0.0000)	8.0955(0.0000)
lnjt	-5.6637(0.0000)	13.3586(0.0000)	8.4468(0.0000)
lnjr	-7.8009(0.0000)	15.2254(0.0000)	9.6582(0.0000)
lnzl	-4.7646(0.0000)	13.0875(0.0000)	7.5875(0.0000)

注：假设 "H_0：变量存在单位根"，括号中的数字为接受 H_0 的概率。

7.2.3　模型估计及结果分析

（1）模型的估计步骤及显著性分析

分别将信息传输、计算机服务和软件业（xx），科研、技术服务和地质勘查
业（ky），交通仓储邮电业（jt），金融业（jr），租赁和商业服务业（zl）代入式
（7-3）中，以模型 1～模型 5 表示。对五个模型进行 Hausman 检验，模型 1、模
型 4 和模型 5 的检验值大于零，应采用固定效应模型进行估计，模型 2 和模型 3
的检验值小于零，应采用随机效应模型进行估计。估计的 P 值为 0，可决系数为
正，采用随机效应估计的模型 2、模型 3Wald 检验值也为正，各模型回归系数大
部分呈现显著相关，表明模型设立合理，具有显著的统计意义，解释性良好（见
表 7-6 至表 7-10）。

表 7-6　　　　　　　　　面板模型 1 回归结果

变量	回归结果	变量	回归结果
lnfdis	-1.2275 *** (0.3165135)	lnpergrp	0.396297 ** (0.1328213)
lnfdist	0.662579 ** (0.211561)	lnperincome	1.905264 *** (0.3501891)
lnlq	-0.04598(0.1537034)	lnh	0.076323 *** (0.0183719)
lnlq6	0.109571(0.2842823)	lnbd	0.18644 ** (0.069789)
截距项	-2.63055(6.435833)		
P 值	0.0000	R^2	0.0693
Hansman	73.31	观测组	72 个

注：*、**、*** 分别表示在 10%、5%、1% 的水平上显著，圆括号中的数字为标准差。

表 7 - 7　　　　　　　　　　　　　面板模型 2 回归结果

变量	回归结果	变量	回归结果
lnfdis	- 0. 4791253 * (0. 2275759)	lnpergrp	0. 389088 *** (0. 0852505)
lnfdist	0. 4884917 ** (0. 1955029)	lnperincome	1. 118011 *** (0. 3208315)
lnlq	- 0. 09402 (0. 1525758)	lnh	0. 1112267 *** (0. 0269073)
lnlq6	0. 0539466 (0. 2780422)	lnbd	0. 1734951 ** (0. 0557646)
截距项	- 6. 4513 * (3. 304423)	R²	0. 6139
P 值	0. 0000	Wald 检验值	296. 52
Hansman	- 181. 46	观测组	72 个

注：＊、＊＊、＊＊＊分别表示在 10%、5%、1% 的水平上显著，圆括号中的数字为标准差。

表 7 - 8　　　　　　　　　　　　　面板模型 3 回归结果

变量	回归结果	变量	回归结果
lnfdis	- 0. 0839958 (0. 1317897)	lnpergrp	0. 1881372 *** (0. 0516251)
lnfdist	0. 1185861 (0. 1238372)	lnperincome	1. 13492 *** (0. 1689722)
lnlq	0. 1418896 (0. 1049577)	lnh	0. 0639762 ** (0. 0221288)
lnlq6	0. 3390437 (0. 2073553)	lnbd	0. 1759503 ** (0. 0600129)
截距项	- 12. 94822 *** (2. 004816)	Wald 检验值	204. 15
P 值	0. 0000	R²	0. 5956
Hansman	- 201. 54	观测组	72 个

注：＊、＊＊、＊＊＊分别表示在 10%、5%、1% 的水平上显著，圆括号中的数字为标准差。

表 7 - 9　　　　　　　　　　　　　面板模型 4 回归结果

变量	回归结果	变量	回归结果
lnfdis	- 0. 7708151 *** (0. 1640293)	lnpergrp	0. 1660596 ** (0. 0699703)
lnfdist	0. 4674951 *** (0. 1068393)	lnperincome	0. 7594468 *** (0. 1567882)
lnlq	- 0. 0186655 (0. 0597099)	lnh	0. 0431044 *** (0. 0096718)
lnlq6	0. 0216268 (0. 0701829)	lnbd	0. 085128 ** (0. 0309634)
截距项	- 2. 724558 (2. 864786)		
P 值	0. 00	R²	0. 0005
Hansman	25. 40	观测组	72 个

注：＊、＊＊、＊＊＊分别表示在 10%、5%、1% 的水平上显著，圆括号中的数字为标准差。

表 7 - 10　　　　　　　　　　　　　面板模型 5 回归结果

变量	回归结果	变量	回归结果
lnfdis	- 1. 082575 ** (0. 3471806)	lnpergrp	0. 4163414 ** (0. 1280252)
lnfdist	0. 7426642 ** (0. 2335069)	lnperincome	0. 3673621 (0. 4788373)
lnlq	- 0. 1482494 (0. 1725547)	lnh	0. 0633594 ** (0. 0231748)
lnlq6	0. 0790035 (0. 3971984)	lnbd	0. 1361808 (0. 0888517)
截距项	- 1. 825413 (7. 597318)		
P 值	0. 0000	R²	0. 0326
Hansman	40. 62	观测组	72 个

注：＊、＊＊、＊＊＊分别表示在 10%、5%、1% 的水平上显著，圆括号中的数字为标准差。

（2）结果分析

第一，信息传输、计算机服务和软件业的面板模型 1 显示 FDI 系数呈现显著负相关，而 FDI 滞后项呈现显著正相关，但正相关的力度不如负相关的力度，同时，制造业集聚和服务业集聚系数呈不显著相关，其中制造业集聚的系数为负。这个结果表明目前 FDI 主要仍以制造业为主，FDI 的进入将争夺该服务行业的人力资源，同时也表明 FDI 与制造业集聚还没有同信息传输、计算机服务和软件业进行更为深入的结合。但是，FDI 滞后项的正显著相关表明从长期发展来看 FDI 后能带动信息传输、计算机服务和软件业的成长。

第二，科研、技术服务和地质勘查业的面板模型 2 显示，FDI 系数呈现显著负相关，而 FDI 滞后项呈现显著正相关，但负相关的力度较之正相关的力度大，同时制造业集聚和服务业集聚系数呈现的情况与模型 1 相似，表明 FDI 投入且发生作用后能推动科研、技术服务和地质勘查业的发展，且在某种程度上 FDI 本身引入了科研和技术服务的行业，这个行业的成长有助于和传统制造行业的结合。

第三，交通仓储邮电业的面板模型 3 显示 FDI 及其滞后项、制造业集聚以及服务业集聚均呈现不显著相关，这表明 FDI 与制造业集聚对交通仓储邮电业的发展无显著关系。

第四，从金融业模型 4 以及租赁和商业服务业的模型 5 的估计结果均反映 FDI 系数呈负显著相关，而其滞后项呈现正显著相关，滞后项正相关的力度不如 FDI 项负相关的力度。这表明与信息传输、计算机服务和软件业相似，FDI 的进入会抢占该服务行业的人力资源，然而从长期发展来看，FDI 效应发挥以后能够推动该服务行业的发展。

第五，从控制变量的情况来看，人均地区生产总值（pergrp）、人均工资水平（perincome）、每万人高等学校毕业学生数（h）以及城镇化率（bd）项在前四个模型中均呈现出显著正相关。而在第五个模型中人均工资水平以及城镇化率虽然呈现不显著相关，但是其系数为正。这表明对于生产性服务业而言，市场潜在的服务购买能力、从业人员的雇佣成本、人才的储备以及城镇化滋生的更高需求均会对其产业的成长产生积极的促进作用。

7.2.4 结论讨论

本节以新产业的形成作为新市场形成的主要衡量指标，通过探讨 FDI、制造业集聚和新产业成长的关系，推断 FDI 与制造业集聚是否促进了新产业的发展，进而判断 FDI 与制造业集聚是否形成了市场融合。以分行业的生产性服务业、

FDI 和制造业集聚为基础构建的新产业模型组，能够分析 FDI 与制造业集聚是否存在与生产性服务业结合的潜力，结合的潜力越大则融合的可能性越大，越有可能在传统制造业的基础上形成跨界融合，促进新产业的发展，则新市场的发展也随之而来，市场融合得以实现。

由新产业模型组的分析可得：第一，以制造业为主的 FDI 和集聚会与生产性服务业产生争夺人力资源的现象，短期来看不利于生产性服务业的发展。第二，从长期发展来看，制造业 FDI 与集聚的融合将通过技术扩散、提高劳动生产率和促进产业升级等方式减少对服务业资源和人力的争夺，同时，由于 FDI、制造业集聚和生产性服务业存在相互关联的网络创新平台，因此 FDI 可以将技术融合的外溢效应，通过此平台扩展到生产性服务业上，促进其效率的提高；此 FDI 的进入也将吸引相关配套服务行业的进入，甚至有不少生产性服务业是由 FDI 带动进入的，因而从长期的发展来看，FDI 对生产性服务业有推动作用。第三，科研、技术服务和地质勘查业中 FDI 的长期效应最为显著，甚至抵消了短期效应的影响，这与 FDI 日益增多的技术服务投入以及在典型集聚区中落地的研发机构大幅增加有着密切的关系，也表明在此行业中新产业产生的潜力最大。第四，信息传输、计算机服务和软件业、金融业以及租赁业的模型结果也反映 FDI 的长期正效应虽不如短期负效应显著，然而正效应表明具有未来融合的潜力。

综上所述，FDI 与制造业集聚的融合目前还不具备促进新产业融合发展的能力，但从长期效应来看，对新产业的发展有着促进的作用，因此具备市场融合的潜力。

7.3 本章小结

本章在第 3 章机理分析、第 5 章技术融合分析以及第 6 章产品业务融合分析的基础上，考察 FDI 与制造业集聚是否存在市场融合的问题。由于新市场的划定目前并无标准，且无统计，因此只能从生产方入手探讨是否形成新市场的问题。新市场有别于传统市场，是不同于传统产业的新产业市场，而新产业往往是随着科技的发展以及需求的变化与异质性行业产生融合，带有异质性行业融合特征的新产业能产出跨界融合的产品。沿着该思路逆向而行，本章首先建立新产品模型，考察在 FDI 与制造业集聚的技术和产品业务融合的基础上能否继续推动新产品的产出；其次通过构建产业成长模型进一步衡量技术型新产品的产出是否促进了产业的发展；最后通过构造新产业模型，以 FDI 与制造业集聚对异质性行业成长的影响考察新产业产生的可能。

通过逐级实证分析，本章得出的重要结论如下。

第一，在制造业集聚区，FDI 与制造业的技术融合促进了技术进步，技术进步通过产品业务融合形成的上下游联结的创新平台推动了新产品的产出，而新产品的产出又进一步带动了产业销量的增加和产业的成长，具备形成新市场的潜力。

第二，受 FDI 影响的典型集聚区中 FDI 对新产品产出和产业成长的拉动作用大，但是出口导向型发展、对劳动力成本的持续关注、对国内市场需求开发的缺乏以及在人才培育建设方面的薄弱，制约了新产业的成长。

第三，就与异质性企业的结合方面来看，FDI 与制造业集聚融合在短期内有助于制造业的发展，但制造业在资源与人力上的争夺遏制了异质性行业的发展。

第四，从长期发展来看，制造业 FDI 与集聚的融合将通过技术扩散、提高劳动生产率和促进产业升级等方式减少对资源和人力的争夺，并通过关联平台效应推动异质性行业的发展；同时，随着 FDI 对国内市场关注的提高，伴随需求而来的高技术 FDI 以及为 FDI 提供技术服务和研发服务的 FDI 流入将大大加强异质性行业的发展，推动异质性行业与传统行业的融合，形成新的产业，产生新的市场，实现市场融合。

综上所述，基本可以判断 FDI 与我国制造业集聚的融合具有向第三个阶段即市场融合阶段发展的潜力，但目前在典型集聚区，囿于制造业集聚发展的惯性，利用 FDI 推动异质性产业和制造业融合，促进新行业产生方面的效应还没有显现出来，从短期来看 FDI 与制造业集聚的融合还不能促进新行业的产生，但从长期发展来看，FDI 与制造业集聚具有提升改造传统行业的能力，随着 FDI 流入质量和性质的改变以及 FDI 带动的为制造业服务的相关配套行业的进入，未来的市场融合可期。市场融合也是制造业集聚转型升级的重要方向。

FDI 与中国制造业集聚阶段融合的
空间效应

在第 3 章机理分析的基础上，第 5 章到第 7 章对 FDI 与制造业集聚融合发展的三个阶段进行了实证研究，研究而得的经验证据表明 FDI 与制造业集聚产生了技术融合以及产品业务融合，顺利实现了融合的前两个阶段，在 FDI 与集聚地制造企业之间形成了同行业和上下游行业之间互相联结的网络创新平台，FDI 与制造业集聚的企业拥有的先进技术和生产经验可以通过该平台进行传导，促进传统制造业的改造升级，产出新的产品。虽然第 7 章的经验证据表明 FDI 与制造业集聚还未实现产业融合的第三个阶段市场融合，即还未完全促使传统行业产生质变，形成新的行业，产生新的市场，然而 FDI 与制造业集聚融合促使新产品产出和行业成长的能力表明两者之间存在市场融合的潜力。论证研究的过程中本书也发现，在融合发展过程中，由于发展速度的不均衡以及投资企业的来源地和性质的不同，典型区内的企业也无法同时产生融合演化，因而在区域分布上将呈现新的特点，本章就在前述研究结论的基础上对制造业集聚融合各阶段效应影响下的空间变化情况进行研究，尝试揭示制造业集聚空间分布变迁的规律。

8.1 技术融合下典型区的空间效应

第 5 章以估计超越对数随机前沿生产函数模型 SFA 计算 264 个地级及以上城市的 TFP 为基础，设立技术外溢计量模型，证实 FDI 与制造业集聚对技术进步有显著的促进和外溢扩散作用，FDI 对制造业集聚具有技术外溢的效应，并且和制造业集聚形成良性互动机制，通过促进制造业技术进步、规模效应的提升，进而促进要素的重新配置，提高了制造业集聚的 TFP 水平，因此两者之间存在着良好的技术融合基础。进一步设立的创新网络空间计量模型表明 FDI 与制造业集聚在创新效应的发挥上还存在显著的空间关联性，形成了创新网络平台，标志着技术融合实现。该空间效应对与关联密切的制造业集聚的区位变迁将产生怎样的影响，是本节要探讨的问题。

8.1.1 技术融合效应下典型区的时空分异

（1）典型区 TFP 时空分布

技术融合不仅是技术外溢效应，还包括在技术外溢效应基础上产生的 FDI 与集聚地制造企业跨越企业边界的技术交互关联；跨越边界的技术融合不仅停留在原有技术水平上，还能提高企业整体的技术层次。因此，技术融合更多地体现为以技术为基础的新要素的优化配置。新要素的产出效果如何，全要素生产率 TFP 是很好的衡量指标。本节对技术融合空间变迁的研究，将 TFP 作为代表技术融合的主要属性数据纳入空间分析；以受 FDI 影响的典型集聚区作为主要的研究区域，将 TFP 投置于 72 个典型区地级及以上城市中；以 1999～2015 年作为主要的研究时序组，得到 TFP 时序输出图；为了使结果更能显著反映问题，选择每隔四年作为一个周期进行分析（见图 8-1）。

（2）典型区时空分布变迁

图 8-1 显示，1999 年 TFP 发展水平较高的地区主要集中在山东、江苏、上海和广东地区，浙江和福建的高值区较少，相比于没有高值区的山东与江苏，广东地区高值区的数量虽多，但较为分散。总体而言，1999 年的 TFP 分布以分散型为主。

2003 年 TFP 发展增速的城市增多，山东和江苏的 TFP 水平进一步加强，发展水平较为均衡。此间福建浙江的高值区增多，让浙闽粤地区的 TFP 不平衡发展加剧。从 2003 年的分布图中也可以看出，各地区形成了 TFP 的核心高值区：山东以青岛为核心；江苏以苏州为核心；上海一直是 TFP 核心高值区；浙江以温州为核心；福建形成了福莆泉厦连线的核心区；广东则是惠州、广州、深圳、珠海联结的核心区。因此，2003 年的显著特点是：在 TFP 显著增长的基础上，以省级单位衡量的各典型集聚区域出现了明显的核心区。这表明 1999～2003 年，随着我国开放程度的加大，进入 FDI 增多，制造业典型集聚区的经济发展水平和速度都得到了极大的提高。

而 2007 年 TFP 分布图则显示，中值以上地区的数量明显减少，山东、江苏、福建减少得最为明显，福建的高值区也出现了明显减少。与此相反的是，浙江出现了增长的情况，且不仅是中值以上的地区增加了，杭州、嘉兴也成为高值区。2007 年 TFP 分布图表明 TFP 分布非不平衡进一步加大，增长高的地区进一步减少。

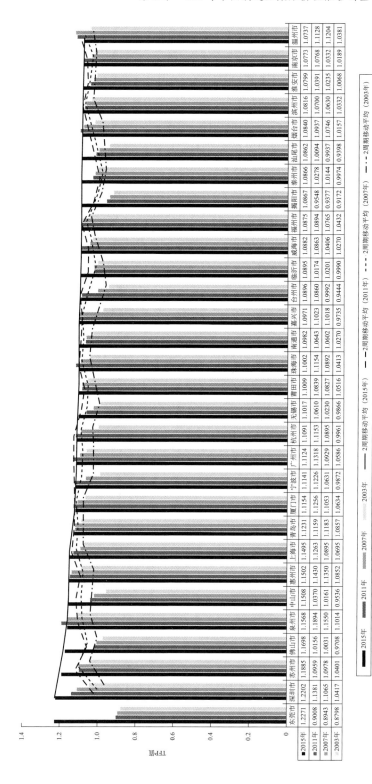

图 8-1　典型区前 30 位城市 TFP 分布时序图

2011 年中值以上地区进一步减少，几个高值区的核心趋势更为明显。结合 2003 年与 2007 年的分布图来看，这一阶段，典型集聚区的空间分布发生了明显的变化，呈现出分散向集中演化的趋势。

至 2015 年，中值以上的区域进一步减少，高值区仅存在于江苏苏州、上海、福建泉州，以及广东的惠州、东莞、深圳、广州和珠海。这表明区域发展的集中性更为明显，且在典型集聚区中出现由北向南转移的趋势。

综上所述，FDI 与制造业集聚融合后，TFP 值越高则表明该区域技术融合的程度越高，该地制造业集聚的生产效率也越高。TFP 的分布使制造业集聚产生了区位上的变迁，表明技术融合对集聚的区位分布产生了影响，TFP 核心区的增长速度越快，核心区的趋势效应就越强，次核心区和中值区成为腹地的概率越大，而地区间不平衡发展进一步加剧。

8.1.2 技术融合效应下典型区的热点探测分析

时空分异分析反映了技术融合效应对集聚地区域分布的影响，但是无法反映区域间的空间联系，然而技术融合使集聚核心区发生变化，与之关联的网络平台效应也将随之发生变化。因此，本部分进一步通过热点探测分析，考察集聚区空间关联的时空变化。本部分将 TFP 代入式（4 - 2）和式（4 - 3）中，运用 ARGGIS10.1 软件进行分析，并输出制造业热点探测时序（见图 8 - 2）。

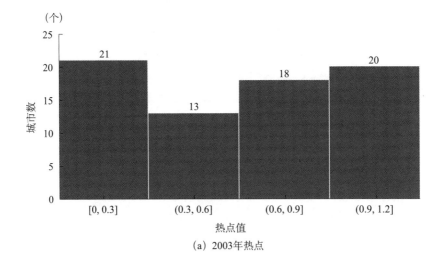

（a）2003年热点

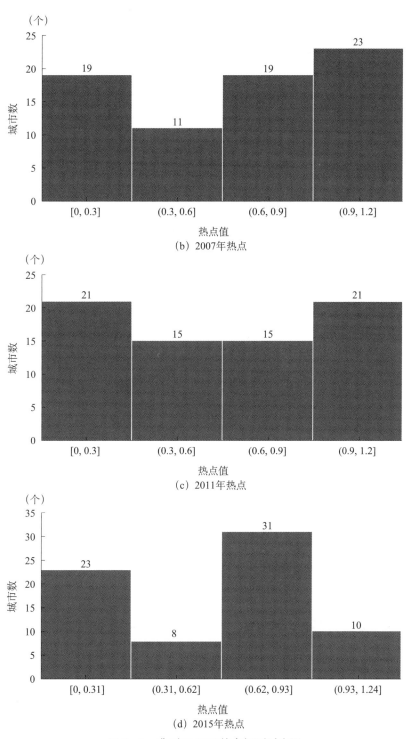

（b）2007年热点

（c）2011年热点

（d）2015年热点

图 8 - 2　典型区 TFP 热点探测时序图

热点探测图 8 - 2 反映出的空间关联变化特征为：第一，1999 ~ 2003 年，空间关联圈层结构较为显著的地区为山东、江苏和上海地区，呈现出以青岛、济南和以上海为核心的逐渐向外扩散的圈层结构。第二，2003 ~ 2011 年，随着福建、广东地区核心区域的扩大，两地圈层结构也日益扩大，且空间关联的重心呈现出向包含长三角以南地区转移的趋势。第三，2011 ~ 2015 年，空间关联的区域范围进一步扩大，其中广东地区的空间关联特征效应最为突出。

由热点探测分析可知，热点探测的结果与时空分异的结果极为相似，在 FDI 与制造业集聚技术融合效应下，典型集聚区的空间分布产生了变化，六个地区均呈现围绕核心区向外逐次扩展的圈层结构，以及存在着核心区、次级核心区与腹地的关联效应。但与此同时，空间关联效应显著的地区呈现出由山东半岛—上海、苏南核心转向长三角、闽中南以及珠三角核心，出现了明显的空间变迁的格局。

8.1.3 技术融合效应下典型区的局部空间相关分析

为了进一步了解空间关联在局部圈层结构中是否显著，需要通过局部空间相关进行考察，局部空间相关得以反映局部空间相关关系的密切性，可以反映关联是否稳固，是对热点分析的补充。同样，将 TFP 代入式（3 - 4）与式（3 - 5）中，得到 Z 得分、P 值以及 COType 聚类结果，就高高、高低、低高、低低聚类的显著性输出 MORAN 显著性结果（见图 8 - 3）。

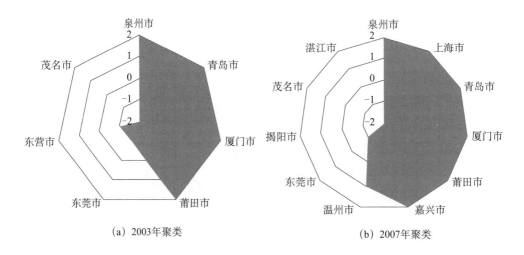

(a) 2003年聚类　　　　　　　　　　(b) 2007年聚类

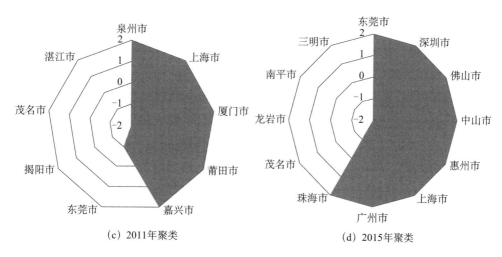

(c) 2011年聚类　　　　　　(d) 2015年聚类

图 8 – 3　典型区 MORAN 显著性水平时序图

图 8 – 3 清晰地反映了具有显著空间关联区域的局部相关关系，即高低聚类的情况。将其与图 8 – 1 和图 8 – 2 结合起来看，反映出不同阶段的区位分布特征。1999 年，典型集聚区中 TFP 分布较为分散，未形成强化集中的效应，圈层结构也不甚明显，广东地区出现集中的萌芽，汕头及其邻近地区的 TFP 值较高，因此形成了汕头的高高聚类区，但总体而言形成集聚的现象并不明显。2003 年，6 省份均出现了 TFP 的核心高值区，集聚的趋势加强，圈层结构开始显现，出现了山东青岛和福建泉州、厦门、莆田的高高聚类区。2007 年，集聚的趋势进一步加强，除了上述两个集聚区外，还出现了上海、嘉兴高高聚类区。2011 年，TFP 核心区和圈层结构呈现向南转移的趋势，山东、苏南的 TFP 增速放缓，山东的高高聚类区消失。2015 年，广东的 TFP 增速不断提高，圈层范围日益扩大，显示出强势的集聚联结效应，该年的强势集聚区体现为珠三角高高聚类区和上海高高聚类区。

由此可知，具有显著空间关联的集聚区经历了分散—集中—再集中的过程，分布的区域呈现由北向南转移的规律。

8.1.4　技术融合效益下典型区的演化方向

由上述 ESDA 法的分析可得重要结论：第一，FDI 与制造业集聚的技术融合促进了集聚生产效率的增长和资源配置的优化，促进了制造企业竞争实力的提升，也推动了制造业集聚区位分布的变迁；第二，技术融合促进制造业集聚高值区由山东半岛向长三角以南的地区转移，这与第 4 章分析的制造业集聚变迁规律一致。第三，受 FDI 影响的典型制造业集聚区呈现出"分散—集中—弱化—再集中"的规律，与本书第 4 章分析的制造业集聚分布呈现"分散—集中—弱化"极为相似且更进一步，产生此现象的原因在于技术融合促进了原有制造业集聚的分布变迁，变迁的过程在区位分布上体现为分散，然而实际上逐渐形成了以技术融合高值区为核心区的新的集聚态势，技术融合发展得越快，新的集聚优势就越强。这正是制造业集聚演化的重要方向。

第 3 章的分析亦指出技术融合并非一蹴而就，需通过集聚效应的发挥才能促进 FDI 与制造业突破边界的封锁，实现技术的外溢、消化、创新和融合，是在制造业集聚基础上的融合。因此，其区位变迁形成于集聚之后，其形成促进了企业竞争实力的提升，使实现技术融合的企业发展大大快于其他的区内企业，形成了以技术融合型企业为核心的集聚内企业生态的变化，带动促进其他企业技术融合的发生。反映在区位变迁上即为技术融合实现较好的区域，生产效率提高速度快，水平也较高，将形成以这些区域为核心的依次向外扩散的集聚圈层结构。上述的第三条结论尤为重要，是对这个变化的规律总结。

结合第 4 章的区位分布变迁，大致可以判断技术融合效应实现的时间段在 2007 年以后，在 2008 年金融危机冲击下，原有制造业集聚改造升级的意愿也更为强烈，随着 2011 年涵盖世界 1/3 人口的中国—东盟自由贸易区的成立，对外开放合作的渠道增多、范围拓宽、方式多样，在原有制造业集聚的基础上，技术融合的推进大大加快。速度最快、效应最高的典型区中，长三角尤其是上海和珠三角地区的技术融合效应凸显出来。

值得一提的是，这个技术融合对空间的重构并未使原有的集聚产生大的变迁，是在原有集聚基础上的重要升级，是技术融合对原有集聚成功改造的体现。但并非所有地区的技术融合都如上海和珠三角地区般成功，因此相较之下这些地区的集聚呈现弱化的态势，未来的发展若是不能顺利通过技术融合提升制造业集聚的水平，将很有可能在拥挤效应作用下呈现分散的态势，成为集聚经济良性发展的掣肘。

8.2　产品业务融合典型区的空间效应

本书第 5 章测度 FDI 与典型区制造行业的前后向关联系数，并通过嵌入 SFA 法建立新产品和产业成长模型，证实了 FDI 与制造业集聚之间存在显著的上下游联结平台关系，能使技术融合效应通过此关联平台进行传导，促进传统产业的改造升级。随后通过实证考察 FDI 对代表异质性行业的服务业的影响，构造新产业模型，证实了就长期发展而言，FDI 与制造业上下游产业的融合发展不仅有利于促进传统制造业的改造升级，还有助于在技术进步的基础上推动制造业与异质性行业的融合，产出新的产品，产生新的行业。此过程必然引起原有制造业集聚内部企业和产业生态结构的变化。随着技术溢出路径、上下游企业关联路径的自发调整，制造业集聚将逐步形成新的循环累积效应。技术融合与产品融合成为路径畅通的主要先导，激发此循环不断地创新，形成新的良性循环系统，产生新的产品业务关联平台。以此平台为核心，形成新的产业集聚的态势。对位于邻近区域，处于前后关联产业链上的集聚，则可能形成关系密切的相关产业集群，而周边地区将由于扩散效应而成为集群发展的良好腹地。此类产业集群的发展无疑对整个区域经济的带动十分有益。本节在产品业务融合的基础上分析制造业集聚的空间演化趋势。

8.2.1　典型区产业链式联结趋势

第 5 章测算了 FDI 与制造业集聚各行业的前后向关联系数，本节据此将各地区前后向关联系数前两位的产业进行了归纳，得到上下游行业关联表 8 − 1。

表 8 − 1 显示的结果如下。

表 8 − 1　　　　　　　　典型集聚区制造业上下游行业关联表

地区	前向关联行业	后向关联行业
山东	农副产品、食品、饮料、医药、服装	化学原料、金属制品
江苏	农副产品、食品、饮料、造纸、医药、石油炼焦、非金属矿物、黑色金属、有色金属、金属制品、通用设备、专用设备、交通运输、电气机械、电子通信	石油炼焦、化学原料、化学纤维、黑色金属、有色金属、金属制品、通用设备、专用设备、交通运输、电子通信、仪器仪表
上海	石油炼焦、化学原料、化学纤维、非金属矿物、有色金属、交通运输、仪器仪表	化学纤维、通用设备、电气机械、电子通信业
浙江	纺织、交通运输、电气机械	纺织
福建	纺织、服装、造纸、化学原料、化学纤维、非金属矿物、黑色金属、有色金属、通用设备、专用设备、电子通信、仪器仪表	纺织、石油炼焦、化学纤维、非金属矿物、通用设备、专用设备、交通运输、电气机械、电子通信
广东	服装、造纸、石油炼焦、化学原料、化学纤维、黑色金属、有色金属、金属制品、通用设备、专用设备、电气机械、电子通信、仪器仪表	纺织、石油炼焦、非金属矿物、黑色金属、有色金属、金属制品、通用设备、专用设备、交通设备、电气机械、电子通信、仪器仪表

资料来源：根据第 6 章测算典型集聚区制造业前后向关联系数而得。

第一，山东的 FDI 前向关联优势行业主要以轻工业为主，后向关联优势行业主要以重工业为主。总体而言，轻工行业的优势产业多于重工行业，表明山东的 FDI 与以生产消费型产品为主的行业关联密切。

第二，江苏的 FDI 前向关联优势产业多于后向优势产业，江苏是所有地区中 FDI 前后向关联行业最为丰富的地区，几乎涵盖了所有制造业的主要行业，关联的行业门类齐全，是最易于形成上下游产业链相互联结合作的地区。其中，石油炼焦、黑色金属、有色金属、金属制品、通用设备、专用设备、交通运输、电子通信等行业的 FDI 前后向关联的优势都非常明显，表明 FDI 对于这些行业的参与度很高。

第三，上海的 FDI 前后向关联产业中，前向关联优势行业也多于后向优势行业，且主要为重工行业，表明上海的 FDI 与提供生产资料的工业行业密切相关。值得指出的是，上海的化学纤维工业前后向关联优势突出。

第四，浙江的 FDI 前后向关联行业相对较少，但是浙江的 FDI 在纺织行业上体现出非常突出的前后向关联优势，表明浙江的 FDI 对轻纺工业的参与程度极高。

第五，福建的 FDI 前后向关联的行业门类也较为丰富，涵盖了轻工业和重工业的门类，其中，纺织、化学纤维、非金属矿物、通用设备、专用设备、电子通信行业中 FDI 的前后向关联优势均十分明显，FDI 的参与程度很高。

第六，广东的 FDI 前后向关联行业门类丰富，除了食品工业以外，其他制造业行业均呈现出前后向关联的优势。其中，石油炼焦、黑色金属、有色金属、金属制品、通用设备、专用设备、电气机械、电子通信、仪器仪表等行业的前后向关联水平均十分突出。

由于产品业务融合是在技术融合的基础上实现的，因此，在对图 8-1 分析的基础上结合上一节技术融合对典型区区位分布影响的结论，可以得出：第一，鉴于江苏、上海、福建和广东的 FDI 前后向关联产业丰富，且长三角、珠三角和闽中南存在较为显著的 FDI 与制造业集聚的技术融合效应，因此在这几个地方仍然是产品业务融合的主要发展区域。第二，江苏、福建、广东的 FDI 前后向关联涵盖的产业门类丰富，且在多个产业中同时存在前向与后向关联的优势效应，因而更易于在这些区域形成上下游关联的专业产业链与多样产业链，技术融合与产品业务融合产生的创新网络平台效应能通过产业链进行传递，促进传统产业的改造升级，甚至推动产业链的重构。

8.2.2　分地区 FDI 对链接模式的影响

第 5 章关于产品业务融合的实证研究得出了一个重要结论，港澳台地区 FDI 与外国的 FDI 前后向关联对生产效率的提升有着不同的效应，外国的 FDI 前后向关联有着更为显著的促进作用。因此，分析产品业务融合的空间变化时也需对不同来源地的 FDI 进行比较，考察不同 FDI 对区位变迁的影响。因而在第 5 章测算前后向关联度的基础上，本节进一步将港澳台企业和外资企业前后向关联的优势产业进行了分类，分类的结果如表 8 - 2 和表 8 - 3 所示。

表 8 - 2　　　　　　　　　　分地区制造业前向关联优势产业表

地区	港澳台企业	外国企业
山东		食品（1.881113）、饮料（1.526912）、农副产品（1.368081）、医药（1.111757）
江苏		电子通信（15.88822）、通用设备（7.457395）、黑色金属（7.422368）、专用设备（6.49549）、交通运输（4.678783）、饮料（2.173474）、造纸（1.868281）、食品（0.850581）、医药（0.842989）、农副产品（0.543703）、石油炼焦（0.386311）、非金属矿物（0.266046）
上海	化学纤维（3.663548）	有色金属（7.266241）、化学原料（4.795474）、交通运输（0.421589）、非金属矿物（0.269877）、石油炼焦（0.268339）
浙江	金属制品（10.30191）	
福建	化学纤维（11.53364）、服装（2.138046）、纺织（0.783484）、造纸（0.773432）	通用设备（8.422675）、化学原料（7.334574）、黑色金属（6.528191）、专用设备（5.043978）
广东	电气机械（6.481716）、金属制品（4.273034）、服装（1.670612）、纺织（0.469033）	交通运输（17.17887）、仪器仪表（4.444544）

资料来源：根据第 6 章测算典型集聚区制造业前后向关联系数而得。

表 8 - 3　　　　　　　　　　分地区制造后向关联优势产业表

地区	港澳台企业	外国企业
山东		化学原料（4.647619）、金属制品（2.438665）
江苏		通用设备（19.12665）、专用设备（14.13294）、仪器仪表（13.81882）、交通运输（5.053034）、电子通信（4.564789）、金属制品（4.163387）、化学原料（2.521192）、石油炼焦（1.877984）、黑色金属（1.405983）、有色金属（1.405983）、非金属矿物（0.166687）

续表

地区	港澳台企业	外国企业
上海	化学纤维（5.004562）	化学原料（5.004562）、通用设备（19.09816）、电气机械（5.499305）、电子通信（5.473295）
浙江		
福建	石油炼焦（10.4637）、化学纤维（2.130175）、纺织（0.736528）	交通运输（11.08941）
广东	纺织（1.265364）	专用设备（17.54715）、仪器仪表（11.57181）、电气机械（5.251544）黑色金属（0.829876）、有色金属（0.829876）、非金属矿物（0.176913）

资料来源：根据第6章测算典型集聚区制造业前后向关联系数而得。

　　表8-2是分地区制造业的前向关联度优势产业表，表中显示，山东、江苏、上海外资企业具有优势，而浙江、福建和广东则是港澳台企业具有优势。从具体的产业分布上来看，外国企业的前向关联方面，山东仍是以食品医药类的轻工产品为主；江苏则是电子通信、设备和金属制造业居首，涵盖的制造业门类丰富，轻重工业相得益彰；上海、福建与广东的FDI与重工业的关联优势更为突出。港澳台企业的前向关联方面，上海与福建的FDI与轻纺工业的关联优势显著；浙江重工业关联优势突出；广东涵盖了轻重工业的关联优势。

　　再看表8-3的后向关联行业，外国企业后向关联优势行业仍然高于港澳台企业，且山东、江苏、上海、福建和广东均体现出FDI与重工行业之间的密切后向关联，而港澳台企业具有优势关联的行业分布于上海、福建和广东，主要与轻纺行业的后向关联优势较强。

　　由上述分析可知，第一，外国企业在前后向关联方面更具有优势，更能推动产业的链接发展，因此外国企业参与度较高的区域，产业集聚链式发展的可能性越高。第二，外国企业在关联上具有优势的产业涵盖轻重工业，但更侧重于重工业，这对集聚区技术的进步有着积极的影响，有助于推动集聚在产业链上的合作与重构。第三，山东、江苏和上海的外国企业关联效应突出，且上海和江苏的优势产业明显，容易形成以上海和苏南为龙头的产品业务融合的集聚核心区。第四，浙江、福建和广东的港澳台企业前后向关联效应较为显著，虽然也包含重工行业，但是主要还是以轻工行业为主，同时福建与广东的外国企业重工行业上的前后向关联效应也较为显著，因此有可能在福建和广东特别是闽中南和珠三角地区形成产品业务融合的核心集聚区，且由于广东的行业关联优势体现得更为明显，因而珠三角地区产品业务融合下的集聚效应将会更为显著。

8.2.3　产品业务融合效应下典型区的演化方向

上述分析选取 FDI 前后向关联具有优势的产业进行演化分析，结果表明外国企业相较于港澳台企业更能与制造业集聚产生上下游的关联效应，且外国企业更能与重工行业产生前后向关联效应，而港澳台企业更易于与轻工行业产生前后向关联的关系。在技术融合的作用下，技术改进更易于通过产品业务融合形成创新发展的网络平台，而平台的关联性不仅体现在产业内部，还体现在相互关联的上下游产业之间。因此，技术的进步通过平台进行的效应传导，不仅可以促进同产业技术的升级改造，还可以促进上下游产业链的重构。综合上述分析，结合 8.1 的结论，本节对产品业务融合效应下典型区制造业集聚的空间分布演变趋势作出如下的判断。

第一，从同行业的角度来看，在前后关联中都具有优势的产业较易于形成专业化程度更高、技术更新水平更快、行业改造提升能力更强的集聚。上海的化学纤维、石油炼焦、黑色金属、有色金属、金属制品、通用设备、专用设备、交通运输、电子通信，福建的纺织、化学纤维、非金属矿物、通用设备、专用设备、电子通信；广东的石油炼焦、黑色金属、有色金属、金属制品、通用设备、专用设备、电气机械、电子通信、仪器仪表等都将形成更高层级的专业化集聚。其中，与 FDI 关联尤为显著的重工业所在地，即江苏、福建和广东的与 FDI 密切相关的重工行业将形成技术型核心集聚区，驱使技术型企业向该核心靠拢，同质产业不断向技术型集聚区靠拢，无法适应技术进步和改造升级的产业则逐步迁出，引起原集聚企业生态的变化。

第二，从行业链式关联角度来看，同行业以外的产业，存在着上下游关联效应的产业，容易形成以中间产品为基础的产业链接平台。在技术融合和产品融合效应的基础上更易于形成链式发展的产业群落。涵盖轻重工业门类较为多样的江苏、上海、福建和广东均具有形成产业链式发展的条件，能在区域间形成专业化集聚互相关联的新的产业集群的发展态势。而且，产业群落不可能都集中在一个区域内，而是倾向于分布在邻近的区域内，由此可以在各个区域中产生专业化集聚的效应，又可以在城市之间、区域之间产生产业链式合作的效应，推动区域经济的协调发展。

第三，从分布区位变迁来看，鉴于外国企业和港澳台企业的不同效应，长三角在上海、苏南以及浙北的龙头带动下，重工行业与外国企业密切相关，技术提升、产业改造的效率较高，在产品业务融合效应的作用下能快速进行升级；广东珠三角地区的制造业行业虽然与港澳台企业和外国企业都呈现出密切的前后向关联，但主要的关联行业存在于重工行业中，因而珠三角地区产品业务融合的效应也能迅速发挥优势。因此，长三角和珠三角不仅是技术融合效应的核心区，也是产品业务融合的核心集聚区。这两个区域将成为 FDI 与制造业集聚融合的重点区域，是带动新一轮制造业集聚转型升级的关键区域。

8.3 市场融合下典型区的空间效应

融合的最后一个阶段为市场融合，市场融合的实现标志是新的行业诞生，技术融合和产品业务融合是市场融合的基础，通常会在市场融合以及产品业务融合显著的区域出现市场融合，因此，本节的分析在前两节区位分析的基础上进一步考察市场融合效应对制造业集聚空间分布的影响。

第 7 章的分析表明，FDI 与制造业集聚具有市场融合的潜力，表现在对新产品的产出和行业的成长上有着积极的推动作用，但是通过生产性服务业构造的异质性行业模型却显示，在原有制造业集聚中并未有明显的新行业产生的情况。由此推断 FDI 与制造业集聚之间具有市场融合的潜力，但还未形成市场融合，而市场融合仍然是未来发展的方向。因此，本节仍然继续探讨产品业务融合后，市场融合阶段制造业集聚可能的空间发展变化。考虑到产业融合始于技术，特别是信息技术的发展与变革，且目前科技发展处于新一轮信息技术革命的浪潮中，因此本节延续第 7 章的论证思维，选择信息传输、计算机服务和软件业作为最有可能实现与制造业结合的代表进行分析。在第 7 章的分析中，还有一个典型的行业呈现出与受 FDI 影响显著的制造业集聚相结合的趋势，即科研、技术服务和地质勘查业，因此本节也将其作为一个重要的代表行业进行分析。此外，第 7 章的分析中采用的生产性服务业中，金融业与租赁业的实证结果与信息传输、计算机服务和软件业相似，而与邮政仓储业则呈现不显著相关，因此对这几个行业不再进行单独的分析。

8.3.1 典型区信息传输、计算机服务和软件业分布演化

按照 8.1 的方法，首先以从业人员数衡量信息传输、计算机服务和软件业的发展情况，将其投置到典型区的政区图上，输出分布时序图；其次通过热点探测法以反映区域间的空间关联效应；最后通过局部空间相关考察空间关联的显著性（见图 8 - 4、图 8 - 5 和表 8 - 4）。

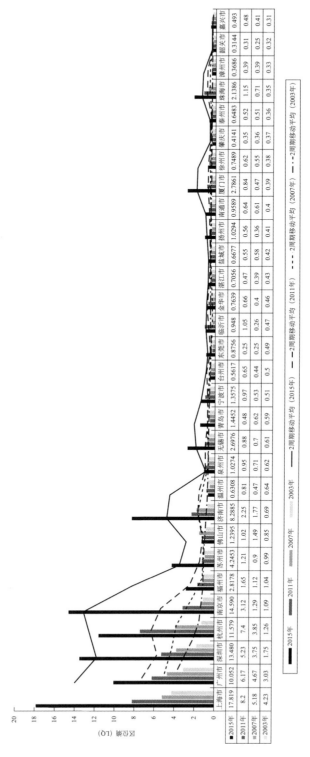

图 8 - 4　典型区信息传输、计算机服务和软件业前 30 位城市分布时序图

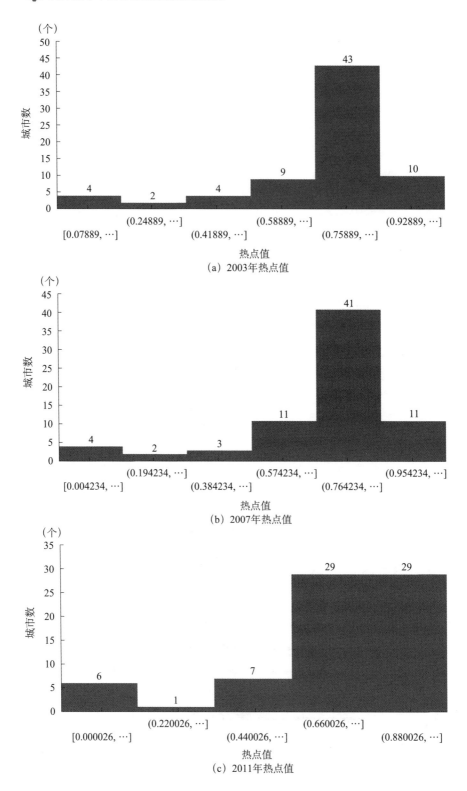

（a）2003年热点值

（b）2007年热点值

（c）2011年热点值

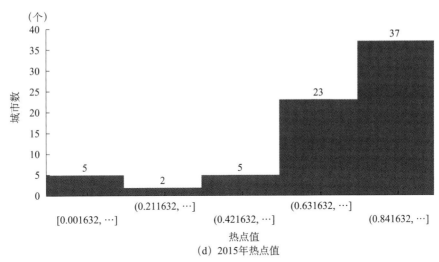

(d) 2015年热点值

图 8 − 5　区信息传输、计算机服务和软件业热点探测时序图

表 8 − 4　　　　　　　　　　　　典型区 MORAN 显著性水平时序表

城市	2015 年聚类	城市	2011 年聚类	城市	2007 年聚类
上海市	HH	广州市	HH	深圳市	HH
广州市	HH	深圳市	HH	杭州市	HL
深圳市	HH	佛山市	HH		
苏州市	HH	杭州市	HL		

　　时序分布图 8 − 4 显示：2003 年，信息传输、计算机服务和软件业的高值区为上海，济南、南京、杭州、广州和深圳为中高值区。2007 年，杭州、广州和深圳进一步成为新的高值区，浙江和福建的中值区增加。2011 年，新增中高值区福州和佛山，江苏东部的中值区增加。至 2015 年，济南和佛山衰退至中值区，仅余上海与广州为高值区。由分布时序图可见，与技术融合、产品与业务融合的演化方向趋同，信息传输、计算机服务和软件业的典型集聚核心区也呈现由北往南转移的趋势，主要的核心区落在长三角中的上海以及珠三角中的广州。

　　图 8 − 5 反映了热点探测的结果，其显示 2003 年信息传输、计算机服务和软件业的空间关联较为分散，2007 年以后开始出现较为显著的空间圈层结构，主要集中在上海、苏南、浙北以及广东中部，2007 ~ 2015 年，空间关联圈层得到明显的强化，核心区更为突出，次核心区与腹地结构更为显著，除了原核心区以外，福建和山东的关联趋势增强。

　　再结合反映空间关联显著性的表 8 − 4 来看，2003 年、2007 年的空间关联均不显著，2011 年广东的广州和深圳以及 2015 年新增上海和苏州成为空间关联最为显著的地区。

通过上述对典型区信息传输、计算机服务和软件业的空间分布和关联的分析可知，该行业的热点分布和空间关联特点与技术融合和产品业务融合的空间变迁有所不同，表现出集聚核心区逐步增加的态势，该态势符合新行业的发展特点。南部地区的空间关联较强，核心区域突出，长三角和珠三角仍然是发展和关联的核心区域，这与技术融合和产品业务融合的圈层结构十分相似。

8.3.2 典型区科研、技术服务和地质勘查业分布演化

对典型区的科研、技术服务和地质勘查业的人员数同样进行区位分布时序图输出、热点探测以及空间局部分析，得出表 8-5 以及图 8-6、图 8-7。图 8-6 显示 2003 年的高值区为上海和广州，2007 年为上海和深圳，2011 年和 2015 年则仅余上海，而中高值区主要集中在南京、杭州和广州。从热点探测图 8-7 来看，上海核心区及其周边地区苏南、浙北存在着明显的圈层结构；广州附近也一度出现较为明显的圈层结构，但是自 2011 年起圈层的发展强度不如上海及其周边地区。而从局部显著性分析表 8-5 来看，这几个区域并没有呈现出显著空间统计特征，仅是在一些核心区域即杭州、上海和广州出现了高低聚类的空间特征。

表 8-5 典型区 MORAN 显著性水平时序表

城市	2015 年聚类	城市	2011 年聚类	城市	2007 年聚类
广州市	HL	上海市	HL	杭州市	HL

8.3.3 市场融合效应下典型区的演化方向

由上述空间分析可知：第一，以信息传输、计算机服务和软件业以及科研、技术服务和地质勘查业为代表的异质性行业，在典型区中的分布主要集中在上海以及以上海为核心的苏南和浙北地带和以广州、深圳和珠海为核心的广东中部。这与技术融合以及产品业务融合的主要核心圈层十分相似，表明这两个地区具有市场融合的条件。第二，信息传输、计算机服务和软件业的发展代表了新技术革命的发展，是与当前技术革命发展趋势相符的新兴行业。第 7 章的实证也证实 FDI 长期效应的发挥，即通过技术融合促进技术进步，通过产品业务融合促进产业的改造升级和上下游产业的重构，能够促进新产品的产出和新行业的成长，由

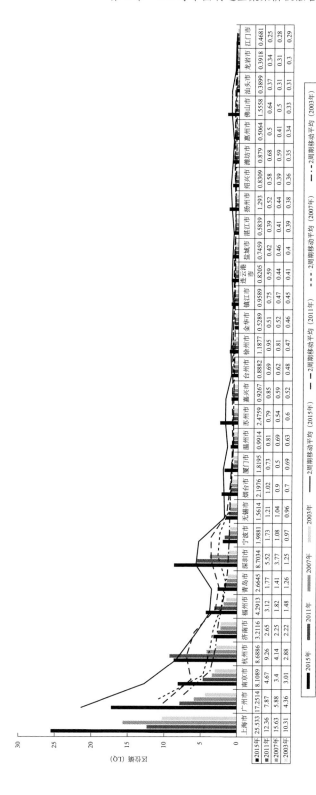

	上海市	广州市	南京市	杭州市	济南市	福州市	青岛市	深圳市	宁波市	无锡市	烟台市	厦门市	温州市	苏州市	嘉兴市	台州市	徐州市	金华市	镇江市	连云港市	盐城市	湛江市	扬州市	绍兴市	潍坊市	惠州市	佛山市	汕头市	龙岩市	江门市
2015年	25.533	17.2514	8.1089	8.6886	3.2116	4.2913	2.6645	8.7034	1.9881	1.5614	2.1976	1.8195	0.9914	2.4759	0.9267	0.8882	1.1877	0.5289	0.9589	0.8205	0.7459	0.5839	1.293	0.8309	0.879	0.5064	1.5558	0.3899	0.3918	0.4681
2011年	12.36	7.87	4.67	9.26	2.65	3.12	1.77	5.52	1.73	1.21	1.02	0.73	0.81	0.79	0.85	0.69	0.95	0.51	0.75	0.59	0.42	0.39	0.52	0.58	0.68	0.5	0.64	0.37	0.34	0.25
2007年	15.63	5.88	3.4	4.14	2.25	1.82	1.41	3.77	1.08	1.04	0.9	0.5	0.69	0.54	0.59	0.62	0.81	0.52	0.47	0.44	0.46	0.41	0.44	0.39	0.59	0.41	0.5	0.31	0.31	0.28
2003年	10.31	4.36	3.01	2.88	2.22	1.48	1.26	1.25	0.97	0.96	0.7	0.69	0.63	0.6	0.52	0.48	0.47	0.46	0.45	0.41	0.4	0.39	0.38	0.36	0.35	0.34	0.33	0.31	0.3	0.29

2003年　2007年　2011年　2015年　———— 2周期移动平均（2003年）　——— 2周期移动平均（2007年）　——— 2周期移动平均（2011年）　——— 2周期移动平均（2015年）

图 8-6　典型区科研、技术服务和地质勘查业分布前 30 位城市时序图

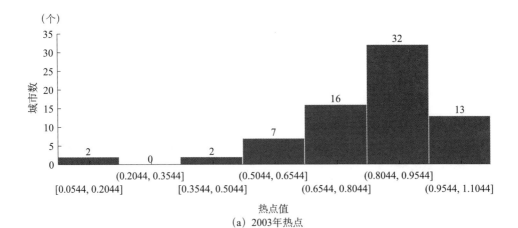

（a）2003年热点

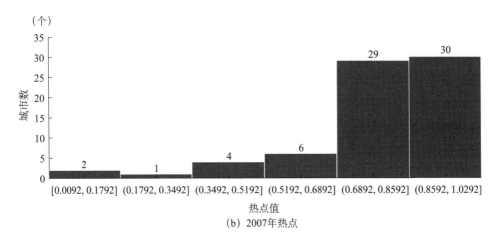

（b）2007年热点

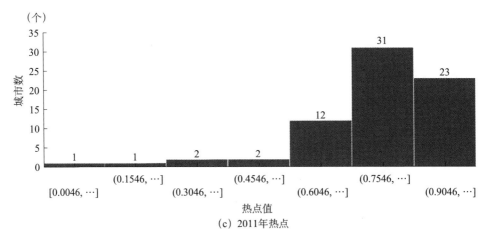

（c）2011年热点

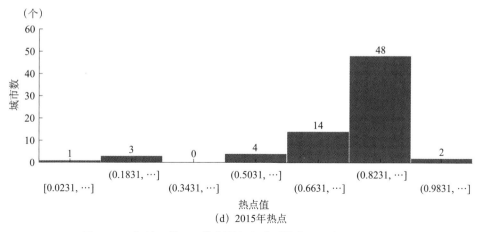

（d）2015年热点

图 8－7　典型区科研、技术服务和地质勘查业热点探测时序图

此亦可以推动相关异质性行业即信息传输、计算机服务和软件业的发展，促进传统制造业和异质性行业的结合。空间分布和关联图组通过显示核心区显著关联圈层变迁的情况，表明信息传输、计算机服务和软件业的核心圈层分布与技术融合和产品业务融合十分相似，再一次证实了 FDI 与制造业集聚在市场融合上的潜力，以及受 FDI 影响显著的制造业集聚未来与信息传输、计算机服务和软件业融合的发展趋势。第三，在技术和产品业务融合基础上，第 7 章也证实了典型区 FDI 对科研、技术服务和地质勘查业发展的长期效应显著，且该效应足以抵消 FDI 短期挤出效应带来的不利影响。空间分布和连续时序图组显示，上海核心区及其周边地区苏南、浙北存在着明显的圈层结构，广州附近也一度出现较为明显的圈层结构，这与 FDI 和两地企业近年来不断投入新建的研发机构有着密切的关联，而这些研发机构大多是伴随着 FDI 进入或者是当地制造企业设立的，这类的研发机构直接作用于制造业集聚，能更迅速地带来新产业的成长与变革。但遗憾的是这些地区的科研、技术服务和地质勘查业即使在核心区也未显示出与周边地区的显著关联，表明其融入融合平台尚需时日，仍需培育该行业的成长环境，促进其根植以及与制造业集聚的深度融合。

8.4　本章小结

本章在前述 FDI 与制造业集聚的机理以及实证研究的基础上，结合 Arcgis，采用 ESDA 法，分别就 1999～2015 年 FDI 与制造业集聚的技术融合、产品业务融合及市场融合进行了区位分布变迁、空间关联及演化方向的规律总结，得出如下结论。

第一，技术融合下的区位分析表明，受 FDI 影响的典型制造业集聚区呈现出"分散—集中—再集中"的规律，逐渐形成了以技术融合高值区为核心区的新的集聚态势，制造业集聚高值区由山东半岛向长三角以南的地区转移，长三角尤其是上海和珠三角地区的技术融合效应凸显出来。其他地区则成为技术融合典型区的追随者，而追随者若是不能顺利通过技术融合提升制造业集聚的水平，将很有可能在拥挤效应作用下呈现分散的态势。

第二，产品业务融合是产业融合的第二个阶段，易于在技术融合的基础上发生，其区位变迁也落在典型的技术融合区内。在 FDI 与上下游关联行业分析的基础上可知，江苏、上海、福建和广东均有形成前后向强关联的同行业专业集聚的条件；涵盖轻重工业门类较为多样的江苏、上海、福建和广东均具有形成产业链式发展的条件，能在区域间形成专业化集聚相互关联的新产业集群的发展态势；而上海、苏南和浙北以及广东珠三角地区与 FDI 重工行业前后向关联最为密切，叠加技术融合效应，成为产品业务融合的核心集聚区。

第三，在市场融合上，本章据实证研究结果选择信息传输、计算机服务和软件业以及科研、技术服务和地质勘查业为代表的异质性行业分析集聚中产生新行业的潜力。其中，信息传输、计算机服务和软件业的核心圈层分布与技术融合和产品业务融合十分相似；而科研、技术服务和地质勘查业在上海核心区及其周边地区苏南、浙北存在着明显的圈层结构，广州附近也一度出现较为明显的圈层结构，然而空间分布关联特征并不显著。该结果表明 FDI 与制造业集聚在市场融合上的潜力，受 FDI 影响显著的制造业集聚具有与信息传输、计算机服务和软件业融合的发展趋势。

综上所述，技术融合和产品业务融合的空间演化呈现"分散—集中—弱化—再集中"的趋势，形成以核心区为主的空间圈层关联结构。融合效应下非核心圈层呈现弱化的态势，成为追随者，形成"领先—追随"模式的分布态势。FDI、制造业集聚与异质性行业在区位分布上的一致也揭示了典型区中 FDI 与制造业集聚市场融合的潜力以及未来与信息技术融合发展的趋势，这也是制造业集聚升级的重要方向。

此外，以上海、苏南和浙北以及珠三角地区为核心的圈层演化，同第 4 章以区位熵为基础输出的时序图组所示区位演化方向一致，说明以产业融合为新视角不仅能较好地反映 FDI 与制造业集聚演化的空间规律，还有助于深入揭示产生此变迁的内在机理，且能系统动态地量化衡量 FDI 与制造业集聚的关联效应，揭示在 FDI 影响下制造业集聚演化发展的规律，这是本书的发现和创新之处。

FDI 与中国制造业集聚融合的总体规律及对策建议

本书从 FDI 与制造业集聚的关联现状出发，探究两者关联下的渗透、交叉和融合发展的问题，试图从产业融合的新视角对关联效应的机理和阶段演化进行研究。从第 3 章开始对融合的机理进行推导，第 5 章到第 7 章从三个发展阶段对其进行了量化考察，第 8 章在此基础上进行空间效应的研究，进一步探究了 FDI 与中国制造业集聚融合演化的发展规律。本章在前述研究的基础上对此发展规律进行总体分析，并在此基础上提出相应的对策建议。

9.1 FDI 与中国制造业集聚融合的总体规律

9.1.1 FDI 与中国制造业集聚的技术融合规律

（1）技术关联是 FDI 与制造业集聚技术融合的先决条件

技术融合是融合的第一个阶段，始于技术进步的融合是产业形成创新升级的最重要的基础。FDI 与制造业集聚的融合是跨越了内外资企业边界的融合，即外国企业和本土企业能打破界限的障碍，实现技术的共享和共同的创新。打破障碍最为直接的通道是技术上的关联，首先要有技术关联才有在技术上形成融合的可能。

本书通过第 5 章超越对数前沿生产函数模型对 17 个连续年份中的 264 个城市和典型区的 72 个城市进行全要素生产率（TFP）的估计，并就 TFP 的分解要素 TC（技术进步）、SEC（规模效应）、FAEC（要素配置效率）进行了对比，反映受 FDI 影响的典型集聚区的 TFP 及其分解值都大大高于全国的平均水平，说明受 FDI 影响的典型区的技术进步增速要大大快于一般非制造业集聚的地区。

然而，这个结果仅能说明受 FDI 影响的制造业集聚地区具有技术进步的优势，却不能说明这个优势是 FDI 带来的，因为制造业集聚的典型区地处改革开放较早、经济发展水平较高且制造业门类较为丰富的地区，在发展过程中形成了制造业集中的态势，技术进步走在前列有一定的必然性。另外，本书的研究从 1999 年开始，图 5 - 1 的折线显示，典型区 TFP 的迅速发展实际上是在 2004 年以后，分解部分的 TC（技术进步）稍微早一点，在 2001 年以后，这个时间点距改革开放已逾 20 年。如果说早期的 FDI 对制造业集聚有着引领的作用，2001 年前后制造业集聚已然形成，是否可以认为集聚自身的累积循环效应促进了集聚内制造企业的进步，而非 FDI 的作用促进了集聚的技术进步？

为了辨析这个问题，本书又通过将 FDI 和制造业集聚两项指标，以及制造业集聚的滞后项、FDI 与制造业集聚的交叉项嵌入前沿生产函数模型进行分析，得出的结论为：在全国的范围内，制造业集聚对 TFP 的促进存在滞后效应，而 FDI 通过制造业集聚能促进 TFP 的增长。由此说明了两个问题，FDI 对制造业集聚的 TFP 一直具有促进作用，集聚本身的累积循环效应是 FDI 发挥效应的重要基础依托。

那么 FDI 是否通过制造业集聚产生技术溢出效应从而促进集聚的技术进步？本书又针对 TFP 的分解值，按全国、典型区、东部、中部、东北部和西部建立模型进行了对比分析。结果表明，在 FDI 对 TFP、技术进步、要素优化配置方面，典型区的水平均高于全国平均水平和其他分地区的水平，同时 FDI 还通过集聚效应的发挥显著促进技术进步和要素优化配置。该结果客观反映了典型集聚区中 FDI 具有技术外溢的效应，而集聚效应的发挥能促使技术外溢更好更快地发挥作用。

理论推导和计量实证的结果均说明典型集聚区中 FDI 能通过集聚效应发挥技术外溢的作用，推动集聚的技术进步，实现 TFP 的增长，促进 FDI 与制造业集聚企业的技术关联，是 FDI 与制造业集聚形成技术融合的先决条件。

（2）创新网络平台的形成是产生技术融合的关键

技术外溢促进的技术进步仅能说明 FDI 对制造业集聚地企业的技术促进作用。然而，要实现跨越企业边界的技术融合，要在技术关联的效应上更进一步，在 FDI 与集聚企业之间不仅要形成技术的共享，更要能在技术之间形成交互的平台，促使技术进步得以转化成内在的新要素，而此新要素能推动技术的不断更新和变革，带动 FDI 企业与集聚内资企业在共同技术平台上共享、变革、创新，实现技术上的融合。平台效应使 FDI 企业与集聚地内资企业能整合技术要素，在此平台上两者能跨越企业边界限制，在技术上进行持续的交流、共享、合作、交换、共同研发等，因此在技术关联效应上是否形成相互联结的创新网络平台是技术融合能否成功的关键。

第 5 章通过对受 FDI 影响的典型集聚区的 72 个地级及以上城市进行计量分析，以 TFP 衡量创新的效能，以 FDI 与制造业集聚的交叉项衡量关联效应，在得出显著正相关之后，进一步建立空间计量模型进行空间关联分析，并就 FDI 的不同性质对港澳台企业和外国企业投资进行了对比研究。结果表明，FDI 与制造业集聚在创新上有着明显的空间关联效应，形成了互相联结的创新网络平台。其中，港澳台企业具有邻接大陆的区位优势，投资的性质与制造业集聚趋同，产出大多面向国外市场，投入产出的周期较短，因此对技术提升的直接效应较强；外国投资企业对本地市场的关注日益增多，对于技术研发的兴趣提高，投入产出的周期相对较长，因此对创新网络关联的效应高于港澳台企业，但更多体现为间接的作用。由此可知，典型区具备了创新互联的条件，可以认为产生了技术融合，但对于不同地区，由于 FDI 的来源地和性质不同，因此技术融合的地区也会出现具有差距的集聚情况。

（3）技术融合的实质是要素跨界融合

本书认为，FDI 与制造业集聚的融合是跨越不同投资来源的企业边界的融合，但是这个融合并不是指企业的兼并、收购或者重组，而是指 FDI 与制造业集聚中先进要素的融合，结合集聚效应的发挥传导，促进要素的优化配置，推动创新的产生。这里所述的先进要素是有别于传统要素的新要素，比如技术、知识、管理经验等，在创新导向下更注重的是技术要素的作用，而先进的技术要素可能存在于 FDI 中，也可能存在于当地制造业企业中。鉴于典型集聚区集聚形成的历史，技术先进要素在很大程度上是伴随着产业转移而入，即随着 FDI 进入，技术的传导极为可能从 FDI 企业开始，这在前述的实证研究中已得到了证实。随着技术外溢、技术传导的发生，本地企业的技术也得到了提升和发展，也具备了技术要素外溢的能力，通过关联网络效应的发挥，在技术层面就能形成技术的融合。这个融合可以是先进技术的应用、技术的改良，也可以是技术的创新，甚至是对原有技术的颠覆性变革。从这个发展变化的轨迹来看，技术融合究其实质是先进要素的融合（见图 9-1）。

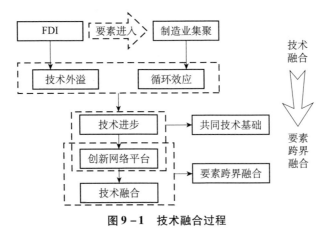

图 9 - 1   技术融合过程

（4）技术融合促进制造业集聚在弱化的基础上产生再集中

当然，前述实证分析表明典型集聚区中 FDI 与制造业集聚已然发生了技术融合，但这个融合并不是完全均衡地覆盖全地区、全部企业的融合，受企业发展水平和 FDI 的作用影响，融合仅在技术发展效率较高、资源优化配置较好的企业和地区间才能产生，是一种不均质的融合，融合的结果也必然会对集聚区的区位分布变迁产生重大的影响。

第 8 章以 TFP 为基础的空间效应研究表明，FDI 与制造业集聚产生的技术融合促进了制造业集聚的再集中，珠三角和长三角是典型集聚区中技术融合发展最快的区域，成为集聚的高值核心区。其他的典型集聚区域因技术融合的速度慢于这两个核心区，成为追随者，形成了"领先—追随"的模式。在领先者与追随者之外的其他地区则因为技术融合的进程较慢而出现弱化的趋势，集聚分散力则逐步加大。在制造业集聚分布图上（见图 8 - 1～图 8 - 3），"领先—追随"模式形成的过程呈现出"分散—集中—弱化—再集中"态势，再集中是继弱化之后制造业集聚的发展方向，这个"再集中"是 FDI 与制造业集聚技术融合引起的。因此，可以认为技术融合的发展推动了制造业集聚克服分散力，有助于制造业集聚的转型升级。

9.1.2 FDI 与中国制造业的产品业务融合规律

（1）前后向关联是技术融合得以扩展至生产环节的必要条件

前后向关联是制造企业集聚地区中的典型生产现象，前后向关联缩短了上下游产品的距离，简化了中间市场交易的环节，信息和市场的共享更为便捷。FDI 与集聚地企业的前后向关联越密切，技术融合传导的路径越短，遭遇的障碍越少。技术融合可以传导到生产的各个环节中，促进 FDI 与制造业集聚在生产环节上的融合，更有利于促进新产品的研发和产出。

本书第 6 章以 21 个制造业门类为基础，对 FDI 与制造业集聚的前后向关联度进行了测度，结果表明典型区中的 FDI 与制造企业有着明显的前后向关联。随后将前后向关联度嵌入随机前沿生产函数模型，也显示前后向关联能对集聚产生正向的促进效应，因此典型区中技术融合得以扩展至生产环节。

技术融合扩展至生产环节促进了生产环节的变革、改造、提升与融合，其直接作用结果体现为产品工序的更新、简化或者效率的提高，也体现为新产品产出的工序关联加强、新产品的产出增加。而新产品产出的增加意味着产业链的扩展延伸，有益于行业的成长。

（2）行业关联平台效应是促进产品业务融合的动力

平台效应在 FDI 与制造业集聚的产品业务融合中起着重要的作用，在产业链前后向关联的基础上，产品业务融合首先会发生在同一产业内部上下游关联企业之间，形成关联的平台。第 6 章的实证分析也指出，企业的前后向关联不仅集中在同一行业中，还存在于制造业上下游企业之中，以长三角和珠三角为中心的 FDI 与制造业集聚关联体现出丰富的行业多样性，涵盖了轻重工业门类。不同制造行业的关联使生产环节上的融合范围扩展至行业之间，有利于促进各个专业化产业群落的形成。产业群落的形成不仅进一步减少了中间市场的工序，也使技术融合的效应扩展至行业间，刺激了跨行业的产品业务融合。

制造业内部的行业关联情况说明行业关联平台对产品业务融合的重要性，那么制造业以外的行业，特别是受 FDI 影响的服务行业是否也具有和制造业之间的行业关联效应？由于本书要考察制造业集聚的演化发展，异质性行业特别是服务业的发展关联关系到制造业集聚的结构调整和向高级形态演化的潜力，FDI 服务业能否如制造业一样与集聚产生融合，关系到 FDI 是否能带动先进要素继续发挥积极的促进作用。生产性服务业若与制造业集聚形成关联，则技术融合以及行业融合可以通过前述机制进行扩展，促进制造业的服务化或者服务业的制造化，形成新的融合与演化。第 6 章建立的异质性行业关联模型和空间效应模型的结果分别阐释了 FDI、制造业集聚和生产性服务业之间不仅存在着紧密的关联，能促进集聚 TFP 的增长，还存在着空间关联效应，具有产品业务融合的动力。

（3）产品业务融合的实质是产品跨界融合

产品业务融合是技术融合在同行业和不同行业生产环节上的扩散，FDI 与集聚地本土企业通过多个产业的上下游关联和空间关联，采用技术融合的成果对生产工序进行变革、创新和融合，产出新的产品。新产品是 FDI 与集聚地制造企业技术融合和业务融合的成果，是产品业务融合的产出表现（见图 9 - 2）。

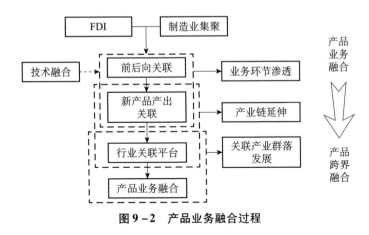

图 9 - 2 产品业务融合过程

（4）产品业务融合促进产业链延伸和产业群落的发展

产品业务融合的过程中，FDI 企业与中资企业在前后向关联行业上的差别，使 FDI 与制造业集聚发展至产品业务融合阶段后在空间布局上也体现出差异化的特征。

第 8 章的空间效应研究表明，典型集聚区集中的东南沿海 6 个省份中，FDI 企业和中资企业的前后向关联密切，具有关联优势的行业覆盖轻重工业，其中外国企业 FDI 比港澳台企业 FDI 的水平型投资多，在前后向关联上的效应更为显著（见表 8 - 1 ~ 表 8 - 3）。前后向关联行业多样，并且水平较高的地区集中在江苏、上海和广东，其次是福建，再者是浙江和山东，说明技术融合的"引领—跟随"模式同样适用于产品业务融合阶段。前后向关联涵盖多种优势行业，不仅促进集聚行业产业链的延伸，还推动了产业协作群落的形成，有助于区域间产业的协调发展。

9.1.3 FDI 与中国制造业集聚市场融合的规律

（1）新产品产出刺激新行业的形成

前述分析提及 FDI 与制造业集聚的技术融合通过网络关联效应扩展至同行业的生产环节，通过前后向关联扩展至产业链的上下游，通过关联平台扩展至密切相关的产业群落，形成产品业务的融合，产生包含技术融合和产品业务融合成果的新产品。随着新产品产出品种和数量的增多，行业也会产生新的成长。当新产品的性质产生了与传统产业不同的变化时，因为新的要素或者新的生产方式赋予新产品具备明显的脱离传统产业的特质时，新的行业诞生。因此新产品产出是刺激新行业形成的动力，新的行业有可能仍然存在于制造业中，也有可能存在于跨产业中。

本书第7章分别建立了全国和典型区新产品和行业成长模型，计量研究的结果表明，相较于全国区域，受FDI影响的典型集聚区中FDI与制造业的技术融合效应促进了技术进步，技术进步成果通过产品业务融合效应形成的上下游联结的创新平台推动了新产品的产出，而新产品的产出又进一步带动了产品销量的增加和产业的成长。技术融合和产品业务融合效应传导下，FDI与集聚的融合促进了新产品的产出和行业的成长，有助于推动新行业的产生。由此可见，经历了技术融合和产品业务融合，FDI与制造业集聚具备了市场融合的潜力。

（2）新行业的形成是市场融合的根本

在技术融合和产品业务融合效应下，新产品获得的认可度越来越高，市场的需求越来越多，产量日益增加。以新技术和新发明代替旧的技术，使原先看似泾渭分明的行业甚至产业之间出现了交互发展的现象，促成了新行业的形成。新行业形成必然突破原行业的市场，产生新的市场，而原行业市场可能继续存在、萎缩或直接被取代。

第7章的实证研究以生产性服务业作为异质性行业的代表探究是否在典型区中形成了新的行业，实证结果显示，FDI能带动生产性服务业的进入，FDI、制造业集聚和生产性服务业存在相互关联的网络创新平台，但除了科研和技术服务业外，其他行业的融合现象并不明显，由此可以判断市场融合并未形成，但FDI与制造业集聚存在市场融合的潜力，产业融合尤其是市场融合是未来FDI与制造业集聚演化发展的重要方向。

（3）市场融合的实质是行业的跨界融合

FDI与制造业集聚的市场融合，是在跨越边界的技术融合和产品业务融合的基础上，FDI通过关联网络效应与制造业集聚之间产生了新的行业成长平台。新行业的产生可以是基于制造业内部的改造升级，产生质变，如FDI与本土企业都有可能带来新的生产技术和研发成果促进制造业的改造升级；也可以是异质型FDI或者本地企业进入，形成新的行业，如制造业服务化等，进而促进市场分割，并形成新的市场。因此，市场融合的实质是跨行业的融合。在本书的研究背景下，新行业产生的方式多样，其产生于FDI与制造业集聚技术和产品业务融合的基础上，是先进要素在集聚效应下对旧系统的升级后产生新的循环，代表了FDI与制造业集聚演化的方向（见图9-3）。

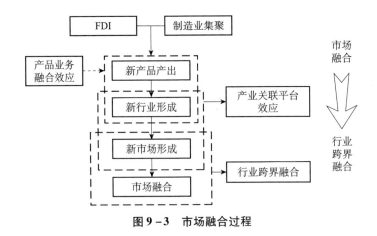

图9-3 市场融合过程

(4) 市场融合强化了"领先—追随"模式

由上述分析可知，市场融合以技术融合和产品业务融合为基础，以传统产业的改造升级或与异质性行业结合后形成新的行业为标志。市场融合完成度高的区域技术融合和产品业务融合发展的程度也高。第8章空间效应的分析表明，最具有市场融合潜力的区域位于上海以及以上海为核心的苏南和浙北地区，以广州、深圳和珠海为核心的广东中部（见图8-4~图8-9），该高值分布区位于技术融合和产品业务融合的核心高值区中。"领先者"在技术和产品业务融合的基础上加快了市场融合的进程，使"领先—追随"模式得到了强化。

9.1.4 小结

本章在前面FDI与制造业集聚融合计量分析和空间效应的研究基础上，进行总体规律研究可得：在技术融合阶段，技术关联是FDI与制造业集聚技术融合的先决条件，创新网络平台的形成是产生技术融合的关键，而技术融合的实质是要素跨界融合，其间技术融合速度快的地区出现再集中的趋势，再集中是继弱化后制造业集聚演化发展的方向，其在空间布局上形成了"领先—追随"模式；在产品业务融合阶段，前后向关联是技术融合得以扩展至生产环节的必要条件，行业关联平台效应是促进产品业务融合的动力，产品业务融合的实质是产品跨界融合，该阶段制造业集聚演化方向为产业链的延伸和产业群落的协同发展；在市场融合阶段，新产品产出刺激新行业的形成，新行业的形成是市场融合的根本，市场融合的实质是行业的跨界融合，其空间演化则进一步强化了"领先—追随"模式（见图9-4）。因此，技术融合、产品业务融合和市场融合是促进FDI与制造业集聚融合与演化发展的必由阶段。

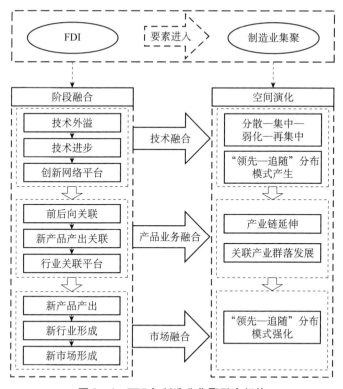

图 9-4　FDI 与制造业集聚融合规律

9.2　促进 FDI 与制造业集聚技术正向融合演化的对策建议

在总体规律研究的基础上，以阶段演化的趋势和方向为参照，本书将继续归纳前述研究中体现的演化诱因与制约因素，探讨在 FDI 与制造业集聚关联下，如何进一步推动 FDI 与制造业集聚的正向融合演化，尝试为促进我国制造业集聚的转型升级提供参考。

9.2.1　促进 FDI 与制造业集聚技术融合的对策建议

（1）技术融合的演化诱因与制约因素归纳

①演化诱因。

第一，FDI 的先导效应。首先，前述研究证明 FDI 与制造业集聚的形成有着密切的关系，东南沿海地区在开放先导和区位优势等有利因素下，成为中国最先承接国际产业转移的地区，大量 FDI 的进入带来了资金、技术、管理经验和国际市场信息，对当地制造业的发展起到强有力的示范和推动作用，促进了专业化的分工和上下游生产链的形成，引起资金、劳动力等生产要素的聚集，形成了出口导向型的制造业集聚。其次，FDI 来源于国际市场也面向国际市场，深谙国际市场的竞争与需求，会随着国际市场的变化不断更新技术、调整生产，而后倒逼原制造业集聚生产的变革。

第二，制造业集聚的累积循环效应。集聚不仅能带来大量生产要素的集聚，形成专业化的分工，通过技术外溢效应获取技术外部性，还能通过对配套产业的吸引，完善基础设施、生活服务以及中间产品市场，使产业获得外部规模效应，形成路径依赖，促进相关的 FDI 通过路径依赖持续进入集聚区。而 FDI 的进入进一步促进了集聚效应的发挥，外部性进一步得到发挥，资金、技术、劳动力等生产要素的使用效率进一步提高。另外，集聚通过技术外溢、市场共享和中间产品市场构成了相互联结的网络平台，这一平台进一步促进了知识的传播和技术的传导，推动了要素的整合，刺激了创新，提高了集聚的生产效率。也就是说，要素的汇集不仅产生了"1+1"大于2的优化效用，还通过路径依赖促使要素的继续汇集，同时通过集聚的网络效应促进要素使用效率进一步提升，产生了集聚的累积循环效应。累积循环效应使集聚外的要素不断汇入，使集聚内的要素通过平台效应不断地得到往复循环和提升，这是 FDI 与集聚地企业能够打破边界限制，使知识和技术得到共享、消化、吸收、再提升的基本保证。

第三，制造业集聚的拥挤效应。制造企业的汇集对制造业集聚起到推动作用，制造业企业能从集聚中获取外部规模效应。然而，随着集聚的发展，进入集聚的企业增多，企业之间的竞合加剧。为了应对激烈的竞争，制造企业通过提高技术效率、迎合市场需求等方式以及相互关联的企业通过联合省略烦琐的交易环节等方式提高企业的竞争实力。而对于无法跟上竞争的企业只能边缘化或者退出集聚，这是市场环境变化引致的挤出效应。随着集聚的发展，集聚中的企业增多，会造成地租提高、交通拥挤、生活服务成本提高、人工工资上升等不利的影响，形成集聚内的拥挤效应。以追逐生产要素为主的企业随着地租和劳动力成本的提高会逐步退出集聚，如果集聚不能顺利实现改造升级，形成新的要素优势，则集聚将趋于分散。如果集聚的技术溢出效率和网络创新等的累积循环效应依然存在，则会促进企业提升技术水平，进行改造升级，因此留在集聚中的企业必然是技术提升改造能力较强的企业。相较于原集聚，留在集聚的企业将使集聚效应得到强化，平台效应得到增强，这无疑更能促进技术融合的实现。因此，集聚发展过程中的拥挤效应是促进企业蜕变，推动平台提升，实现技术融合的客观环境动因。

第四，TFP 的提高。FDI 与制造业集聚吸引了大量生产要素的集聚，生产要素的集聚促进了要素的优化配置，推动了技术进步，获得了规模报酬的收益，促进了 TFP 水平的提高。TFP 水平的提高表明在该地生产要素产出效率上，技术进步产生了重要的影响。只有在技术进步成为制造企业日益增多的诉求之后，对技术融合的需求和进程才会加快。因此，TFP 的提高也是技术融合产生的重要诱因。

②制约因素。

第 5 章根据 FDI 与制造业集聚融合的机理设立模型，并就影响因素进行了实证分析，从分析的结果可以总结制约技术融合的因素如下。

第一，创新能力不足。前述实证研究表明潜在的技术创新能力对技术融合有积极的推动作用。潜在的技术创新能力主要从政府以及企业对研发的投入方面入手。近年来政府对科技投入特别是东南沿海地区对科技投入有了大幅度的增长，但是从实证的结果来看，政府投入对技术进步增长的贡献率不是很高，主要的原因在于政府投入的转化率仍略显不足，影响了政府作用的发挥。企业方面，近年来制造企业纷纷加大了对研发的投入企业来自市场的敏锐使其研发投入往往有的放矢，能产生良好的成效。然而研发投入对资金和时间的需求以及知识产权规制力度的薄弱，往往使研发仅局限在有实力有规模的跨国公司和当地企业中，规模较小的企业往往对此无能为力，这使制造业集聚中的众多中小企业在技术进步和创新过程中处于被动追随的地位，中小企业的创新能力没有得到很好的激发，大大制约了技术融合的发展。

第二，高技术水平人才缺乏。高技术人才是技术融合的智囊保障，其来源包括引进国内外的人才以及培育当地的人才。在引进高技术人才方面，典型区由于其经济发展、社会环境和教育生活服务条件较好，是对高级人才引力较高的地区，但也仅集中在几个沿海发达的核心城市，且流动性较大，人才分布十分不均衡。同时，在如何为高技术人才创造更好的科研环境、促进人才在当地植根、扩大人才的溢出效应等方面，大多数的城市仍在探索中。对于人才的内育，主要依托当地的高等教育，但目前高等教育分布也不均衡，且高等教育与企业的发展仍存在脱节的现象，高校重要智囊的成果转化率较低，大大阻碍了高级人才对技术创新的贡献。

第三，国内市场需求潜力尚待挖掘。受 FDI 影响的制造业集聚区，大部分是以出口导向为主，面向的是国际出口市场，且主要集中在欧美、东南亚的市场，自 2008 年以来，国际经济发展低迷，出口市场萎缩，对典型区造成了很不利的影响。"一带一路"倡议的实施可以弥补市场过于集中的缺点，然而出口市场过于狭小引致的需求有限。而市场的强需求以及挑剔的买方才是企业技术进步的动力。反观跨国公司纷纷抢滩中国市场，发掘中国市场的需求，典型区作为中国目前制造业最为发达的地区，对于国内市场的关注和开发仍显不足，大大制约了企业自身的发展。

第四，FDI 由垂直导向型向水平导向型的转变缓慢。受 FDI 影响的制造业集聚区，在发展的初始阶段，大部分以承接欧美和东南亚的国际产业转移为主，主要为劳动密集型行业，FDI 的投资多为垂直导向型的投资。虽然目前越来越多的跨国公司将研发投入中国，尤其是北上广深地区，这类水平导向型的 FDI 不仅注重东道国的比较优势，还注重技术的投入，能对技术融合的发展产生积极的推动作用。但是典型集聚区的大部分 FDI 还是以劳动密集型为主，在政策红利消退、劳动力成本提高、土地资源紧张之后，对 FDI 具有较大优势的比较优势消退，会大大影响 FDI 的根植性，使集聚产生分散力，也将制约技术融合的发展。

（2）对策建议

根据前面分析的 FDI 与制造业集聚技术融合的诱因和制约因素，可以从以下几方面推动 FDI 与制造业集聚的技术融合。

①推动 FDI 的内部化。

FDI 与制造业集聚技术融合的首要前提是 FDI 能在集聚中根植下来，其次是越多水平型 FDI 的进入对技术融合的促进作用越强，因此如何引导水平型的 FDI 进入集聚区并稳固下来是技术融合发展需要重点考虑的问题，即如何推动 FDI 内部化的问题。

早期进入并在集聚中稳固下来的 FDI，通过集聚效应的发挥，促进了集聚生产效率的提高。但是对于一些垂直型的投资，由于土地日益稀缺、劳动力资源减少、人工成本提高、环境规制力度加强等情况的出现，产生了集聚中的 FDI 向内陆地区或是东南亚等人工成本低的地方迁移的现象，在一定程度上对制造业集聚产生了分散的效应。这对制造业集聚而言既是挑战也是机遇。

第一，应在原有集聚效应仍然存在的情况下，继续通过原有的竞合关系、累积循环效应和网络效应吸引 FDI 的进入。例如，山东以青岛、烟台以及威海为核心的胶东半岛具有毗邻日韩的优势，承接了大量日韩产业的转移，数以万计的日韩中小企业投资于当地，一度促进当地制造业集聚的迅速发展。然而，随着国内环境的改变和国际经济的持续低迷，抵抗风险弱的中小 FDI 企业面临倒闭或无法继续投资的困境，出现了规模撤资的现象。但具有实力的企业仍然在集聚的产业发展基础、路径依赖和网络效应的作用下，对我国进行水平型的投资，如韩国的现代汽车集团在中国设立了第六个，也是除其总部之外的第二个面向全球市场的新能源汽车的独立研发中心。这对于 FDI 向水平型投资转变以及制造业集聚的转型升级都有巨大的示范作用，对技术融合有积极的推动作用。

第二，对引入的 FDI 进行积极的引导，通过制定产业发展战略或者产业布局规划促进水平型 FDI 投资的落地。例如，江苏苏州在引进外资时进行了前瞻性的规划，通过产业升级布局，有意识地引入明基、华硕等大型 IT 企业，大大推动了苏州电子通信产业的发展，通过电子通信行业的发展，带动相关的工业设备制造业的发展，推动研发的深入和人才的培养，培养新的经济增长点。使 FDI 不仅能投资于当地，还能通过 FDI 带动当地经济技术的发展，实现 FDI 的内部化。

②加强"全球引智"模式的发展。

当制造业集聚发展到一定的阶段，处于亟待转型升级的环境下，资本不再是稀缺的要素，而高素质的科技人才才是技术进步的源泉，因此在引资的同时更要注重引智。例如，广东的华星光电通过不同于以往通过高价引进技术发展高技术产业的模式，采用了全球引智的方式引进国际人才，创建了国际人才团队，节省了技术交易费用，掌握了技术创新的主动权，改变了技术交易受制于人的局面，真正实现了自主研发、自主创新、自主转化和自主生产。引智不仅可以通过水平型的跨国投资进入，也可以通过制定人才政策，创造有利人才发展的科研环境，提供有利于留住人才的生活与子女教育条件，这能加强对国际人才的引力。

③继续扩大开放，建立与国际并轨的开放体制。

上述两个途径侧重于探讨如何进行水平型的引资引智，除了依托原有的经济发展水平、产业基础和集聚效应之外，对外开放体制机制的健全也是引资引智的重要条件。我国的发展实践证明了继续扩大开放符合历史发展的逻辑和时代发展的潮流。当我国经济发展到了一定水平，典型集聚区通过政策、土地、税收等优惠吸引 FDI 的空间十分有限。而新情况下水平型 FDI 关注点在于中国乃至全球的市场，因此更注重竞争环境的公平和办事效率的迅捷。2009 年跨太平洋伙伴关系协定（Trans-Pacific Partnership Agreement，TPP）的提出虽因各国变动的经济政策搁置，但反映出国际经济交往规则的新趋势，进一步倒逼了国内对外开放政策的制定，对内而言完善市场条款机制，对外而言积极同国际机制接轨，依托国内广阔市场的优势，对于水平型 FDI 的引力大大加强。目前我国进行的一系列制度举措都有着积极的接轨意义，全国统一市场准入负面清单制、利用外资负面清单制等的出台都表明我国扫清制度障碍的决心和能力。

④加强创新平台的建设。

前述主要讨论水平型引资的实现途径，但技术融合不仅要依靠水平型的FDI，同时需要提高本地企业的技术进步水平和产业升级能力，若仅是被动地接受，则一旦外资转移或者撤离，制造业集聚将受到很大的影响。本地企业技术的进步和创新的加强也更能增强与水平型 FDI 的结合，促进技术融合网络创新平台的实现。

创新平台的建设可以是自上而下的也可以是自下而上的。自上而下是依托政府规划设立的工业园区或者创新园区，通过便利的服务政策促进平台的建设。例如，福建闽侯青口汽车工业园区通过政府兴建、服务创新，创立从行政审批到职工招聘一条龙服务，提高办事效率，营造良好的竞争环境，吸引了东南（福建）汽车、戴姆勒—克莱斯勒轻客以及福建海越斯伏尔三个整车厂，此外三菱、奔驰等企业也相继落户，形成颇具影响力的汽车产业集群。山东青岛的高新区围绕产业发展，建立了专业化、市场化及国际化的产业促进机制，组建以主导产业为核心的事业部制，营造了良好的创新创客氛围，使该高新园区从全国数百个高新区中脱颖而出。

自下而上的方式是通过企业的发展带动创新平台的建设。例如，江苏在水平型 FDI 的带动下，工业设备制造业得到了长足的发展，更重要的是技术水平得到了提升，高素质人才得到了培养，企业的创新实力增强，培育创新团队的能力提高。江苏北部连云港形成了自主研发的新医药产业集群，成为中国医药创新的领头羊。还有同在连云港的民营企业天明集团，依靠科技创新实现了单一产业向多产业和高技术产业发展的转变，其既是纺织成套设备制造的业内翘楚，也是世界钻掘最深煤机的研发生产者。

总而言之，政府政策引导推动，营造良好的创新氛围，企业在高技术示范型企业带动下实现自上而下和自下而上的创新平台建设，更能推动制造企业的转型升级，更能促进 FDI 与制造业集聚的技术融合演化。

9.2.2 促进 FDI 与制造业集聚产品业务融合的对策建议

（1）产品业务融合的诱因和制约因素归纳

①演化诱因。

第一，具有技术融合的基础。产品业务融合是在生产环节上的融合，涉及生产工序的更新与提高，可能发生在同行业内部，也可能发生在行业之间。产品业务融合要以技术融合为基础，技术融合能够促进技术的进步、改良、创新和蜕变，这是生产环节实现改造提升的前提。FDI 与制造业集聚的技术融合能够跨越不同类型的企业，打破技术边界的隔阂，促进技术的进步。在集聚效应的作用下，此技术进步还能通过集聚的网络效应发生传导作用，提升创新平台的实力，推动新技术的产生。而技术进步和新技术作用于生产环节，可以促进生产工序的改良甚至更新，促进生产环节的提效或者简化，还能进一步传导到不同的具有前后向关联的行业，促进产品业务的融合。

第二，制造业转型升级的需要。制造业转型升级是经济和产业发展到一定水平的必然要求，特别是在制造业集聚成本和收益接近于临界值时更易于进行产业的升级换代，以提高收益水平。对于制造业集聚特别是典型区而言，在拥挤效应日益加剧的情况下，进行升级是稳固集聚、促进集聚经济良性循环的内在要求。产品业务融合能够进一步促进技术进步的传导并融合到生产环节中，有助于节约生产成本，提高生产工艺，甚至改变生产性质，推动新产品的产出和产业的成长，进而有助于制造业集聚产生新的引领企业，促进转型企业形成新的集聚力，在此基础上跨越原有要素成本提高的束缚，形成新的要素优化组合模式，推动累积循环效应的发展，吸引更多的水平型 FDI 的进入，实现制造业集聚的转型升级，继续推动集聚经济的良性发展。

第三，具有产业前后向关联效应。产品业务融合涉及产业生产环节，因此产业的前后向关联效应十分重要。同行业中的前后向关联效应，有助于推动产业的配套发展，形成全产业链的生产，节省中间交易的环节，并能够共享技术、信息、市场与收益，有助于产业生产效率的提高。技术融合通过集聚的传导能够推动全产业链的发展，促使工序简化、工时节约，也能通过技术创新促使新产品和产业的成长，促进产业链的延伸。而对于非同行业以外的关联，通过上述机制，可以促进上下游产业的发展、精简、创新乃至融合，更容易形成配套发展又各有专长的多样化发展的产业群落。产业群落通过网络平台效应更容易形成异质性行业之间的融合，促进新产品的产出。

②制约因素。

关于 FDI 与制造业集聚产品业务融合的制约因素，除了技术融合中探讨的存在创新潜力缺乏、高科技人力资源不足、国内市场发掘不够、水平型 FDI 引力不足等方面的制约因素以外，还有其他方面的不足影响了产品业务融合的发展。

第一，中间产品的市场交易尚不统一。产品业务融合发展的一个关键因素是生产环节上各通路传导的畅通，中间产品市场的配套显得尤为重要。目前一个地区中间产品的来源主要为进口、区间以及区内。进口方面受汇率、距离、运输、各国政治与经济政策的制约，受到的影响因素较多，不确定性和交易的周期性较长。而国内在区间和区内按照资源优化配置的原理，应该促进区间和区内产品的自由流动，但实际上由于经济区域与行政区域在包含的地域范围上存在差距，经济政策的制定以行政区域为主，在某种程度上形成了行政区域之间要素和产品流动的障碍，因此不利于资源的优化配置和中间产品对产业尤其是发展中的高技术产业的配套。

第二，FDI 在前后向关联效应上不平衡。第 5 章的实证研究说明了外国企业FDI 相较于港澳台企业 FDI 在前后向关联的促进作用上更强，多以重工行业关联为主，这对产品业务融合有着显著的促进作用。实证研究也表明外国企业在前向关联上的效应明显高于后向关联效应。这意味着外国企业更注重对最终产品的投资与生产，而对中间产品市场投资的倾向较弱。在此情况下，若外国企业撤离或者转移，则由水平型投资带动的产业尤其是原来产业基础不好的地区产业发展将受到巨大的冲击。而若是水平型 FDI 能在最终产品投资生产的基础上再投入中间产品，则将对上下游企业产生更强的溢出效应，FDI 则由于与当地企业和市场的关联加强，本身的根植性也大大提高。

第三，地区发展不平衡。无论从典型区还是技术融合与产品业务融合核心圈层来看，其腹地以外的地区发展水平跟不上核心区及其腹地的发展，山东的西部、江苏的北部、浙江的南部、福建的西部和北部以及广东珠三角以外的地区，无论是经济发展水平还是增长水平均十分低下，被生产效率不断提高的核心区远远甩开。这使核心区及其腹地在发展中仅能依靠特定区域的积累，无法与水平较低的地区进行有效的合作与对接，集聚经济溢出的范围有限，无法通过集聚经济拉动整个区域的发展。区域内发展水平相差巨大，不利于构筑城市之间、地区之间的能级通道，资源之间的供给和交流、产业之间的互补、产业群落之间的联合以及城市之间的合作都会受到限制，会制约集聚的演化发展。

（2）对策建议

依据前面对产品业务融合诱因与制约因素的分析，可以从以下几个方面推动FDI 与制造业集聚产品业务融合。

第一，促进产业链的改造升级，推动产业集群的发展。产业链与集聚的网络效应结合能促进技术在上下游关联行业中的传导。积极推动产业链的改造升级有助于推动先进技术与生产的结合，促进传统产业的升级。产业链的升级同样是对同行业内优质资源的整合，对于吸引优质 FDI 有很大的助力，能够形成与 FDI 互动的良性循环。此过程需要依靠产业链原有的发展基础，在累积优势的基础上进行升级，同时也需要依靠政府的引导和支持。以广东的平板显示行业为例，广东在全球液晶显示转移的浪潮下承接了来自中国香港、中国台湾和东南亚的 FDI，本土企业在技术外溢效应的影响下异军突起，涌现出诸如 TCL 等著名的彩电、显示屏的生产企业，具备良好的产业发展基础。在 2008 年世界金融危机全球液晶产业大调整的背景下，TCL 顺势吸收了中国台湾和韩国的工程师和技术人员，在政府牵线下实现了与深圳高技术且拥有自主创新能力的同行华星光电的合作，形成拥有液晶电视整机、模组以及面板完整产业链的企业，并带动珠三角地区产生具有数千亿元产值的平板显示生产的产业集群，是产品业务融合的成功范例。

第二，加强区域间优势要素的组合。以广东惠州 TCL 与深圳华星光电的成功合作为例，两者的合作带动了产业集群的发展，区域之间优势要素的组合能使资源迅速得到优化配置，推动生产效率的提高，促进创新的产生与转化，推动产业的成长，进而促进产品业务融合的发展。两者的整合，将前端的面板生产放在深圳，由华星光电承担；将后端的模组和整机生产放在惠州，由 TCL 承担。TCL 丰富的业内经验和组织管理能力，华星光电突出的自主创新能力和优秀的全球智囊团队，以及深圳优良的创新创业环境和雄厚的政府投入，促进了资源的高效配置以及项目的迅速上马，同时还形成了围绕惠州 TCL、深圳华星光电以及广州 LG Display 液晶平板生产项目，吸引了上游材料、设备制造厂的落户，不仅促进了产业群落的形成，还促进了全产业链的延伸发展，形成了进一步吸引诸如英特尔等企业进行项目合作，推动了集聚转型升级和良性发展。

第三，推动区际产业转移。针对区域间的不平衡发展以及其对产业集聚演化的制约，推动产业间的区际转移有着重要的意义。按照小岛清的产业转移雁型理论，围绕主要集聚圈层的不发达地区在土地、人工、环境等方面相较于集聚区更具比较优势，通过产业的区际转移可以使资源得到合理的利用，促进不发达地区工业的发展，为核心圈层的发展置换空间，使区域间经济的发展趋向平衡，在此基础上也能促进区域间的深入合作。江苏在区际转移方面走在前列，是一个成功的示范。20 世纪 90 年代以来，江苏拥有较好的工业底子，与新加坡、日本以及欧美等进行了合作，形成了外资主导的外向型经济，其中尤为突出的是南京、无锡、苏州和常州。南京以物流、重化工业和信息产业为主，无锡则以信息和高新技术产业为主，苏州和常州则以现代制造业、装备制造业、集成以及电子新兴产业为主。为了促进苏南产业向苏中、苏北的转移，江苏一方面大力为产业转移创造条件，在产业、科技、财政、劳动资源上推进多项举措；另一方面争取国家的战略支持，加强基础设施的建设，基于地理的毗邻，加大城市间的合作，推动对徐州、连云港、盐城、淮安、宿迁五个城市的转移。苏北投资的便利促进了大批中外知名企业的集聚，形成以龙头产业带动一个产业链发展的格局，在苏北五市形成 20 多个千亿元级的产业集群。由此可见，通过政府协调与企业主导的产业转移，进一步提高了集聚产业的辐射效应和带动效应，在比较优势的基础上促进了区域的协调发展，不仅使区域内的资源得到了合理的配置和高效的运用，带动了新产业集聚的发展，也使原产业集聚的转型升级获得了更大的发展空间，同时还使地区之间的合作有了巨大的发展，推动地区之间的产业群落进行链式的合作，有助于打破地区之间行政区域的间隔，更进一步促进生产的更新和效率的提高，能助推产品业务融合的发展。

9.2.3 促进 FDI 与制造业集聚市场融合的对策建议

（1）市场融合的诱因与制约因素归纳

①融合诱因。

第一，具有技术融合以及产品业务融合的基础。市场融合是产业融合的最后一个阶段，也是产业融合最终实现的标志。市场融合标志着有别于传统行业的新行业的诞生，这要以技术融合和产品业务融合为基础。技术融合促进技术进步，并通过集聚网络传导效应促进产品业务环节的融合，此融合效应推动新产品的产生，促进新行业的成长，是市场融合的必经阶段。

第二，企业具有良好持续的技术创新能力。产业融合下需要有能满足市场需求的新产品、新业务。随着市场上产品的丰富以及信息科技革命的发展，消费者对于产品的需求越来越高，对智能化的要求也越来越高，需要企业不断地进行技术创新，对产品和业务进行升级和换代。因此，微观企业必须具有不断创新的能力，才能不断满足消费者的需求，使新的市场能够稳固下来，融合才能持续。

第三，消费者需求行为的变化。随着经济发展水平的不断提高，具有购买力的消费者对产品的要求日益苛刻，信息技术革命带来高度的互联网社会化，消费者行为在生活方式、产品追求、社交环境以及互联网场景变化中产生了巨大的变化。变化的需求倒逼新产品新业务的诞生，是市场融合的重要动力。

第四，市场准入的放宽。政府为了促进一国产业的发展通常会依据产业发展的水平制定相应的产业发展政策，这对于维持产业的良性发展、保护幼稚产业和朝阳产业的发展有着积极的意义。随着产业的发展，政府将依据情况调整产业发展政策，扩大的市场准入有利于推动新行业的形成，产生新的市场。

②制约因素。

第一，忽视长期发展的动态效应。从第 7 章的实证研究可以看出，随着 FDI 结构的优化，长期来看，FDI 能通过制造业集聚促进新行业的产生，促进市场融合的实现。目前制造业集聚中虽有企业进行了转型升级并取得成功，但只要成本与收益处于相对平衡的状态，就不容易刺激企业进行较大的变革。另外，制造业集聚具有一定的惯性作用，此惯性作用既是推动集聚持续发生效应促进经济增长的重要源泉，也可能在某种程度上使企业怠于变革。因此，集聚中新要素的引进与合理的引导成为重要的刺激演化因素。

第二，沉没成本较高。新行业新市场的形成无论对于领先企业还是追随企业而言都需为转型投入大量的成本。企业需要进行机器设备、生产条件的更新，加大研发的投入，更新人才团队，开拓市场，进行经营变动的申报和审批等，这些都将形成企业的沉没成本，而新市场初始收益的不确定性也会加大企业的沉没成本。因此，对于尚待转型或是处于转型期的企业而言，沉没成本的考虑是演化的障碍。

第三，持续创新的能力尚待加强。我国受 FDI 影响的典型制造业集聚大部分是在国际产业转移浪潮中发展起来的，主要以加工贸易为主，汇集了众多的中小企业，虽然其中不乏脱颖而出者，但大多数在技术创新上处于追随者的地位，且对于创新的投入有限，无法承受较长的研发周期，持续自主创新的能力不强。另外，我国的知识产权制度规范尚不完善，大大增加了自主创新的成本，影响了自主创新的积极性。然而，持续的自主创新是产品业务产出的重要条件，该方面的缺乏对产业融合的最终实现是很大的阻碍。

（2）对策建议

第一，进一步调整规范限制。众多研究提到产业管制的放宽是产业融合的重要动力。政府对行业的规制应随着产业发展的变化而不断地调整，促使产业政策能激励产业的发展。市场融合很大程度上取决于是否有新产业的产生，产业规制的调整就显得更为重要。例如，日本 1995 年指出，应以制造业为主进行国际分工，应开发新的产业领域，放宽产业规制，促进企业竞争。欧盟 1997 年提出，规制应仅限于为了实现明确的目标而需要规制的领域，而规制的方法应以反映用户的需求为主，政府应该不遗余力地推进产业融合。2006 年随着信息技术革命的兴起，我国政府明确提出需加强宽带通信网、数字电视网以及新互联网等信息基础设施的建设，推进网络融合。此间不断开展试点，2013 年以来开始全面推进三网融合的发展。这不仅形成了竞争性的网络产业格局，也为制造业领域与信息技术领域的融合提供了基础的设施条件和产业转化条件，大大推动了信息技术和制造业的融合。

第二，继续加强对 FDI 准入制度的完善。FDI 与我国制造业集聚的融合，促进了我国制造业集聚的演化，技术进步通过制造业集聚效应得以扩散、融合、传导到产业链的上下游，促进生产环节的改造升级，推动新产品的产生，促进新行业新市场的新融合。因此，继续扩大开放、吸引水平型的外资并且促进异质型外资的进入在推动市场融合的进展方面仍然是十分有意义的。我国对 FDI 准入的规范在加入 WTO 以前是以鼓励中外合资经营为主。2001 年加入 WTO 以后，为了和国际投资贸易规则接轨，我国不断修订外资准入的政策，缩减审批程序和限制范围，取得了良好的成效，推动了外商独资、并购以及特许协议 FDI 的进入，引导了高技术研发、金融业和服务业 FDI 的进入。2013 年以来，随着我国自由贸易试验区的设立，我国开始试点实行外资准入负面清单模式，进一步放宽了对外资准入的限制，有助于规范和统一政策不一的外资准入政策，试点结果使新增投资增加，外资占比大幅提高，生产性服务业的流入增多。这意味着放宽准入、与国际规则接轨、营造公平的竞争环境对 FDI 特别是水平型 FDI 和服务业 FDI 有着更强的吸引力。而水平型和异质性行业 FDI 的流入，不仅能带来先进的技术要素，还能推动与制造业集聚市场融合的发展。因此，继续加强对 FDI 准入制度的完善也是推进市场融合的重要环节。

第三，以产业链为基础加强与新兴产业的合作。在 FDI 与制造业集聚技术融合和产品业务融合的基础上，技术进步通过集聚效应平台传导，在上下游关联产业链上更易于形成新的行业融合。因此，在向市场融合演化的过程中，以产业链为基础，通过与新兴产业的合作更能带动整个产业链的改造升级，促进新产业的诞生。例如，广东在信息技术革命的浪潮下，将发展智能制造作为制造业升级的核心，通过"互联网＋"给制造企业注入了新理念、新技术、新模式，促进了新产业新业态的产生。在家电制造链、家具制造产业链上实现与"互联网＋"的产业融合，形成以消费者需求为中心的新型制造模式。在汽车摩托车制造业、金属制品、电子电器等产业中，采用的工业机器人达到甚至超过了半数，其中绝大部分工业机器人为外国品牌，大大促进了智能制造的融合发展，且渐渐形成了规模生产，推动了产量的大幅增长。广东制造业智能转型的例子充分表明以原产业链为基础推动的与新兴产业的融合有助于整个产业链的转型升级，能进一步促进制造业集聚的演化。

第四，加强构建持续创新的平台。市场融合是制造业集聚升级演化的重要阶段，是企业转型升级由量变到质变的阶段。对于制造业集聚而言，顺利完成技术和产品业务融合的市场中实力强劲的企业更容易脱颖而出。但制造业集聚的升级除了依靠领头企业以外，也需要依靠众多的追随者共同持续的技术改良、改革和创新。然而持续创新的成本对于大多数企业而言投入是巨大的、产出是久远的，但受益却是不确定的，为此需要有一个持续创新的氛围，推动企业自主自发地进行持续的创新。前述技术融合中有提及创新网络平台的建设，发展至市场融合阶段，持续的创新效应是围绕着新的行业，以满足消费者需求为核心的自主创新。因此，持续创新平台的建设可以围绕出台规划政策、搭建公共科研服务平台、建设示范基地、培育骨干企业以及鼓励中小企业进入等方面展开。其一，在制定规划政策方面，应该根据当地产业发展的特点，以推动融合的发展为主要目标，规划制定长期的发展计划。其二，在公共科研服务平台的搭建上，应以为新行业的发展服务为目标。例如，广东在促进制造业智能化方面，建立了智能装备研究院、机器人创新研究院等，推动了智能发展的基础研究和科研配套服务，有助于利用政府的公共资源促进智能制造的发展，减轻了企业研发的压力和风险。其三，在示范基地建设方面，应以支持重大项目发展为依托，政府进行适当的投资，建立试点示范，以积累新产业融合的经验。其四，骨干企业往往起到先行者的作用，通过对骨干企业核心研发的支持，能加快产业的融合与升级，并能够带动相关项目的投资。发展成为龙头企业的骨干企业还能成为引领整个产业链发展的重要力量，甚至引导新的产业集群的发展。其五，对于追随者企业，特别是制造业集聚中存在的中小追随企业，应鼓励其以新兴的消费者需求为重点，依托政府的公共服务平台以及技术融合和产品业务融合作用下骨干企业的技术外溢效应，进行大胆的升级与转型。此外，政府还应给转型升级、向新行业过渡的企业给予审批申报等方面的便利以及税收上的优惠，降低企业的经营风险。

第10章

结论与展望

10.1　主要结论

本书运用经济地理学和世界经济学的相关理论和方法，融合了计量分析法和空间统计法，辅以文献分析和规范分析，从 FDI 与制造业集聚的关联效应和空间变迁出发，以产业融合的新视角，从跨界融合动态发展的三阶段（技术融合、产品业务融合与市场融合）层层深入，系统地剖析 FDI 与制造业集聚关联效应的发展机理，探究受 FDI 影响的制造业集聚区位变迁的原因，总结制造业集聚发展演化的规律，并在分析演化诱因和制约因素的基础上提出如何促进 FDI 与制造业集聚正向演化的对策建议。研究获取的结论如下。

①以产业融合视角对 FDI 与制造业集聚的关联效应进行内在机理的演绎推导，表明 FDI 与制造业集聚的关联经由技术融合、产品业务融合和市场融合，能最终形成新的行业，推动制造业集聚的转型升级。

②FDI 与我国制造业集聚有着密切的关联和空间相关关系。本书通过融合计量分析法与空间统计法，拓展传统空间集聚指数，建立两者关联的空间计量模型，对 264 个城市 1999～2015 年的 FDI 与制造业集聚进行空间关联分析，结果表明：受 FDI 积极影响的制造业集聚区主要位于山东、江苏、上海、浙江、福建与广东的 72 个地级及以上城市中，这些城市是研究的典型区域。典型区在空间分布上呈现出"分散—集中—弱化"的态势，克服集聚分散力是亟待解决的问题。

③FDI 与制造业集聚融合的三阶段计量研究证实了机理演绎推导的结论。本书以参数估计法、随机前沿分析法和投入产出法等计量方法构建的融合效应衡量指标为基础，通过建立面板和空间计量模型对三阶段融合效应的分析表明：FDI 与制造业集聚的关联已形成技术融合、产品与业务融合，具有市场融合的潜力，三阶段融合发展是 FDI 与制造业集聚演化发展的重要方向；港澳台企业 FDI 对制

造业集聚技术提升的效应直接；外国企业 FDI 对制造业集聚发展的长期效应显著，外国企业 FDI 多以水平型 FDI 为主，而水平型 FDI 对产业融合的促进效果更强。

④三阶段融合下的空间效应分析进一步证实了机理推导的结论，并揭示了受 FDI 影响的制造业集聚的演化发展方向。本书在通过计量法构建的 FDI 与制造业集聚融合衡量指标的基础上，结合空间热点探测和空间自相关分析，对三阶段融合下的空间效应进行的分析表明：空间演化呈现"分散—集中—弱化—再集中"的态势，"再集中"是继集聚"弱化"后的升级演化方向，融合程度越高的地区越易成为再集中的核心区；技术融合效应下，制造业集聚逐渐形成了以技术融合高值区为核心的集聚态势，长三角和珠三角地区的技术融合效应凸显，融合效应不明显的地区则弱化成为追随者；产品业务融合效应下，江苏、上海和广东成为核心高值集聚区，优势行业覆盖轻重工业，具有形成产业链式发展的条件，能在区域间形成相互关联的产业集群发展态势；市场融合效应下，异质性行业一度在上海和广州的制造业集聚核心区及其周边地区凸显明显的圈层结构，然而空间分布关联特征并不显著，市场融合仍处于发展阶段。

⑤实证研究和空间演化分析双重证实了产业融合对 FDI 与制造业集聚关联效应的强解释性，由此得出的 FDI 与制造业集聚发展的重要趋势是：融合程度越高的地区集聚升级发展的速度越快，集聚核心竞争力越强，对周边区域的辐射带动水平越高；融合程度低的地区集聚升级较慢，且呈现弱化趋势，与高值集聚区形成"领先—追随"模式的演化发展态势；与水平型 FDI 的融合是受 FDI 影响的制造业集聚克服集聚分散力，推动集聚空间演化由"弱化"到"再集中"，促进制造业集聚转型升级的重要推动力；技术融合、产品业务融合和市场融合是推动关联效应深化以及促进融合与演化发展的必由阶段。

⑥在机理推导、计量研究和空间效应分析的基础上进行的 FDI 与制造业集聚融合演化发展的总体规律研究可得：技术融合是在技术关联的基础上形成创新网络平台，推动先进要素的融合；产品业务融合是在技术融合基础上，以前后向关联为依托，形成行业关联平台，实现产品的跨界融合；市场融合则是在技术融合和产品业务融合基础上，促进新产品产出和行业的成长，促成新行业的形成，实现行业的跨界融合。

⑦总体规律研究基础上获得的推动 FDI 与制造业集聚发展的对策建议包括：技术融合阶段以推动水平型 FDI 内部化和加强创新平台建设为主；产品业务融合阶段以促进产业链改造升级、推动区际优势要素配置以及区际产业转移为主；市

场融合阶段以调整规范限制、以产业链为基础加强与新兴产业的合作以及加强营造持续创新的平台为主。

10.2　主要创新

目前对 FDI 与制造业集聚关联效应的相关研究颇多，但在 FDI 是否对制造业集聚具有促进作用上尚存分歧，FDI 与制造业集聚关联效应的内在机理仍不明晰，对两者关联效应的动态发展研究较少。因此，本书尝试在现有研究基础上，以产业融合为新视角，分阶段对 FDI 与制造业集聚关联效应的内在机理进行动态发展研究，指出受 FDI 影响的制造集聚转型升级的方向。本书的主要创新如下。

第一，以产业融合为新视角，率先尝试从技术融合、产品业务融合和市场融合三个递进发展阶段入手，对 FDI 与制造业集聚的关联效应进行动态量化分析，揭示 FDI 与制造业集聚关联效应的内在机理，指出与 FDI 的融合能推动制造业集聚的演化发展，试图为作用机理尚不明晰的 FDI 与制造业集聚的关联效应研究提供新的经验证据。

第二，尝试揭示 FDI 作用下制造业集聚空间演化的一般性规律，辨析集聚演化发展的趋势与方向，指出制造业集聚弱化后在融合效应的作用下将再次产生更高水平的集聚，融合程度高的地区成为集聚升级的领先者，程度低的地区则弱化为追随者，并将其提炼为"领先—追随"模式，丰富了传统的产业集聚研究成果。

第三，融合计量分析法与空间统计法，结合参数估计、随机前沿分析、投入产出、回归分析等计量方法与空间热点探测、局部自相关分析等空间统计方法，拓展了传统的空间集聚指数，构建衡量融合效应的指标，建立多个面板和空间计量模型，试图为 FDI 与制造业集聚关联演化的量化和可视化研究提供新的分析方法。

10.3　研究展望

本书研究了 FDI 与制造业集聚融合机理，在实证研究的基础上分析与 FDI 密切结合的制造业集聚的内在升级与外在区位分布变迁的规律，并据此提出了推动各阶段融合的相关对策建议。计量分析和空间统计的结果均证明，以产业融合为新视角的研究不仅能量化衡量 FDI 与制造业集聚的关联效应，揭示集聚升级的内在机理，还能解释 FDI 与制造业集聚演化的空间效应，辨析集聚动态发展的方向。

本书的研究具有较为丰富的理论基础，发展阶段的设定基于大量国内外研究的理论成果，并经由本书的推理、实证检验以及空间分析得到了证实。总体而言，本书的研究是以"演绎—推导—证明—归纳"的逻辑展开，试图揭示 FDI 与制造业集聚关联、融合和升级的机理。

但本书仍存不足之处，未来研究拟从以下几个方面继续进行拓展。

①进行区域差异化研究，丰富差异化规律探索。首先，本书的发展阶段设定有国内外丰富的研究基础，然而地区发展的差异化客观存在，并非每个地区的发展都会严格遵从书中所述发展阶段，必然存在一定程度的偏差。本书对一般规律进行了研究，对各地不同的发展情况虽有所涉及，但是不同地区差异化发展的特点仍需通过长期的实地观察和调研才能丰富实际的证据，才能进一步展开对差异化发展规律的研究。其次，本书对制造业进行了按门类的细分研究，但没有就传统制造业和先进制造业进行分类研究，然而对两者进行对比研究能进一步反映 FDI 与制造业集聚融合对集聚转型升级效应的大小，也有利于区分集聚发展中不同的演化阶段，因此在今后的研究中将继续对传统和先进制造业进行差异化的研究。

②丰富对微观企业的考察和数据的收集，实现微观论证宏观的目标。囿于一手资料获取的难度较高，更新缓慢且口径庞杂，为了使经验证据更具有说服力，本书采用的数十万研究数据主要来源于统计资料和相关专业数据库，本书在研究中也对数据进行了细致的甄别和处理。然而，受数据来源的限制，本书仅能在宏观和中观的层面上进行研究，微观的企业研究尚无法进行。未来希望能继续收集微观企业资料，实现以微观论证宏观的目标。

③进一步拓展指数和优化模型。首先，在 ESDA 权重矩阵设立时由于数据收集和权重设置的难度只考虑了地理邻接问题，今后将在差异化探索的过程中考虑除地理邻接之外的更多要素以使问题得以拓展深入。其次，在市场融合的模型构建上，由于我国目前并没有对新行业和新市场进行相关的界定，使相应的行业甄别和统计尤为困难，因而市场融合中新行业模型的构建仅能选取代表性的异质行业进行，给市场融合模型的设立留下了缺憾。未来研究中将借鉴国际发展的相关例子，从我国管制、标准、行业发展的实际出发对新市场进行更为深入的研究，对市场模型进行完善。再次，对空间效应模型研究还可继续深入，希望今后能通过研究的深入以及差异化研究的加强，发展出更为精练的空间效应模型，增强空

间效应模型的适用性。最后，由于计量分析的发展日新月异，本书成稿后的模型在未来研究中还可结合最新的计量研究成果进一步优化。

④追踪新情况下 FDI 和制造业集聚的变化特点，延伸对两者演化发展的研究。近年来国内外形势变化迅速，例如全球化与反全球化冲突的加剧，我国"一带一路"倡议、"供给侧"改革等政策的实施，中美贸易摩擦加剧等新情况的涌现，必然会影响未来 FDI 的流向和布局，也会影响我国制造业集聚的行业和区位选择，FDI 与制造业集聚的关联与发展也将出现新的变化，有必要结合新情况继续进行动态持续的研究。

附表1　中国地级及以上城市制造业集聚区位熵测算结果[①]

城市	2015 年	2011 年	2007 年	2003 年	1999 年
北京市	0. 417840883	0. 534218829	0. 625797854	0. 753921272	0. 792921878
天津市	1. 32398119	1. 42786787	1. 288442269	1. 494549795	1. 355576383
石家庄市	0. 839549823	0. 892423756	1. 011671052	1. 191409118	1. 186582242
唐山市	0. 912288632	1. 012124297	1. 033265833	1. 060356885	1. 159792649
秦皇岛市	0. 832853172	0. 970532879	0. 881575011	0. 950199665	1. 060538155
邯郸市	0. 667870369	0. 538694565	0. 698926712	0. 823289551	0. 981449799
邢台市	0. 755397195	0. 528990649	0. 586282965	0. 631656821	0. 89763206
保定市	0. 792004111	0. 835589244	0. 843912779	0. 75668772	0. 928014244
张家口市	0. 494649705	0. 634369395	0. 802848449	1. 018942187	1. 366421226
承德市	0. 560049955	0. 590672806	0. 729949747	0. 708885488	0. 860060658
沧州市	0. 5538915	0. 540258495	0. 490083885	0. 60933681	0. 763260445
廊坊市	1. 119699798	1. 21006611	0. 71366063	0. 624562567	0. 671389794
衡水市	0. 619737938	0. 73139152	0. 693994692	0. 749493559	0. 900510303
太原市	0. 651946377	0. 926603413	0. 982029786	1. 066619548	0. 902102211
大同市	0. 371685512	0. 382196902	0. 39147648	0. 573558097	0. 455610335
阳泉市	0. 359046128	0. 315827144	0. 379541347	0. 594882808	0. 630754893
长治市	0. 587608947	0. 705144123	0. 799053808	0. 958584043	0. 405325667
晋城市	0. 584572159	0. 261335014	0. 327694657	0. 386847706	0. 311124102
朔州市	0. 201775752	0. 234700761	0. 295083042	0. 402264415	0. 27016505
晋中市	0. 346825614	0. 574078029	0. 873849201	0. 8184602	

①　本书通过指数法测算了1999～2015年连续年份的制造业集聚区位熵，篇幅原因在此仅录出每间隔4年的数据。

城市	2015 年	2011 年	2007 年	2003 年	1999 年
运城市	0.903995101	1.001746477	1.070731882	1.113818365	
忻州市	0.203780811	0.241843606	0.376733875	0.530842083	
临汾市	0.398795539	0.51186429	0.603348481	0.708748744	
呼和浩特市	0.475694067	0.633648883	0.659681744	0.72902185	0.732418921
包头市	1.24888505	1.394391487	1.226901086	1.914882927	0.957741571
乌海市	1.251956299	0.439326283	0.721502367	1.057006223	0.80158725
赤峰市	0.473789489	0.435860198	0.376256565	0.410725736	0.197102443
通辽市	0.545932418	0.317691305	0.260818343	0.274238206	0.346939121
鄂尔多斯市	0.569798139	0.500404786	0.738885957	0.902682319	
呼伦贝尔市	0.276381474	0.179083292	0.274641089	0.311590712	
沈阳市	0.738812444	0.893268055	0.931276784	1.096952822	0.98078304
大连市	1.336249837	1.473826725	1.533624632	1.527774585	1.303355814
鞍山市	1.240749947	1.34157769	1.293076437	1.496072138	1.692571855
抚顺市	0.794809513	1.030397611	1.075572752	1.159824394	1.179322756
本溪市	1.020644008	1.160248963	1.300916519	1.57243989	1.780160667
丹东市	0.686139548	0.88544674	0.844950388	0.990150983	1.058923438
锦州市	0.705544888	0.70247163	0.726306765	0.838893161	0.949303785
营口市	0.990201857	1.323882388	0.980838282	0.965357445	1.070621496
阜新市	0.27738108	0.39781987	0.432253836	0.402454517	0.919333653
辽阳市	1.105930853	1.17630336	1.120496509	1.233849165	1.374195679
盘锦市	0.30762992	0.276853984	0.312495705	0.405874821	0.522628417
铁岭市	0.362171743	0.314815164	0.325762032	0.446892535	0.30899656
朝阳市	0.474174246	0.614977671	0.777783322	0.918534072	1.001160158
葫芦岛市	1.060731782	1.227077883	1.203984288	1.42285059	1.369241435
长春市	1.068962496	1.039784784	0.998075689	1.17410995	1.218262959
吉林市	1.07257228	1.131465833	1.032579971	1.256417103	1.29014709
四平市	0.564236398	0.889004508	0.76046742	0.684910314	0.82519807
辽源市	1.110483164	0.292045534	0.358465407	0.577782309	0.869169753
通化市	1.475514732	0.856403024	0.868889844	1.018420006	1.182507003
白山市	0.490555203	0.529709825	0.416651359	0.745166025	0.520747836
松原市	0.582594918	0.241169327	0.213722799	0.266510031	0.310218747
白城市	0.413137459	0.377745505	0.30867957	0.774238126	0.706360093
哈尔滨市	0.652985945	0.745999917	1.06660451	1.424547566	1.309054994

城市	2015 年	2011 年	2007 年	2003 年	1999 年
齐齐哈尔市	0.678196233	0.744645805	0.862356289	1.043682662	1.063988627
鸡西市	0.219911313	0.22145124	0.28229602	0.406133547	0.401439432
鹤岗市	0.489420005	0.202580095	0.168839301	0.30493222	0.18474801
双鸭山市	0.172609964	0.131895086	0.235245637	0.258380669	0.306957459
大庆市	0.430746203	0.539053045	0.577448313	0.588619698	0.543734009
伊春市	0.310196882	0.469849506	0.68443476	0.994456097	0.818138906
佳木斯市	0.325684487	0.227790337	0.475600201	0.604997414	0.667530179
七台河市	0.217688555	0.239211972	0.310903227	0.334957661	0.249169303
牡丹江市	0.530534695	0.626299828	0.699249825	0.857459594	0.976000059
黑河市	0.217581772	0.150948005	0.163473047	0.482352274	0.395521533
绥化市	0.615357768	0.527174114	0.494472192	0.515048019	
上海市	1.00061956	1.27718116	1.286010819	1.393922324	1.388410578
南京市	0.876093911	1.306829705	1.215497868	1.300816278	1.318852323
无锡市	1.990121698	1.854280402	1.725531464	1.634348251	1.571809955
徐州市	0.777405424	0.712429113	0.614382359	0.670035298	0.840754515
常州市	1.681352549	1.40275326	1.535388126	1.677377458	1.623102995
苏州市	2.44554342	2.295851344	2.363060273	2.130788864	1.534420653
南通市	0.787493993	1.622319345	1.689694056	1.517469198	1.436474353
连云港市	0.882775354	0.880868998	0.782415231	0.685617338	0.842748129
淮安市	1.125234799	1.242841908	1.166415295	1.023735412	1.085483383
盐城市	0.990833582	1.139529776	1.019954194	0.854171637	1.129003032
扬州市	0.935614179	1.247340596	1.264140762	1.343366239	1.342962873
镇江市	1.749669892	1.650075476	1.512016076	1.339934137	1.322701032
泰州市	0.973636164	1.373689746	1.298632967	1.263267427	1.44251205
宿迁市	1.15736577	1.006774603	0.674596556	0.686803089	0.960517549
杭州市	0.830598718	1.017211619	1.370950737	1.114179907	1.254607094
宁波市	1.533510828	1.650184977	1.434571072	1.164875978	1.09727335
温州市	1.016223196	1.423723827	1.676842763	1.200833037	0.998418436
嘉兴市	2.01565427	2.188630219	2.284843064	1.398182646	1.37166347
湖州市	1.31525094	1.467683489	1.683028052	0.635548259	1.144499623
绍兴市	0.880499896	1.003237503	1.255986364	0.988265324	1.049579944
金华市	0.568218305	0.935656631	0.882757158	0.591243171	0.784318188
衢州市	1.130219433	1.142611792	1.055222843	1.073235603	1.296635166

续表

城市	2015 年	2011 年	2007 年	2003 年	1999 年
舟山市	0.774948137	0.831978609	1.02030873	0.87815904	0.975072404
台州市	1.065182667	1.241557698	0.815534703	0.678639922	0.769794634
丽水市	0.572764405	0.715143261	0.64989692	0.533326647	
合肥市	0.865848326	0.886275826	0.795747732	0.829237393	1.060690386
芜湖市	1.378722357	1.272701209	1.497804328	1.51878787	1.368695658
蚌埠市	0.767747046	0.766273116	0.821233518	0.990423532	1.028810451
淮南市	0.276161178	0.345810499	0.310407965	0.460321502	0.479031298
马鞍山市	1.028258114	1.270455133	1.523204808	1.687316325	1.549257344
淮北市	0.4798541	0.492350237	0.232052496	0.344323661	0.799035046
铜陵市	1.270346177	1.60891604	1.466449392	1.90351937	1.761159616
安庆市	0.943446175	0.436024612	0.405359994	0.718610751	0.933942923
黄山市	0.501792202	0.383556974	0.439934817	0.623021249	0.829739961
滁州市	1.097898425	0.629307937	0.742511188	0.806253515	
阜阳市	0.483556444	0.38888844	0.378972087	0.472333224	0.562287259
六安市	0.507728165	0.405029738	0.356489972	0.471146309	0.708304337
亳州市	0.752610086	0.67522009	0.423240813	0.478361592	0.726473132
池州市	0.68736854	0.480974627	0.51677564	0.560957829	
宣城市	1.070802337	0.463980211	0.541329318	0.578136545	
福州市	0.888650325	0.487555245	0.812584507	0.995034222	
厦门市	1.244160252	1.173320543	1.436537849	1.454289398	1.19329384
莆田市	1.548841598	1.778617275	1.995815671	2.374526542	1.847378511
三明市	0.607230591	1.795790139	2.023325058	1.908542635	1.634967915
泉州市	1.874724987	0.775974058	1.005565297	1.051437942	1.180828064
漳州市	1.375668923	2.314421411	2.251646119	2.240097187	1.861773482
南平市	0.727280314	1.479978614	1.510181596	1.354359223	1.057233757
龙岩市	0.622476604	1.041474644	1.108456473	0.87660163	0.958516147
宁德市	1.091213283	0.931955262	0.859343661	0.623016672	0.747560393
南昌市	0.827703901	0.409580392	0.384572302	0.360456708	
景德镇市	1.15619912	0.938517652	0.817182437	1.067736411	1.178157613
萍乡市	1.189440871	1.299837	1.263667866	1.33948858	1.000901804
九江市	1.135851328	0.609404534	0.855500909	1.011876866	0.856752214
新余市	1.734336134	0.949779297	0.938713219	0.947102308	1.141759331
鹰潭市	1.472134355	1.590079416	0.70669063	0.821417117	1.746220495

城市	2015 年	2011 年	2007 年	2003 年	1999 年
赣州市	1.08536946	1.008924576	0.578646086	1.087514748	1.251796463
吉安市	1.237823437	0.94641992	0.887467039	0.631503766	0.580034461
宜春市	1.27813668	0.328354635	0.3769768	0.463838769	
抚州市	0.749284255	1.085671848	0.74836404	0.350692875	
上饶市	0.84505645	0.622782426	0.699275195	0.602356053	
济南市	0.793044663	0.421145021	0.690771653	0.500492158	
青岛市	1.595865997	0.791170759	0.852778403	1.135916295	1.190342901
淄博市	1.202982638	1.832995064	1.924999515	1.982271568	1.682026585
枣庄市	0.786768513	1.382076367	1.506308806	1.689990489	1.60073542
东营市	0.715425552	0.515269873	0.645118613	0.739110941	0.911454364
烟台市	1.497353605	0.832401209	0.784500767	0.569888308	0.372139341
潍坊市	1.370271303	1.664404371	1.583249842	1.322685719	1.282944975
济宁市	0.707463764	1.293195686	1.492532706	1.34503824	1.458120581
泰安市	0.913656593	0.603273875	0.707447774	0.777671078	0.944460525
滁州市	1.097898425	0.629307937	0.742511188	0.806253515	
日照市	1.286567672	1.279255786	1.203819653	1.055626098	1.075205505
莱芜市	1.587845152	1.58413696	1.638977038	1.851225174	1.692330085
临沂市	1.17819954	0.812892046	0.953376819	0.864020052	1.003808803
德州市	1.157896681	1.129997014	1.236819332	1.059216825	1.117811094
聊城市	1.210445726	1.153045241	1.133278903	1.238974725	1.286766403
滨州市	1.900345271	1.946891078	1.985960943	1.853272737	
菏泽市	0.538762672	0.529127726	0.563833684	0.452034973	
郑州市	1.243544813	0.956525919	0.674809689	0.86387126	0.899917669
开封市	1.14056106	0.744093933	0.698605232	0.787135982	1.128626621
洛阳市	1.212062441	0.958223671	1.005511478	1.215030296	1.426810166
平顶山市	0.774886439	0.768292091	0.745876172	0.807245416	0.781730863
安阳市	0.863443545	0.719794964	0.776097039	1.025602588	1.270976409
鹤壁市	1.450724233	0.806927831	0.691282661	0.657420853	0.88316836
新乡市	1.12703323	1.008880501	1.038973721	1.173886512	1.454935393
焦作市	1.516380039	0.994619817	1.138003255	1.086256437	1.187108507
濮阳市	0.791049607	0.401318311	0.353634171	0.601825483	0.570545325
许昌市	1.56174441	1.032258468	0.891299237	0.813965936	0.939659386
漯河市	1.886706215	1.500685459	1.328034758	1.212286208	1.22006207

续表

城市	2015 年	2011 年	2007 年	2003 年	1999 年
三门峡市	0. 509793995	0. 484585465	0. 526608358	0. 70507804	0. 743132975
南阳市	0. 914821853	0. 860303411	0. 811579615	0. 803745919	0. 60740261
商丘市	0. 972553257	0. 311714259	0. 259642208	0. 344931398	0. 972332376
信阳市	0. 796936483	0. 496534484	0. 471283329	0. 50278365	0. 700921367
周口市	1. 124725976	0. 47365745	0. 573458952	0. 570836624	
驻马店市	1. 000468458	0. 579901338	0. 570836344	0. 438471377	
武汉市	0. 903639296	0. 911868135	0. 879832877	1. 278576999	1. 138694147
黄石市	1. 267302231	1. 317816705	1. 256902733	1. 297543479	1. 403779798
十堰市	1. 254265653	1. 414529631	1. 375567496	1. 581540014	1. 571615456
宜昌市	1. 328715687	1. 29793908	0. 945632417	0. 961420247	0. 954036127
襄阳市	1. 179078553	1. 175829687	1. 112642642	1. 210907906	1. 181266805
鄂州市	1. 394757831	1. 539626229	1. 358777657	1. 587087667	1. 443103089
荆门市	1. 318546833	1. 262542095	1. 296030107	1. 045754901	0. 890236909
孝感市	1. 184411876	1. 107583563	1. 094701701	1. 004727168	0. 846925194
荆州市	1. 023681932	0. 803011	1. 059627948	0. 831163998	0. 89707112
黄冈市	1. 164138413	0. 677710763	0. 556306078	0. 554170742	0. 674994174
咸宁市	0. 845809742	0. 883337763	1. 174518011	1. 045375319	0. 996955076
随州市	1. 095337825	1. 053825877	0. 871327211	0. 615570108	
长沙市	1. 006254097	1. 035724818	0. 788023405	0. 731676524	0. 902911584
株洲市	1. 168325648	1. 269247194	1. 293006553	1. 414611782	1. 488735675
湘潭市	0. 637619482	1. 059256683	1. 017126938	1. 361458523	1. 477712393
衡阳市	0. 680253647	0. 813694933	0. 611643812	0. 783499095	0. 893208191
邵阳市	0. 476352063	0. 339389145	0. 323775206	0. 445246093	0. 607794336
岳阳市	0. 848751306	0. 997786224	0. 80687642	0. 874864833	0. 935459478
常德市	0. 621214813	0. 73930777	0. 670621886	0. 550541924	0. 695394067
张家界市	0. 205857597	0. 20330489	0. 185417728	0. 185257111	0. 347413199
益阳市	0. 718354083	0. 746307351	0. 602758893	0. 478024679	0. 690826619
郴州市	0. 553335632	0. 581629211	0. 461582986	0. 355465312	0. 489304807
永州市	0. 591195955	0. 55794168	0. 476510595	0. 463740961	0. 727168526
怀化市	0. 332188902	0. 384036705	0. 427267746	0. 447729176	0. 863344331
娄底市	0. 743045765	0. 864413105	0. 817602462	0. 839023499	0. 973298363
广州市	0. 938416569	1. 274343164	1. 271241851	1. 32957188	1. 096236368
韶关市	0. 981699406	1. 089853978	1. 089080358	1. 06729985	1. 062390584

城市	2015 年	2011 年	2007 年	2003 年	1999 年
深圳市	1.897649271	1.576286399	1.53384332	1.745557382	1.544508637
珠海市	1.87246509	2.26664217	2.210378364	2.439464332	1.730535673
汕头市	1.221550169	0.873337416	0.92652575	0.949559281	0.835434737
佛山市	2.457424036	1.522249643	1.552191288	1.572545909	1.512062286
江门市	1.824393879	1.730524651	1.701755201	1.47657497	1.401795834
湛江市	0.486723722	0.623465166	0.694096696	0.654182093	0.224607528
茂名市	0.630965515	0.395988896	0.439757418	0.488329994	0.720802757
肇庆市	1.696361536	1.357393189	1.268664737	1.16289835	1.839978472
惠州市	2.378305086	2.403263704	2.405916392	2.338355963	0.619914034
梅州市	0.81840098	0.548564245	0.647280799	0.595641912	0.905183702
汕尾市	1.946919099	1.136831809	0.911986818	0.500103322	0.709115339
河源市	1.519530375	1.473023054	1.351054496	0.673808043	1.38768733
阳江市	0.9113063	0.578328969	0.591270564	0.64820879	1.422466714
清远市	1.360833408	1.579354093	1.569782407	0.946384043	0.529773379
东莞市	2.82237242	0.99790429	1.136367366	1.398406982	0.200495881
中山市	2.536425226	2.000468681	2.000479507	1.913655531	0.734352857
潮州市	1.526811721	0.993173575	0.994229768	0.833608186	0.862570529
揭阳市	1.648962744	0.651918273	0.540995113	0.408538176	0.858108504
云浮市	1.333169746	1.308789918	1.344928312	1.088064755	1.049427731
南宁市	0.471794315	0.668695274	0.644407667	0.723169921	0.779281908
柳州市	0.928581844	1.162664405	1.221203849	1.313081074	1.554208597
桂林市	0.783456031	0.681529168	0.730632251	0.855846403	0.911880268
梧州市	1.145655616	0.695148278	0.672360007	0.797698017	0.943419416
北海市	0.954004822	1.101648041	0.613389072	0.538752302	0.740840591
防城港市	0.212166856	0.477702777	0.406050949	0.32537598	0.287342378
钦州市	0.550839183	0.420490391	0.432250542	0.366937162	0.514949892
贵港市	0.561119153	0.538287345	0.547152585	0.481435147	0.551179557
玉林市	0.884410698	0.56025176	0.587608011	0.629143826	0.629231272
海口市	0.356510268	0.362842433	0.456528622	0.576610844	0.398386931
三亚市	0.114969881	0.11124704	0.151363932	0.144292106	0.137984816
重庆市	0.841873371	0.834389515	0.80207871	0.923959649	1.042204551
成都市	0.711916768	0.989730443	0.806350143	0.969383864	1.118729024
自贡市	0.708399024	0.802002827	1.011775452	1.115753057	1.171167146

城市	2015 年	2011 年	2007 年	2003 年	1999 年
攀枝花市	1. 066209357	1. 525135523	1. 544330487	1. 870832674	1. 574282993
泸州市	0. 561774235	0. 555499711	0. 596072825	0. 766753293	0. 832067103
德阳市	1. 259466876	1. 155241108	1. 143870106	1. 266907291	1. 208039033
绵阳市	0. 889546245	1. 247530886	1. 140123472	1. 157388393	1. 237321482
广元市	0. 277034672	0. 282912892	0. 35216169	0. 429971561	0. 550974408
遂宁市	0. 773088301	0. 426997012	0. 557256005	0. 609840143	0. 997023496
内江市	0. 858258254	0. 595709822	0. 76054091	0. 815016917	0. 960566833
乐山市	0. 978475593	0. 910851919	1. 185329497	1. 058698867	1. 036340561
南充市	0. 702774493	0. 293145501	0. 194987733	0. 246701628	0. 619575115
眉山市	0. 928136697	0. 76643326	0. 961581097	0. 965848077	
宜宾市	0. 957663732	1. 164463755	0. 972398947	1. 103437902	1. 101830188
广安市	0. 165355647	0. 040960356	0. 093589928	0. 137259789	0. 484048194
达州市	0. 354467628	0. 341553442	0. 362922622	0. 44441475	0. 702611513
雅安市	0. 470742973	0. 464402451	0. 52464539	0. 688974941	
巴中市	0. 443760821	0. 231663376	0. 21232849	0. 248958877	
资阳市	0. 734279746	0. 817495269	0. 711606616	0. 761587321	
贵阳市	0. 549218722	0. 804609774	0. 813168554	1. 079671074	1. 091869064
六盘水市	0. 351575048	0. 554866932	0. 579079536	0. 713690762	0. 731981701
遵义市	0. 638021472	0. 627241245	0. 71648916	0. 585244022	0. 924470964
安顺市	0. 985699346	0. 743980759	0. 495549943	0. 601345941	
城市	2015 年	2014 年	2013 年	2012 年	2011 年
昆明市	0. 513545648	0. 663792291	0. 743919472	0. 897282623	0. 890961125
曲靖市	0. 654746883	0. 76751325	0. 739788898	0. 781104769	0. 847974999
玉溪市	1. 003812482	0. 990121595	0. 974295511	0. 607729325	0. 780687712
保山市	0. 607625266	0. 5161416	0. 576209006	0. 534175634	
昭通市	0. 231549381	0. 265995793	0. 28715309	0. 2929567	
西安市	0. 806984653	0. 977576193	1. 139493885	1. 356065101	1. 27135283
铜川市	0. 522854406	0. 334617081	0. 560710749	0. 808492847	0. 878898748
宝鸡市	1. 225076917	1. 18396234	1. 288361664	1. 410546608	1. 471725674
咸阳市	1. 010957967	0. 810266952	0. 907847596	1. 034304239	1. 216578619
渭南市	0. 624984975	0. 639711725	0. 620291237	0. 618770446	0. 753441626
延安市	0. 266312545	0. 13146486	0. 169067085	0. 240763265	0. 287537182
汉中市	0. 683713885	0. 793618869	0. 826389077	0. 993342354	1. 188767326

续表

城市	2015 年	2014 年	2013 年	2012 年	2011 年
榆林市	0.5010439	0.217540938	0.236631076	0.185606128	0.314356911
安康市	0.330062018	0.249475089	0.249647024	0.368774719	
商洛市	0.450854232	0.271878789	0.260810921	0.431953129	
兰州市	0.580514282	0.721229197	0.907816846	1.166880809	1.22651308
白银市	0.639044266	0.783190713	0.89974838	1.219105231	1.309450043
天水市	0.56208587	0.669481264	0.703179175	1.037768701	1.113405962
武威市	0.392333069	0.40225571	0.595227642	0.521443965	
西宁市	0.6759152	0.827421127	0.682344481	0.775236202	0.982582786
银川市	0.379888791	0.512344478	0.553991992	0.624299206	0.557880114
石嘴山市	1.137080234	1.238280249	1.23662632	1.489470863	0.531934659
吴忠市	0.732069191	0.749935929	0.796448146	0.832581542	0.627683904
乌鲁木齐市	0.399926517	0.513838144	0.571072332	0.743222896	0.85521651
克拉玛依市	0.573951087	0.641415966	0.721057916	0.66516887	0.339378923

附表 2　中国地级及以上城市 TFP 测算结果[1]

城市	2015 年	2011 年	2007 年	2003 年	1999 年
北京市	0.959630707	1.02885424	1.00263283	1.012744323	0.992008906
天津市	1.116567223	1.112598368	1.070330651	1.059212949	1.062545349
石家庄市	1.012452332	1.011621318	1.024964004	1.03048445	1.038828208
唐山市	1.00614117	1.021426539	1.014312694	0.999997473	1.030219494
秦皇岛市	0.954234281	0.979622884	0.962726918	0.958076211	0.978837114
邯郸市	0.99333866	0.945256659	0.976826036	0.987947231	1.022338255
邢台市	0.978979631	0.9314212	0.936313759	0.942914368	0.986921793
保定市	1.055562258	1.040498146	1.020919087	1.000693287	1.020040505
张家口市	0.928496553	0.953213988	0.964184481	0.979272691	1.038914625
承德市	0.931355193	0.928186262	0.949432388	0.938854642	0.970777158
沧州市	0.953545351	0.959539948	0.95519769	0.961329668	0.989350008

[1]　本书通过 SFA 模型测算了 1999～2015 年连续年份的城市 TFP 值，篇幅原因在此仅录出每间隔 4 年的数据。

城市	2015 年	2011 年	2007 年	2003 年	1999 年
廊坊市	1.019442211	1.030677849	0.957513216	0.943184431	0.950335188
衡水市	0.954925159	0.967528815	0.937952033	0.94487454	0.960214741
太原市	1.01763247	1.023991728	1.022158942	1.007434269	1.063993644
大同市	0.905272884	0.92184382	0.933324833	0.953094945	1.02038812
阳泉市	0.878870018	0.869514879	0.873101282	0.886509651	0.990343433
长治市	0.964687022	0.975634373	0.984138631	0.980482623	1.034325642
晋城市	0.947236551	0.854975269	0.874416849	0.875757521	1.00722953
朔州市	0.801357698	0.837080699	0.837456039	0.853379007	0.950584286
晋中市	0.902087092	0.956410813	0.992171909	0.972456196	0.991203767
运城市	0.993198488	0.997951454	1.009012092	1.028271944	1.070087275
忻州市	0.841519238	0.872504715	0.92055553	0.953343596	1.001145989
临汾市	0.920248034	0.946343927	0.966974994	0.976899093	0.984891466
呼和浩特市	0.969283441	0.970617674	0.967040828	0.97126397	0.993261449
包头市	1.020583318	1.020767015	0.990706379	1.015317851	1.048647389
乌海市	0.95431421	0.88020984	0.92721107	0.941057175	0.922955792
赤峰市	0.94684543	0.925171398	0.914689767	0.919016634	0.990316377
通辽市	0.963513684	0.908037614	0.897445617	0.902973813	0.930493352
鄂尔多斯市	0.92884916	0.869587319	0.889251528	0.877007449	0.854068631
呼伦贝尔市	0.885745555	0.848998749	0.890248095	0.883694358	0.90480887
沈阳市	1.041418316	1.035412942	1.021786765	1.022179719	1.146961756
大连市	1.070844692	1.072695155	1.05576203	1.031409325	1.030767917
鞍山市	1.025506898	1.019547333	0.978040681	0.978322746	1.031409971
抚顺市	0.947614547	0.965921747	0.956860247	0.947699052	0.987527927
本溪市	0.974455555	0.974421426	0.97225791	0.976674447	1.051302397
丹东市	0.969499076	0.990476859	0.945750045	0.94862701	1.114357869
锦州市	0.985838565	0.96627691	0.960967326	0.967427008	0.996687867
营口市	0.983774465	1.012997593	0.945540911	0.934337354	0.966127668
阜新市	0.868768211	0.906326337	0.89837567	0.892723731	1.0223316
辽阳市	0.953039249	0.950449458	0.936090437	0.920017201	0.959150653
盘锦市	0.875750827	0.863048977	0.869129728	0.856069319	0.929482925
铁岭市	0.883783231	0.870283887	0.87705449	0.892754643	0.926811854
朝阳市	0.94522225	0.967773372	0.971871813	0.974718081	1.009308548
葫芦岛市	0.980020789	0.973332341	0.973511971	0.972688212	0.987824131

续表

城市	2015 年	2011 年	2007 年	2003 年	1999 年
长春市	1.079148342	1.044610171	1.031557046	1.037899935	1.054509267
吉林市	0.980065863	0.97380729	0.94469781	0.961666106	0.993891171
四平市	0.914233584	0.964673865	0.948734844	0.946478397	0.98607583
辽源市	0.981368635	0.836633842	0.856617525	0.898468193	0.951766745
通化市	1.047832751	0.969533638	0.967394884	0.970014989	0.998196211
白山市	0.923098119	0.931748916	0.88296496	0.929995097	0.928832726
松原市	0.916696647	0.813922866	0.81938229	0.826102232	0.85760518
白城市	0.940052004	0.940836148	0.925025933	0.996356608	0.994688485
哈尔滨市	1.05292579	1.054654493	1.09447145	1.133963264	1.133629749
齐齐哈尔市	0.983204444	1.00092225	1.014467893	1.016148592	1.044751925
鸡西市	0.88902433	0.884444375	0.904298952	0.909286036	0.928627328
鹤岗市	0.941369559	0.882050991	0.867251656	0.883960637	0.867819789
双鸭山市	0.818782491	0.797494362	0.915785912	0.892712151	0.914543954
大庆市	0.886154749	0.910466947	0.916901966	0.877406874	0.900111853
伊春市	0.864186922	0.940148716	0.97345207	0.982785534	1.005071961
佳木斯市	0.891156396	0.890306973	0.959787244	0.962457506	0.981753179
七台河市	0.821288709	0.848677628	0.879734232	0.855236396	0.845369184
牡丹江市	0.942521357	0.937906004	0.948515696	0.953589567	0.985554265
黑河市	0.928838256	0.901175281	0.892751751	0.967810294	0.96420167
绥化市	0.9762039	0.965960556	0.949172576	0.958076039	0.986059605
上海市	1.149591393	1.126310304	1.089575913	1.069535519	1.152114285
南京市	1.077328607	1.076824877	1.033289933	1.018922235	1.044919945
无锡市	1.101743616	1.061048782	1.023031192	0.986607164	1.006854177
徐州市	1.03832409	0.988426461	0.977589752	0.978937888	1.018041869
常州市	0.959570865	0.924976076	0.952430872	0.996254244	1.021179071
苏州市	1.188571989	1.095948314	1.097848655	1.040100082	1.004117792
南通市	1.098256432	1.064374248	1.060222143	1.027069774	1.042697644
连云港市	1.005134184	0.986658439	0.978150788	0.951487691	0.987378992
淮安市	1.079961419	1.039159196	1.023534333	1.006883968	1.023592313
盐城市	1.068116618	1.030419156	1.02587424	0.996939352	1.04278732
扬州市	1.065759143	1.001602889	0.986682394	0.976311194	1.002856498
镇江市	1.057583795	1.029705683	1.012954958	0.97770764	1.002453772
泰州市	1.086612721	1.027806284	1.014443799	0.997474632	1.033649144

城市	2015 年	2011 年	2007 年	2003 年	1999 年
宿迁市	1.069870968	1.003198864	0.969934025	0.967969094	1.01211983
杭州市	1.109171596	1.115327595	1.089586052	0.996150462	1.031552344
宁波市	1.114151875	1.122623163	1.063125778	0.98724497	0.985565793
温州市	1.073745702	1.112888996	1.12045472	1.038180602	1.008383547
嘉兴市	1.097194615	1.102362955	1.101847116	0.973558754	0.97874769
湖州市	1.043116325	1.039375684	1.017083032	0.860393277	0.939043457
绍兴市	1.066072541	1.063876176	1.028569088	0.937016813	0.945763839
金华市	1.018829676	1.021214999	0.985944928	0.919541613	0.953207525
衢州市	0.986330419	0.985235284	0.955324831	0.940422705	0.979267308
舟山市	1.044729101	0.962413348	0.957993491	0.925659769	0.949598852
台州市	1.089639672	1.086094895	0.999284101	0.944436494	0.954277345
丽水市	0.931226268	0.958241968	0.939238883	0.91821427	0.920687081
合肥市	1.086999183	1.050003722	1.011338306	0.993678872	1.034831081
芜湖市	1.049882105	1.02733783	1.022594865	1.0172909	1.020798789
蚌埠市	0.975742609	0.961945871	0.962128141	0.988326994	1.010084986
淮南市	0.846260487	0.883439701	0.856561052	0.872997086	0.900368421
马鞍山市	0.9619639	0.965073288	0.960317078	0.960854557	0.971794785
淮北市	0.892358395	0.899136214	0.834350863	0.876212887	0.966331278
铜陵市	0.980864414	0.972945178	0.960799889	0.967929113	0.986973009
安庆市	1.008345724	0.919124986	0.908512349	0.971068152	1.005935222
黄山市	0.923106817	0.901067143	0.918763825	0.954447074	0.991989849
滁州市	1.001090577	0.933438293	0.95730459	0.971117793	0.996939625
阜阳市	0.940409362	0.926070516	0.921670014	0.946730136	0.995091805
六安市	1.069471596	0.940156692	0.937250633	0.959267881	0.99139621
亳州市	1.082117957	1.074835392	0.942996522	0.955727371	0.995622376
池州市	0.981849614	0.91722806	0.921372209	0.928156937	1.010425767
宣城市	0.940763785	0.894107359	0.911148295	0.93166891	0.960926993
福州市	0.977725871	1.008680813	0.933475872	0.953263354	0.965834314
厦门市	1.087522613	1.089466756	1.076584003	1.043299108	1.023042583
莆田市	1.115431799	1.125654183	1.10530559	1.063436241	1.032639475
三明市	1.100966968	1.083957545	1.082732628	1.051632986	1.039741003
泉州市	0.931856274	0.947096427	0.960411689	0.956274057	0.98164706
漳州市	1.156887645	1.189448155	1.15503878	1.101406986	1.070357293

续表

城市	2015 年	2011 年	2007 年	2003 年	1999 年
南平市	1.069256801	1.067395391	1.055789675	1.023556123	1.009539151
龙岩市	0.962248798	0.992582703	0.989924627	0.950390392	0.970644606
宁德市	0.965201584	1.010227646	0.977113101	0.922392511	0.943234968
南昌市	1.033086333	0.909816916	0.911260587	0.921481491	0.929005528
景德镇市	1.087265557	1.068041684	1.025989297	1.023779257	1.05171824
萍乡市	0.986444627	1.004850788	0.992351743	0.974894533	1.083558439
九江市	1.016368016	0.930699645	0.969241481	0.974144782	0.965792561
新余市	1.047149169	1.016363343	0.997257746	0.98293118	1.007966079
鹰潭市	0.992706458	0.965767124	1.0695028	1.051786699	0.993185077
赣州市	0.988910944	0.924176814	0.848059694	0.895431053	0.916748255
吉安市	1.077153188	1.048650686	1.035742745	0.993360771	0.985970351
宜春市	1.062218392	0.904651292	0.929262633	0.956175804	0.961904982
抚州市	1.067639222	1.031612496	0.981569006	0.907690676	0.999181583
上饶市	1.032328488	0.983716006	0.992432023	0.977349136	0.849400164
济南市	1.045122698	0.950213433	1.005131352	0.967646797	0.795297156
青岛市	1.067784279	1.061461934	1.055481443	1.034001748	1.044518403
淄博市	1.123194172	1.115932871	1.11833961	1.085771665	1.071493306
枣庄市	1.051407074	1.043926258	1.027591894	1.003886379	1.011366373
东营市	0.992489898	0.938354089	0.949523471	0.942772031	0.969501519
烟台市	0.93004749	0.953655932	0.929260315	0.872895357	0.839526295
潍坊市	1.084075536	1.093739825	1.074646296	1.015790348	1.01893327
济宁市	1.061997915	1.036221357	1.053367571	1.024442722	1.043795901
泰安市	1.009522442	0.97401597	0.970198374	0.96600646	0.987771382
威海市	1.088263056	1.086328826	1.040602201	1.027018977	1.019272722
日照市	1.02246881	0.997928211	0.991547249	0.977394475	0.993189992
莱芜市	1.00048213	0.995611149	0.978574299	0.975094236	0.976939222
临沂市	1.089502179	1.017408622	1.020173818	0.999027285	1.014388164
德州市	1.042171354	1.005197856	1.017446326	0.995936012	1.006457747
聊城市	1.03193298	1.014699438	1.010228586	1.020211948	1.014707869
滨州市	1.081624992	1.070001484	1.063083904	1.033256964	0.988269129
菏泽市	0.982913865	0.97467473	0.980300596	0.968263738	1.008016969
郑州市	1.12700089	1.066572989	1.005707344	1.001810679	1.001814447
开封市	1.042080371	1.012893502	0.991630853	1.00407355	1.045910803

城市	2015 年	2011 年	2007 年	2003 年	1999 年
洛阳市	1.051256339	1.007543914	1.00239934	1.013386683	1.04202869
平顶山市	1.000561151	0.996149331	0.992762298	0.98206666	0.990679439
安阳市	1.029673626	0.999187931	0.99529415	1.002344139	1.022057091
鹤壁市	1.030673846	0.971350281	0.952628527	0.932171951	0.965942549
新乡市	1.067569734	1.022139498	1.024236836	1.027449291	1.05903925
焦作市	1.064906324	1.002923947	1.002827478	0.985291869	1.004785539
濮阳市	0.988393722	0.905615653	0.888647936	0.917962578	0.920737436
许昌市	1.064126425	1.007385813	0.988148908	0.971501862	0.987112882
漯河市	1.071222024	1.035048644	1.016505542	0.990530929	0.996226333
三门峡市	0.915730833	0.90983149	0.909397504	0.926110837	0.937157469
南阳市	1.068208404	1.05232739	1.031801066	1.014918702	0.942109065
商丘市	1.067193789	0.927522649	0.911380835	0.940699877	1.073241868
信阳市	1.05244797	0.98631288	0.989501567	0.988880426	1.015596929
周口市	1.074514529	0.966053583	0.985706616	0.985120953	1.005065966
驻马店市	1.075647506	0.997847927	0.994396454	0.973609434	0.995160456
武汉市	1.080803946	1.068784919	1.047466922	1.053013016	1.048355426
黄石市	1.017362875	1.027491081	1.01613217	0.990859165	1.006628481
十堰市	1.074732891	1.051169899	1.021984633	1.00992052	1.027172048
宜昌市	1.06504941	1.022264178	0.92741895	0.943536662	0.969033879
襄阳市	1.098855825	1.043988347	1.01612702	1.012832564	1.029711943
鄂州市	1.024260076	1.022867446	0.986916936	0.978247487	0.971711942
荆门市	1.056492941	1.046507158	1.009517515	0.964861455	0.978652969
孝感市	1.10896433	1.082120196	1.048929928	1.004003355	1.003559367
荆州市	1.038946818	0.99615572	1.022281309	0.993468408	1.023797239
黄冈市	1.086601651	1.005355067	0.987111775	0.971975966	0.999249349
咸宁市	0.993167826	0.989428193	1.01462268	0.991386753	0.99666996
随州市	0.974864116	0.978770869	0.95594429	0.932906599	0.96524155
长沙市	1.093600379	1.088261963	1.03441448	0.996253955	1.027819961
株洲市	1.037945157	1.039529176	1.018879347	1.004736833	1.03084956
湘潭市	0.98806349	0.998830659	0.989199484	0.985029393	1.005394593
衡阳市	1.016893797	1.035760176	0.991033443	1.002958489	1.017740365
邵阳市	0.974625769	0.9459545	0.941850608	0.963092794	0.993971923
岳阳市	1.0048088	1.02005057	0.983954212	0.966228422	0.998299176

城市	2015 年	2011 年	2007 年	2003 年	1999 年
常德市	0.981527169	0.988475151	0.966309028	0.91857981	0.969593704
张家界市	0.823005395	0.83564934	0.812309208	0.812995948	0.887738303
益阳市	0.984316464	0.992072636	0.963651604	0.952049302	0.990030411
郴州市	0.959243007	0.955036566	0.920362523	0.897111912	0.932031627
永州市	0.984437474	0.978272821	0.968362155	0.950375474	0.997896418
怀化市	0.893656384	0.908759888	0.904801535	0.897454093	0.979177629
娄底市	0.966614656	0.981192371	0.962579364	0.964781127	0.983928699
广州市	1.112484559	1.131814246	1.092971452	1.058611397	1.041001299
韶关市	0.967832237	0.997575233	0.983169828	0.964524858	0.984009701
深圳市	1.220242701	1.138121777	1.106553398	1.041786046	1.025318153
珠海市	1.10028502	1.115490352	1.089264166	1.041339833	1.002358829
汕头市	1.039116621	0.97020157	0.960263686	0.953844414	1.111816961
佛山市	1.169873679	1.015618256	1.003171507	0.970838242	0.976015856
江门市	1.068798551	1.058522728	1.025968975	0.978805637	0.990146411
湛江市	0.960030849	0.961255944	0.96033967	0.944981921	1.035319997
茂名市	0.979534388	0.903928913	0.886636483	0.878546849	0.913871818
肇庆市	1.071476948	1.01841249	0.99974727	0.970343128	1.056371127
惠州市	1.150288082	1.143004291	1.135093705	1.08527808	1.085623251
梅州市	0.985216758	0.940803578	0.946523147	0.934775227	0.9158276
汕尾市	1.086208621	1.009463075	0.993783841	0.939840182	1.021572625
河源市	1.070498204	1.05970678	1.047412861	0.957895126	1.165384594
阳江市	0.99971157	0.948608379	0.952401691	0.945009081	1.145182999
清远市	1.04035256	1.039099642	1.037245867	0.962950318	0.875691659
东莞市	1.227124269	0.900834393	0.894327918	0.879810075	0.878030045
中山市	1.150873794	1.037017117	1.016114827	0.953648705	0.87683232
潮州市	1.024386838	0.961217895	0.960456003	0.945817514	0.998646449
揭阳市	1.086721064	0.954864781	0.937724872	0.917255801	1.186831916
云浮市	1.027849572	1.005472521	1.000788686	0.955902157	0.959362603
南宁市	1.030331151	1.040941537	1.02343302	1.011580114	1.005849174
柳州市	1.042262012	1.026622818	1.005228846	1.008290495	1.020008291
桂林市	1.019734548	0.986634878	0.987726236	0.993878043	1.004903074
梧州市	1.007115771	0.949703209	0.94694599	0.955809532	0.977155395
北海市	0.986010153	0.995994571	0.916889324	0.90142548	0.9344462

续表

城市	2015 年	2011 年	2007 年	2003 年	1999 年
防城港市	0.853970011	0.921982549	0.900734994	0.868465646	0.873767874
钦州市	0.958925091	0.916092799	0.920523169	0.91002309	0.930716744
贵港市	0.942960986	0.926430381	0.930640817	0.922566693	0.934040581
玉林市	1.030235056	0.972752663	0.962156036	0.961200549	0.959119701
海口市	0.983471838	0.972854238	0.95200462	0.941582392	0.952396528
三亚市	0.844177587	0.802895893	0.812284057	0.809394312	0.906924474
重庆市	1.207221766	1.089084913	1.063527179	1.055947641	1.072726652
成都市	1.159760615	1.100138803	1.056711957	1.050141677	1.068930899
自贡市	0.95074712	0.965543661	0.998841402	0.982700785	1.003185567
攀枝花市	0.956337655	0.955861544	0.938849713	0.942805408	0.952590467
泸州市	0.995182596	0.964297307	0.968829569	0.97081331	0.983234269
德阳市	1.028257528	1.002020423	0.98513042	0.983806712	0.995555951
绵阳市	1.033835899	1.029366267	1.013087032	0.996903775	1.018363776
广元市	0.877243874	0.878307995	0.904650175	0.926791462	0.963621568
遂宁市	0.981609109	0.918114077	0.95799256	0.954187975	0.990320324
内江市	1.018685281	0.960136542	0.989053617	0.984732647	0.993940499
乐山市	0.993883826	0.980581964	1.004779506	0.972432938	0.993303626
南充市	1.026911763	0.910759183	0.894596363	0.916375039	1.021529336
眉山市	0.992449432	0.958808495	0.968241469	0.967500999	0.908808876
宜宾市	1.017766901	1.036638264	1.004176057	0.998620729	1.014163362
广安市	0.817947977	0.662652427	0.743542822	0.792894448	0.923994322
达州市	0.944476171	0.920336951	0.942282445	0.959460906	1.000627353
雅安市	0.859303095	0.85619919	0.88887218	0.912900982	0.923721619
巴中市	1.000997855	0.928144632	0.919027629	0.937490612	0.950270207
资阳市	1.016351633	0.986361015	0.971215525	0.975211517	0.987161177
贵阳市	1.03803863	1.036375541	1.019925356	1.014197323	1.019402692
六盘水市	0.89451832	0.933817864	0.921568946	0.921250255	0.928296694
遵义市	0.992150032	0.971553717	0.983323111	0.944814375	0.997247968
安顺市	0.945796034	0.960537265	0.904734655	0.91413276	0.935579529
城市	2015 年	2014 年	2013 年	2012 年	2011 年
昆明市	1.027259468	1.027239372	1.013359574	1.002471239	1.021705622
曲靖市	0.978846096	0.966301388	0.953679128	0.941406029	0.956473804
玉溪市	0.976774012	0.947157124	0.936710236	0.861747339	0.909996676

城市	2015 年	2014 年	2013 年	2012 年	2011 年
保山市	0.913174882	0.967481595	0.980380093	0.948329061	0.957492149
昭通市	0.861186625	0.893595357	0.891237553	0.894779881	0.891874711
西安市	1.104983926	1.093927528	1.092199652	1.084001639	1.080319653
铜川市	0.893551829	0.861692276	0.896469745	0.921246888	0.953050813
宝鸡市	1.040944982	1.008832329	1.014956379	1.013828996	1.029651123
咸阳市	1.043007832	0.994524597	0.996804462	0.999607771	1.018043242
渭南市	0.977380965	0.964633471	0.951211156	0.937808299	0.957465898
延安市	0.857258138	0.771953024	0.812133949	0.843112245	0.857785357
汉中市	0.98059669	0.989374813	0.984262082	0.991399904	1.020023817
榆林市	0.958529101	0.854953064	0.871031145	0.857386892	0.922233893
安康市	0.883797434	0.875501596	0.873712089	0.920470972	0.95736642
商洛市	0.965734856	0.901601472	0.905429926	0.952780738	0.900164765
兰州市	0.99023156	0.97874056	1.004137939	1.010586362	1.034531853
白银市	0.915627175	0.923070263	0.928839997	0.939209458	0.947976124
天水市	0.977202276	0.983432499	0.982165874	0.998210284	1.010393617
武威市	0.919767698	0.901299167	0.919463313	0.910301912	0.917740253
西宁市	0.9755773	0.991206853	0.941804863	0.931583474	0.972152383
银川市	0.972337415	0.931200206	0.951155236	0.95792739	1.013817789
石嘴山市	0.91223925	0.931642707	0.922487378	0.937072851	0.962119714
吴忠市	0.884819009	0.874967461	0.882216061	0.922551391	0.912311911
乌鲁木齐市	0.941019947	0.954971846	0.948026718	0.955034409	0.987816141
克拉玛依市	0.817247873	0.832403331	0.848742017	0.785625747	0.752182594

参考文献

［1］安虎森，蒋涛. 块状世界的空间经济学——空间经济学点评［J］. 南开经济研究，2006（5）：92－103.

［2］安虎森，朱妍. 产业集群理论及其进展［J］. 南开经济研究，2003，42（3）：31－36.

［3］安虎森. 新产业区理论与区域经济发展［J］. 北方论丛，1998（2）：17－22.

［4］奥古斯特·勒施. 经济空间秩序［M］. 王守礼，译. 北京：商务印书馆，1999：44－335.

［5］毕红毅，张海洋. 产业集聚对山东省 FDI 技术溢出的影响研究［J］. 国际贸易问题，2012（4）：73－82.

［6］毕吉耀，李大伟. 全球直接投资及我国利用外资形势［J］. 宏观经济管理，2015（2）：13－14，33.

［7］蔡艺，张春霞. 基于产业融合视角的福建产业结构调整研究［J］. 福建论坛（人文社会科学版），2010（9）：129－132.

［8］陈继勇，盛杨怿. 外国直接投资与我国产业结构调整的实证研究——基于资本供给和知识溢出的视角［J］. 国际贸易问题，2009（1）：94－100.

［9］陈建军，陈国亮，黄洁. 新经济地理学视角下的生产性服务业集聚及其影响因素研究——来自中国 222 个城市的经验证据［J］. 管理世界，2009（4）：83－95.

［10］陈建军，陈怀锦，刘月. 预期、集聚的动态演化与政策：基于文献的讨论［J］. 浙江大学学报（人文社会科学版），2015，45（4）：130－141.

［11］陈琳，罗长远. FDI 的前后向关联和中国制造业企业生产率的提升——基于地理距离的研究［J］. 世界经济研究，2011（2）：48－53，88.

［12］陈柳钦. 产业融合的发展动因、演进方式及其效应［J］. 郑州航空工业管理学院学报，2007（4）：14－19.

［13］陈晓峰，陈昭锋. 生产性服务业与制造业协同集聚的水平及效应——

来自中国东部沿海地区的经验证据［J］．财贸研究，2014（2）：49－57．

［14］程昶志，王怡文．我国产业集聚与外国直接投资的关联分析［J］．统计与决策，2007（12）：83－85．

［15］单元媛，罗威．产业融合对产业结构优化升级效应的实证研究——以电子信息业与制造业技术融合为例［J］．企业战略，2013，32（8）：49－56．

［16］单元媛，赵玉林．国外产业融合若干理论问题研究进展［J］．经济评论，2012（5）：152－158．

［17］范剑勇，谢强强．地区间产业分布的本地市场效应及其对区域协调发展的启示［J］．经济研究，2010（4）：107－119．

［18］范晓莉，王振坡．企业异质、产业集聚与城市空间结构演变——新新经济地理学视角的理论解释与动态分析［J］．西南民族大学学报（人文社会科学版），2015（1）：136－144．

［19］方勇，张二震．长江三角洲跨国公司主导型产业集聚研究［J］．世界经济研究，2006（10）：59－64．

［20］费洪平．当前我国产业转型升级的方向及路径［J］．宏观经济研究，2017（2）：3－8，38．

［21］顾朝林，石爱华，王恩儒．"新经济地理学"与"地理经济学"：兼论西方经济学与地理学融合的新趋向［J］．地理科学，2002，22（2）：129－135．

［22］顾乃华，毕斗斗，任旺兵．中国转型期生产性服务业、发展与制造业竞争力关系研究——基于面板数据的实证分析［J］．中国工业经济，2006（9）：14－21．

［23］贺灿飞，潘峰华，孙蕾．中国制造业的地理集聚与形成机制［J］．地理学报，2007，62（12）：1253－1264．

［24］贺灿飞，潘峰华．中国制造业地理集聚的成因与趋势［J］．南方经济，2011（6）：40－54．

［25］胡翠，谢世清．中国制造业企业集聚的行业间垂直溢出效应研究［J］．世界经济，2014（9）：77－94．

［26］胡汉辉，邢华．产业融合理论以及对我国发展信息产业的启示［J］．中国工业经济，2003（2）：23－29．

［27］胡锡琴，张红伟．空间经济视域下城市群FDI、服务业集聚的经济效应——基于成渝城市群的实证分析［J］．中国地质大学学报（社会科学版），2017，17（5）：116－125．

［28］胡锡琴，张红伟. 空间经济视域下城市群 FDI、服务业集聚的经济效应——基于成渝城市群的实证分析［J］. 中国地质大学学报（社会科学版），2017，17（5）：116－125.

［29］胡永佳. 产业融合的经济学分析［D］. 北京：中共中央党校，2007.

［30］胡志丁，葛岳静. 理解新经济地理学［J］. 地理研究，2013，32（4）：731－742.

［31］纪玉俊，张鹏. FDI、地区市场化进程与制造业集聚——基于门槛回归模型的实证检验［J］. 中南财经政法大学学报，2014（2）：65－70.

［32］江曼琦，席强敏. 生产性服务业与制造业的产业关联与协同集聚［J］. 南开学报（哲学社会科学版），2014（1）：153－160.

［33］江小涓. 吸引外资对中国产业技术进步和研发能力提升的影响［J］. 国际经济评论，2004（2）：13－18.

［34］焦增刚，秦海林. FDI 与新疆产业结构升级实证研究［J］. 西北农林科技大学学报（社会科学版），2011，11（3）：47－53，62.

［35］接玉芹. 江苏沿海经济带 FDI 与产业集聚互动关系研究［J］. 财经问题研究，2016（10）：36－40.

［36］李福柱. 演化经济地理学的理论框架与研究范式：一个文献综述［J］. 经济地理，2011，31（12）：1975－1994.

［37］李国平，孙铁山，卢明华. 北京高科技产业集聚过程及其影响因素［J］. 地理学报，2003（6）：927－936.

［38］李佳洺，孙铁山，李国平. 中国三大都市圈核心城市职能分工及互补性的比较研究［J］. 地理科学，2010（4）：503－509.

［39］李美云. 服务业的产业融合与发展［M］. 北京：经济科学出版社，2007：85－135.

［40］李胜会，冯邦彦. 对国外空间经济学集聚经济理论研究的分析——兼谈城市集聚理论的发展［J］. 经济问题，2008（2）：13－19.

［41］李小建. 经济地理学（第二版）［M］. 北京：高等教育出版社，2006：25－360.

［42］李小建. 香港对大陆投资的区位变化与公司空间行为［J］. 地理学报，1996，151（3）：213－223.

［43］李小建. 新产业区与经济活动全球化的地理研究［J］. 地理科学进展，1997，16（3）：18－25.

［44］李晓丹. 产业融合与产业发展［J］. 中南财经政法大学学报，2003
（1）：54－57.

［45］厉无畏. 产业融合与产业创新［J］. 上海管理科学，2002（4）：
4－6.

［46］梁琦. 产业集聚论［M］. 北京：商务印书馆，2004.

［47］梁琦. 空间经济学：过去、现在与未来——兼评《空间经济学：城
市、区域与国际贸易》［J］. 经济学（季刊），2005，4（4）：1067－1086.

［48］梁琦. 跨国公司海外投资与产业集聚［J］. 世界经济，2003（9）：
29－37.

［49］梁琦. 知识溢出的空间局限性与集聚［J］. 科学学研究，2004（1）：
76－81.

［50］梁琦. 中国工业的区位基尼系数——兼论外商直接投资对制造业集聚
的影响［J］. 统计研究，2003（9）：21－25.

［51］林冰. 产业集聚、外商直接投资技术溢出对东道国技术进步的影
响——制造业20个不同集聚度行业的实证研究［J］. 管理现代化，2013（4）：
31－33.

［52］刘军，段会娟. 我国产业集聚新趋势及影响因素研究［J］. 经济问题
探索，2005（1）：36－43.

［53］刘鹏，张运峰. 产业集聚、FDI与城市创新能力——基于我国264个
地级市数据的空间杜宾模型［J］. 华东经济管理，2017，31（5）：56－65.

［54］刘荣茂，张羽翼. 江苏省FDI和产业集聚关系实证研究［J］. 南京航
空航天大学学报（社会科学版），2007（3）：46－51.

［55］刘志高，崔岳春. 演化经济地理学：21世纪的经济地理［J］. 社会科
学战线，2008（6）：65－75.

［56］陆大道. 工业区的工业企业成组布局类型及其技术经济效果［J］. 地
理学报，1979，34（3）：248－264.

［57］陆大道. 关于"点—轴"空间结构系统的形成机理分析［J］. 地理科
学，2002，22（1）：1－6.

［58］陆大道. 关于我国区域发展战略与方针的若干问题［J］. 经济地理，
2009，29（1）：2－7.

［59］陆大道. 论区域的最佳结构与最佳发展——提出"点—轴系统"和
"T"型结构以来的回顾与再分析［J］. 地理学报，2001（2）：127－135.

［60］陆大道. 中国区域发展的新因素与新格局［J］. 地理研究, 2003, 22 (3): 261 - 271.

［61］陆国庆. 论衰退产业创新［J］. 中国经济问题, 2002 (5): 45 - 50.

［62］路江涌, 陶志刚. 我国制造业区域集聚程度决定因素的研究［J］. 经济学 (季刊), 2007 (3): 801 - 816.

［63］马健. 产业融合论［M］. 南京: 南京大学出版社, 2006.

［64］马健. 产业融合研究理论评述［J］. 经济学动态, 2002 (5): 7 - 81.

［65］毛琦梁, 王菲, 李俊. 新经济地理、比较优势与中国制造业空间格局演变——基于空间面板数据模型的分析［J］. 产业经济研究, 2014 (2): 21 - 31.

［66］毛新雅, 王桂新. FDI 区位决策中的产业集聚因素——基于长江三角洲 (16 城市) 的实证研究［J］. 财经科学, 2005 (5): 105 - 111.

［67］孟庆民, 杨开忠. 以规模经济为主导的区域分工［J］. 中国软科学, 2001 (12): 96 - 100.

［68］苗长虹. 欧美经济地理学的三个发展方向［J］. 地理学报, 2007, 27 (5): 618 - 623.

［69］聂飞, 刘海云. 工业集聚对中国城市利用外资的影响——基于城镇化门槛模型的实证研究［J］. 世界经济研究, 2017 (7): 64 - 73, 87, 136.

［70］潘斌, 彭震伟. 产业融合视角下城市工业集聚区的空间转型机制——基于上海市的三个案例分析［J］. 城市规划学刊, 2015 (2): 57 - 64.

［71］潘云鹤. 实现信息化与工业化的融合［J］. 新华文摘, 2009 (2): 112 - 114.

［72］彭建平, 李永苍. FDI 存量、R&D 存量与自主创新——基于省际动态面板 GMM 估计的实证研究［J］. 经济经纬, 2014, 31 (1): 79 - 83.

［73］邱成利. 制度创新与产业集聚的关系研究［J］. 中国软科学, 2001 (9): 101 - 104.

［74］沈瑞, 丁小义. FDI、产业集聚与技术溢出——基于浙江制造行业数据的实证检验［J］. 浙江工业大学学报 (社会科学版), 2009, 8 (4): 373 - 378.

［75］宋勇超, 散长剑. 后向关联陷阱与双重集聚悖论——基于新经济地理学的分析框架［J］. 当代财经, 2013 (8): 99 - 108.

［76］苏楠, 宋来胜. FDI、产业集聚结构和行业创新绩效——基于制造业

13 个分行业面板数据的 GMM 分析［J］．经济与管理，2013，27（7）：92 – 97．

［77］苏楠，宋来胜．FDI 对我国制造业产业集聚的影响——基于 39 个分行业面板数据的广义矩分析［J］．科技管理研究，2013，33（24）：191 – 195．

［78］唐一帆．我国生产性服务业的产业关联与区域间溢出效应研究——基于投入产出模型的分析［J］．上海社会科学院，2018．

［79］陶长琪，齐亚伟．融合背景下信息产业结构演化的实证研究［J］．管理评论，2009，21（10）：13 – 21．

［80］藤田昌久，克鲁格曼，维纳布尔斯．空间经济学：城市、区域与国际贸易［M］．梁琦，译．北京：中国人民大学出版社，2011：1 – 32．

［81］田明，樊杰．新产业区的形成机制及其与传统空间组织理论的关系［J］．地理科学进展，2003，22（2）：186 – 194．

［82］汪德华，江静，夏杰长．生产性服务业与制造业融合对制造业升级的影响——基于北京市与长三角地区的比较分析［J］．首都经济贸易大学学报，2010（2）：15 – 22．

［83］汪芳，潘毛毛．产业融合、绩效提升与制造业成长——基于 1998—2011 年面板数据的实证［J］．科学学研究，2015，33（4）：530 – 538，548．

［84］汪建成．产业集聚、FDI 溢出及其互动对企业创新升级的作用——基于中国汽车产业的实证研究［J］．中山大学学报（社会科学版），2017，57（1）：191 – 200．

［85］王缉慈．创新的空间：企业集群与区域发展［M］．北京：北京大学出版社，2001．

［86］王岚，罗小明．从俄林到克鲁格曼：区位对贸易意味着什么？——区际贸易理论和新经济地理学的比较［J］．当代财经，2012（12）：104 – 111．

［87］王鹏，张淑贤．外资嵌入型产业集群的网络结构特征——以深圳市电子信息产业集群为例［J］．中国科技论坛，2017（10）：47 – 54．

［88］王小波．生产性服务业和制造业融合发展水平解构——基于行业差异比较视角［J］．求索，2016（12）：127 – 132．

［89］王鑫静，程钰，王建事．中国制造业与信息产业融合的绩效及影响因素研究［J］．企业经济，2018，37（9）：73 – 80．

［90］韦开蕾．外商直接投资与中国地区经济增长［M］．北京：经济科学出版社，2013．

［91］文东伟，冼国明，马静．FDI、产业结构变迁与中国的出口竞争力

[J]. 管理世界, 2009 (4): 96-107.

[92] 吴传清. 论任美锷关于韦伯工业区位理论的研究 [J]. 中南财经政法大学学报, 2007 (4): 27-33.

[93] 吴福象, 马健, 程志宏. 产业融合对产业结构升级的效应研究: 以上海市为例 [J]. 上海经济, 2009, 23 (10): 1-5.

[94] 吴福象, 朱蕾. 技术嵌入、产业融合与产业结构转换效应——基于北京与上海六大支柱产业数据的实证分析 [J]. 上海经济研究, 2011 (6): 38-44, 104.

[95] 吴加伟, 袁丰, 吕卫国. 金融危机下泛长三角 FDI 时空格局演化及其机制研究 [J]. 地理科学进展, 2014 (12): 1601-1613.

[96] 吴义杰. 产业融合理论与产业结构升级——以江苏信息产业转变发展方式为例 [J]. 江苏社会科学, 2010 (1): 248-251.

[97] 吴颖, 刘志迎, 丰志培. 产业融合问题的理论研究动态 [J]. 产业经济研究, 2004 (4): 67-70.

[98] 伍世代, 李婷婷. 海西城市群工业空间格局与演化分析 [J]. 地理科学, 2011, 31 (3): 309-315.

[99] 伍世代, 王强. 中国东南沿海区域经济差异及经济增长因素分析 [J]. 地理学报, 2008 (2): 123-134.

[100] 肖建勇. 饭店产业融合的机理、路径与风险研究 [D]. 泉州: 华侨大学, 2012.

[101] 肖挺, 刘华. 中国服务业制造化的产业绩效分析 [J]. 软科学, 2013, 33 (8): 15-19.

[102] 谢里, 曹清峰. FDI 渗透与产业集聚——中国制造业行业差异研究 [J]. 山西财经大学学报, 2012, 34 (4): 48-57.

[103] 许树辉. 产业转移下的广东省制造业空间集聚与区际分工演变——基于 2005—2014 年统计数据 [J]. 热带地理, 2017, 37 (3): 347-355.

[104] 杨仁发, 李娜娜. 产业集聚、FDI 与制造业全球价值链地位 [J]. 国际贸易问题, 2018 (6): 68-81.

[105] 杨吾扬. 经济地理学、空间经济学与区域科学 [J]. 地理学报, 1992, 47 (6): 561-569.

[106] 易会文, 钱学锋, 刘建明. FDI 与中国产业关联分析 [J]. 中南财经政法大学学报, 2011 (2): 61-67.

[107] 于刃刚, 李玉红. 产业融合对产业组织政策的影响 [J]. 财贸经济, 2004 (10): 18 – 22.

[108] 喻学东, 苗建军. 技术融合推动产业结构升级的机理研究 [J]. 科技与管理, 2010, 12 (2): 108 – 110, 125.

[109] 曾鹏, 孔令乾. FDI 与高技术产业集聚互动机理探讨——新经济地理学视角 [J]. 重庆大学学报 (社会科学版), 2017, 23 (6): 1 – 12.

[110] 张伯旭, 李辉. 推动互联网与制造业深度融合——基于 "互联网 +" 创新的机制和路径 [J]. 经济与管理研究, 2017, 38 (2): 87 – 96.

[111] 张公嵬, 陈翔, 李赞. FDI、产业集聚与全要素生产率增长——基于制造业行业的实证分析 [J]. 科研管理, 2013 (9): 114 – 122.

[112] 张来武. 产业融合背景下六次产业的理论与实践 [J]. 中国软科学, 2018 (5): 1 – 5.

[113] 张磊. 产业融合与互联网管制 [M]. 上海: 上海财经大学出版社, 2001.

[114] 张天顶. FDI 对中国经济增长影响的实证研究 [J]. 世界经济研究, 2004 (10): 73 – 78.

[115] 张廷海. 跨国公司 FDI 的区位选择与空间集聚——基于东道国产业集群竞争的博弈分析 [J]. 财贸研究, 2009, 20 (4): 50 – 55.

[116] 张晓红, 王皓, 朱明侠. 产业集聚、技术溢出与经济增长 [J]. 管理现代化, 2018, 38 (4): 13 – 17.

[117] 张宇, 蒋殿春. FDI、产业集聚与产业技术进步——基于中国制造行业数据的实证检验 [J]. 财经研究, 2008 (1): 72 – 82.

[118] 赵珏, 张士引. 产业融合的效应、动因和难点分析——以中国推进 "三网融合" 为例 [J]. 宏观经济研究, 2015 (11): 56 – 62.

[119] 赵玉林, 汪美辰. 产业融合、产业集聚与区域产业竞争优势提升——基于湖北省先进制造业产业数据的实证分析 [J]. 科技进步与对策, 2016, 33 (3): 26 – 32.

[120] 郑江淮, 高彦彦, 胡小文. 企业 "扎堆"、技术升级与经济绩效——开发区集聚效应的实证分析 [J]. 经济研究, 2008 (5): 33 – 46.

[121] 郑明高. 产业融合: 产业经济发展的新趋势 [M]. 北京: 中国经济出版社, 2011.

[122] 植草益. 信息通讯业的产业融合 [J]. 中国工业经济, 2001 (2):

24 – 27.

［123］周材荣. FDI、产业集聚是否有助于国际竞争力提升——基于中国制造业 PVAR 模型的实证研究［J］. 经济理论与经济管理, 2016 (10): 56 – 69.

［124］周立新, 毛明明. 产业集聚与全要素生产率增长——基于重庆制造行业面板数据的实证分析［J］. 重庆大学学报 (社会科学版), 2016, 22 (1): 33 – 39.

［125］周振华. 产业融合: 产业发展及经济增长的新动力［J］. 中国工业经济, 2003 (4): 46 – 52.

［126］周振华. 产业融合: 新产业革命的历史性标志——兼析电信、广播电视和出版三大产业融合案例［J］. 产业经济研究, 2003 (1): 1 – 10.

［127］朱建豪. 产业集群吸引 FDI 的博弈分析［J］. 统计与决策, 2006 (18): 49 – 51.

［128］Aitken B J, Harrison A E, Lipsey R E. Wages and foreign ownership: A comparative study of Mexico, Venezuela, and the United States［J］. Nber Working Papers, 1996, 40 (34): 345 – 371.

［129］Akbar Y H, Mcbride J B. Multinational enterprise strategy, foreign direct investment and economic development: The case of the Hungarian banking industry［J］. Journal of World Business, 2004, 39 (1): 89 – 105.

［130］Athreye S, Keeble D. Technological convergence, globalisation and ownership in the UK computer industry［J］. Technovation, 2000, 20 (5): 227 – 245.

［131］Audretsch D B, Feldman M P. R&D spillovers and the geography of innovation and production［J］. American Economic Review, 1996 (86): 630 – 640.

［132］Avinash K. Dixit, Joseph E. Stiglitz. Monopolistic competition and optimum product diversity［J］. American Economic Review, 1977 (6): 297 – 308.

［133］Baldwin R, Martin P, Ottaviano G I P. Global income divergence, trade and industrialization: The geography of growth take-off［J］. Journal of Economic Growth, 2001 (6): 5 – 37.

［134］Baldwin R. Agglomeration and endogenous capital［J］. European Economic Review, 1999 (43): 253 – 280.

［135］Bally N. Deriving managerial implications from technological convergence along the innovation process: A case study on the telecommunications industry［R］. Zurich: Swiss Federal Institute of Technology (ETH Zurich), 2005.

[136] Banker R D, Chang H H, Majummdar S K. Economics of scope in the US telecommunications industry [J]. Information Economics and Policy, 1998, 10 (2): 253 –272.

[137] Ben G, Ron M, Tyler P. Does spatial agglomeration increase national growth? Some evidence from Europe [J]. Journal of Economic Geography, 2011, 11 (6): 979 –1006.

[138] Berthelemy J C, Demurger S. FDI and economic growth: Theory and application to China [J]. Review of Development Economics, 2000, 4 (2): 140 –155.

[139] Bierly P E, Chakrabarti A. Dynamic knowledge strategies and industry fusion [J]. International Journal of Manufacture Technology Management, 2003, 3 (12): 31 –48.

[140] Borensztein E. How does foreign direct investment affect economic growth? [J]. Journal of International Economics, 1998 (45): 115 –135.

[141] Boschma R, Frenken K. The emerging empirics of evolutionary economic geography [J]. Journal of Economic Geography, 2011 (2): 295 –307.

[142] Boschma R, Frenken K. Why is economic geography not an evolutionary science? Towards an evolutionary economic geography [J]. Journal of Economic Geography, 2006, 6 (4): 293 –302.

[143] Boschma R A, Lambooy J G. Evolutionary economics and economic geography [J]. Journal of evolutionary economics, 1999 (9): 411 –429.

[144] Burton R. Seeing through the good farmer's eyes: Towards developing an understanding of the social symbolic value of productivist behaviour [J]. Sociologia Ruralis, 2004, 44 (2): 195 –215.

[145] Caves R E. Multinational firms, competition, and productivity in host-country markets [J]. Economica, 1974 (41): 176 –193.

[146] Chen Y. Agglomeration and location of foreign direct investment: The case of China [J]. China Economic Review, 2009, 20 (3): 549 –557.

[147] Cheng L, Kwan Y K. Chapter Title: The Location of Foreign Direct Investment in Chinese Regions: Further Analysis of Labor Quality [J]. National Bureau of Economic Research, 2000, 26 (3): 213 –238.

[148] Chia-Lin Chang, Les Oxley. Industrial agglomeration, geographic innovation and total factor productivity: The case of Taiwan [J]. Mathematics and Comput-

ers in Simulation, 2009, 9 (79): 2787 – 2796.

[149] Coe D T, Helpman E. International R&D spillovers [J]. European Economic Review, 1995, 39 (5): 859 – 887.

[150] Colin Wren. Geographic concentration and the temporal scope of agglomeration economies: An index decomposition [J]. Regional Science and Urban Economics, 2012, 4 (42): 681 – 690.

[151] Crozet M, Mayer T, Mucchielli J L. How do firms agglomerate? A study of FDI in France [J]. Regional Science & Urban Economics, 2004, 34 (1): 27 – 54.

[152] David B. Yoffie. Competing in the age of digital convergence [M]. Boston: Harvard Business School Press, 1997.

[153] Day R H. Adaptive Economics in Crosby R. W. Cities and regions as nonlinear decision systems [M]. US: Westview Press, 1983: 103 – 142.

[154] Dunning J H. The Determinants of international production [J]. Oxford Economic Papers, 1973, 25 (3): 289 – 336.

[155] Fai F, Tunzelmann NV. Industry-specific competencies and converging technological systems: Evidence from patents [J]. Structural Change and Economic Dynamics, 2001, 12 (2): 141 – 170.

[156] Falk Martin, Peng Fei. The increasing service intensity of European manufacturing [J]. The Service Industries Journal, 2011 (33): 1686 – 1706.

[157] Felicia Fai, Nicholas Von Tunzelmann. Scale and scope in technology: Large firms 1930/1990 [J]. Economics of Innovation & New Technology, 2001, 10 (4): 255 – 288.

[158] Forslid R, Ottaviano G I P. An analytically solvabl core-periphery model [J]. Journal of Economic Geography, 2003 (3): 229 – 401.

[159] Forslid R. Agglomeration with human and physical capita: An analytically solvable case [R]. CEPR Discussion Paper No. 2102, 1999.

[160] Fredrik Hacklin, Vixente Raurich, Christian Marxt. Implications of Technological convergence on innovation trajectories: The case of ICT industry [J]. International Journal of Innovation and Technology Management, 2005, 2 (3): 313 – 330.

[161] Freeman C. Soete L. The economics of industrial innovation [M]. Cambridge, MA: MIT Press, 1997, 7 (2): 215 – 219.

[162] Fu X. Limited linkages from growth engines and regional disparities in Chi-

na [J]. Journal of Comparative Economics, 2004, 32 (1): 148 – 164.

[163] Fujita M, Krugman P, Venables A. The spatial economy: Cities, regions, and international trade [M]. Cambridge, MA: MIT Press, 1999.

[164] Fujita M, Thisse J F. Economics of agglomeration [M]. Cambridge: Cambridge University Press, 2002.

[165] Fujita M, Mori T. The role of ports in the making of major cities: Self-agglomeration and hub-effect [J]. Journal of Development Economics, 1996, 49 (1): 93 – 120.

[166] Fujita M, Thisse J F. Does geographical agglomeration foster economic growth? And who gains and who loses from it? [J]. The Japanese Economic Review, 2003 (54): 121 – 145.

[167] Fujita M, Thisse J F. Economics of agglomeration [J]. Journal of the Japanese and International Economics, 1996, 10 (4): 339 – 378.

[168] Gambardella A, Torrisi S. Does technological convergence imply convergence in markets? Evidence from the electronics industry [J]. Research Policy, 1998, 27 (5): 445 – 463.

[169] Ge Y. Globalization and industry agglomeration in China [J]. World Development, 2009, 37 (3): 550 – 559.

[170] Greenstein S, Khanna T. What does it mean for industries to converge? [M]. Boston: Harvard Business School Press, 1997.

[171] Guimaraes P, Figueiredo O, Woodward D. Agglomeration and the location of foreign direct investment in Portugal, [J]. Journal of Urban Economics, 2000, 47 (1): 115 – 135.

[172] Hacklin F, Raurich V, Marxt C. Implications of technological convergence on innovation trajectories: The case of ICT industry [J]. International Journal of Innovation and Technology Management, 2005, 2 (3): 313 – 330.

[173] Hao Huang, Yehua Dennis Wei. Spatial inequality of foreign direct investment in China: Institutional change, agglomeration economies, and market access [J]. Applied Geography, 2016 (69): 99 – 111.

[174] Head K, Ries J, Swenson D. Agglomeration benefits and location choice: Evidence from Japanese manufacturing investments in the United States [J]. Journal of International Economics, 1995, 38 (3 – 4): 223 – 247.

［175］Hoekman B, Djankov S. Catching up with eastern Europe? The European Union's Mediterranean Free Trade Initiative, ［J］. World Economy, 1996, 19 (4): 387 – 405.

［176］Huang H, Wei Y D. Spatial inequality of foreign direct investment in China: Institutional change, agglomeration economies, and market access ［J］. Applied Geography, 2016 (69): 99 – 111.

［177］Hymer S H. The International operations of national firms: A study of direct foreign investment ［D］. PhD Dissertation, Published posthumously, The MIT Press, Cambridge, Mass, 1960.

［178］Ilbery B, Bowler I. From agricultural productivism to post-productivism ［M］. London: Longman, 1998.

［179］Isard W. Methods of regional analysis ［M］. Cambridge: MIT Press, 1960.

［180］James Harrigan, Anthony J. Venables. Timeliness and agglomeration ［J］. Journal of Urban Economics, 2006, 2 (59): 30 – 316.

［181］Javorcik B S. Does Foreign direct investment increase the productivity of domestic firms? In search of spillovers through backward linkages ［J］. American Economic Review, 2004, 94 (3): 605 – 627.

［182］John Cantwell, Fai Felicia. Firms as the source of innovation and growth and the evolution of technological competence ［J］. Journal of Evolutionary Economics, 1999, 9 (3): 31 – 366.

［183］Klaus Desmet, Esteban Rossi-Hansberg. Spatial development ［J］. American Economic Review, 2014, 104 (4): 1211 – 1243.

［184］Konings J, Cayseele P V, Warzynsi F. Market power, competition and ownership in emerging economies ［J］. Licos Discussion Papers, 2001.

［185］Krugman P, Elizondo L. Trade policy and the third world metropolis ［J］. Journal of Development Economics, 1996, 49 (1): 137 – 50.

［186］Krugman P, Venables A J. Globalization and the inequality of nations ［J］. Quarterly Journal of Economics, 1995 (60): 857 – 880.

［187］Krugman P. First nature, second nature and metropolitan location ［J］. Journal of Regional Science, 1993, 33 (2): 129 – 144.

［188］Krugman P. Geography and trade ［M］. Cambridge, MA: MIT Press, 1991.

［189］Krugman P. History and industry location: The case of the US manufacturing belt [J]. American Economic Review, 1991, 81 (2): 80 –83.

[190] Krugman P. History versus expectations [J]. Quarterly Journal of Economics, 1991, 106 (2): 651 –667.

[191] Krugman P. Increasing returns and economic geography [J]. Journal of Political Economy, 1991, 99 (3): 483 –499.

[192] Krugman P. Increasing returns, monopolistic competition, and international trade [J]. Journal of International Economics, 1979, 9 (4): 469 –479.

[193] Krugman P. Industry specialization and the gains from trade [J]. Journal of Political Economy, 1981, 89 (5): 959 –973.

[194] Krugman P. On the number and location of cities [J]. European Economic Review, 1993, 37 (2 –3): 293 –298.

[195] Krugman P. On the relationship between trade theory and location [J]. Theory Review of International Economics, 1993, 1 (2): 110 – 122.

[196] Krugman P. Scale economies, product differentiation, and the pattern of trade [J]. American Economic Review, 1980, 70 (5): 950 –959.

[197] Krugman P. Space: The final frontier [J]. journal of economic perspectives, 1998 (12): 161 – 174.

[198] Krugman P. The new economic geography, new middle-aged [J]. Regional Studies, 2011, 45 (1): 1 –7.

[199] Laura Alfaro, Maggie Xiaoyang Chen. The global agglomeration of multinational firms [J]. Journal of International Economics, 2014, 2 (94): 263 –276.

[200] Lei D T. Industry evolution and competence development: The imperatives of technological convergence [J]. International Journal of Technology Management, 2000, 19 (7 –8): 699 –738.

[201] Linda Fung-Yee Ng, Chyau Tuan. Spatial agglomeration, FDI, and regional growth in China: Locality of local and foreign manufacturing investments [J]. Journal of Asian Economics, 2006, 4 (17): 691 –713.

[202] Lutao Ning, Fan Wang, Jian Li. Urban innovation, regional externalities of foreign direct investment and industrial agglomeration: Evidence from Chinese cities [J]. Research Policy, 2016, 45 (4): 830 –843.

[203] Malhotra A. Firm Strategy in converging industries: An investigation of US commercial bank responses to US commercial -investment banking convergence [D].

Doctorial thesis of Maryland University, 2001.

[204] Marceau J, Martinez C. Selling solutions: Product-service packages as links between new and old economic [R]. DRUID Summer Conference, 2002.

[205] Marcus Berlianta, Robert R. Reed Ⅲ, Ping Wang. Knowledge exchange, matching, and agglomeration [J]. Journal of Urban Economics, 2006, 1 (60): 69 – 95.

[206] Markusen J R, Venables A J, Kehoe T J. Multinational production, skilled labour, and real wages: Multinational production, skilled labour, and real wages [J]. Nber Working Papers, 1998.

[207] Martin P, Ottaviano G I P. Growing Locations: Industry in a model of endogenous growth [J]. European Economic Review, 1999 (43): 281 – 302.

[208] Martin P, Rogers C A. Industrial location and public infrastructure [J]. Journal of International Economics, 1995 (39): 335 – 351.

[209] Martin R, Sunley P. Path Dependence and regional economic evolution [J]. Journal of Economic Geography, 2006, 6 (4): 395 – 437.

[210] Mello L D. Foreign direct investment-led growth: Evidence from time series and panel data [J]. Studies in Economics, 1999, 51 (1): 133 – 151.

[211] Milton Mueller. Telecom policy and digital convergence [M]. Hong Kong: City University of HongKong Press, 1997.

[212] Neely A. Exploring the financial consequences of the servitization of manufacturing [J]. Operations Management Research, 2008 (2): 201 – 211.

[213] Nobuaki Yamashita, Toshiyuki Matsuura, Kentaro Nakajima J. Agglomeration effects of inter-firm backward and forward linkages: Evidence from Japanese manufacturing investment in China [J]. Journal of International Economics, 2014 (34): 24 – 41.

[214] Oliva R, Kallenberg R. Managing the transition from products to services [J]. International Journal of Service Industry Management, 2003 (2): 14 – 28.

[215] Ottaviano G I P, Tabuchi T, Thisse J-F. Agglomeration and trade revisited [J]. International Economic Review, 2002 (43): 409 – 436.

[216] Ottaviano G I P. Monopolistic competition, trade, and endogenous spatial fluctuations [J]. Regional Science and Urban Economics, 2001 (31): 51 – 77.

[217] Pasquale Commendatore, Ingrid Kubin, Carmelo Petraglia. Regional inte-

gration, international liberalisation and the dynamics of industrial agglomeration [J]. Journal of Economic Dynamics and Control, 2014 (48): 265 – 287.

[218] Pennings J M, Puranam P. Market convergence & firm strategies: Towards a systematic analysis [J]. Retrieved August, 2000.

[219] Philipp Ehrl. Agglomeration economies with consistent productivity estimates [J]. Regional Science and Urban Economics, 2013, 5 (43): 751 – 763.

[220] Robert W. Helsley, William C. Strange, Agglomeration, opportunism, and the organization of production [J]. Journal of Urban Economics, 2007, 1 (62): 55 – 75.

[221] Romer P M. Increasing return and long-run growth [J]. Journal of political Economy, 1986, 94 (5): 1002 – 1037.

[222] Rosenberg N. Technological change in the machine tool industry, 1840 – 1910 [J]. Journal of Economic History, 1963, 23 (4): 414 – 443.

[223] Rosenthal S S, Strange W C. Hand-book of Regional and Urban Economics (Vol. 4: Cities and Geography) [M]. Amsterdam : Elsevier, 2004.

[224] Smith D F, Florida R. Agglomeration and industrial location: An econometric analysis of Japanese-affiliated manufacturing establishments in automotive-related industries [J]. Journal of Urban Economics, 1994, 36 (1): 23 – 41.

[225] Solow, R M. Technical change and the aggregate production function [J]. Review of Economics and Statistics, 1957, 39 (3): 554 – 562.

[226] Stieglitz N. Digital dynamics and types of industry convergence: The evolution of the handheld computers market [J]. the Industrial Dynamics of the New Digital Economy, 2007 (6): 179 – 208.

[227] Storper M. , Chen Y. , Paolis F. D. Trade and the location of industries in the OECD and European Union [J]. Journal of Economic Geography, 2002, 2 (1): 73 – 107.

[228] Storper M. The regional world: Territorial development in a global economy [M]. New York: Guilford Press, 1997.

[229] Storper M. The transition to flexible specialization in industry: External economies, the division of labor and the crossing of industrial divides [J]. Cambridge Journal of Economics, 1989 (13): 273 – 305.

[230] Sun S. The role of FDI in domestic exporting: Evidence from China [J].

Journal of Asian Economics, 1998, 23 (4): 434 – 441.

[231] Tomoya Mori, Koji Nishikimi. Economies of transport density and industrial agglomeration [J]. Regional Science and Urban Economics, 2002, 2 (32): 167 – 200.

[232] Toulemonde Eric. Acquisition of skills, labor subsidies, and agglomeration of firms [J]. Journal of Urban Economics, 2006, 3 (59): 420 – 439.

[233] Vernon R. International investment and international trade in the product cycle [J]. The Quarterly Journal of Economics, 1966, 80 (2): 190 – 207.

[234] Wen-Tai Hsu, Ping Wang. Trade, firm selection, and industrial agglomeration [J]. Regional Science and Urban Economics, 2012, 6 (42): 975 – 986.

[235] White A L, Stoughton M, Feng L. Servicizing: The quiet transition to extended product responsibility [J]. U. S. Environmental Protection Agency Office of Solid Waste, 1999.

[236] Zhang K H. Foreign direct investment and economic growth: Evidence from ten east Asian economies [J]. Economia Internazionale, 1999, 52 (4): 517 – 535.

[237] Zhang K H. How does foreign direct investment affect economic growth in China? [J]. Economics of Transition, 2001, 9 (3): 679 – 693.

致　谢

　　本书是在我的博士论文基础上结合后期的研究项目成果编辑出版的。回首成书几年间的荏苒光阴，任教、求学、科研，一路走来，获得恩师益友的诸多帮助，他们让我汲取力量，葆有学术热忱，令我得以跨越重重阻隔，完成博士学业，同时仍能继续在国际贸易和经济地理的领域中奋力深耕。欲感谢之师友颇多，感激之情满溢，而在此的只言片语远无法表达诚挚的谢意。

　　感谢我的博士生导师伍世代教授。我于十余年前接触经济地理学和区域发展研究，但对空间问题的研究一直不得要领，幸得伍老师的教授和提点，使我能继续系统地学习空间研究的理论和方法，并进行深入的探索，获得跨学科研究的长足发展。伍老师在我的学术研究中一直进行引导，给予我自由发展的空间，在我遇到瓶颈时及时答疑解惑或帮助寻求解决方案。本书的顺利完成凝结了伍老师的大量心血。伍老师的治学严谨，待人宽和，乐观豁达，他的谆谆教诲深深地影响了我，将使我受益终身。

　　感谢朱鹤健教授、郑达贤教授、朱宇教授、韦素琼教授、陈友飞教授等，一次次精彩纷呈的讲课，一次次亲切的交流和提点，诸位教授的学识和风采，不仅让我增长了知识和见识，也让我更为明白学无止境，科学的高峰需要脚踏实地的步步探索。

　　感谢林芳老师和范跃新老师在我就学期间给予的真诚帮助；感谢团队师兄弟（姐妹）们，王强、李显慧、曾月娥、王佳鞞、林小标、林丽群、方超平、何志超等在学业和生活上的无私帮助；感谢李颖俊、郑雅频、余华、陈世发、杨平等同学在共同拼搏中的互相勉励与鞭策。

　　真挚感谢许学强教授、陆玉麒教授、薛德升教授、周春山教授、祁新华教授、谢红彬教授百忙之中参与我的论文答辩，感谢各位专家提出的宝贵意见和建议，使本书得以继续拓展和延伸。

　　于此同时，感谢我的工作单位集美大学及财经学院的领导在此期间给予的大力支持，感谢我的同事们在工作上不遗余力的帮助，感谢集美大学国际商务学位点建设项目、福建省本科高校教学改革研究项目、福建省社科规划处基地重大项目以及厦门市社会科学院重点项目对本书的资助，也要真诚感谢经济科学出版社的编辑们，他们的细致工作使本书得以顺利出版。

最后，特别感谢我的父母、公婆、爱人和一双小儿女，他们一直默默支持我，在生活中细心地照顾我，在我迷茫退缩的时候警醒我，他们让我有了克服困难的信心，充满勇气。

当然，还有很多给予我帮助的同学、朋友，在此并未一一列出，感激之情亦然。

掩卷而思，感慨良多，本书的完成是对前一个阶段研究的总结，也是新阶段研究的开启。厚谊长存魂梦，深恩永志我心，谨以此书献给所有关心帮助我的师长亲友们！

李娜
2023 年 2 月于鹭岛